Ten Years of

Diez Años de

DESPACIO

More
Forms
of Creativity
from
Central America

Más
formas
de creatividad
desde
Centroamérica

2008 — 2018

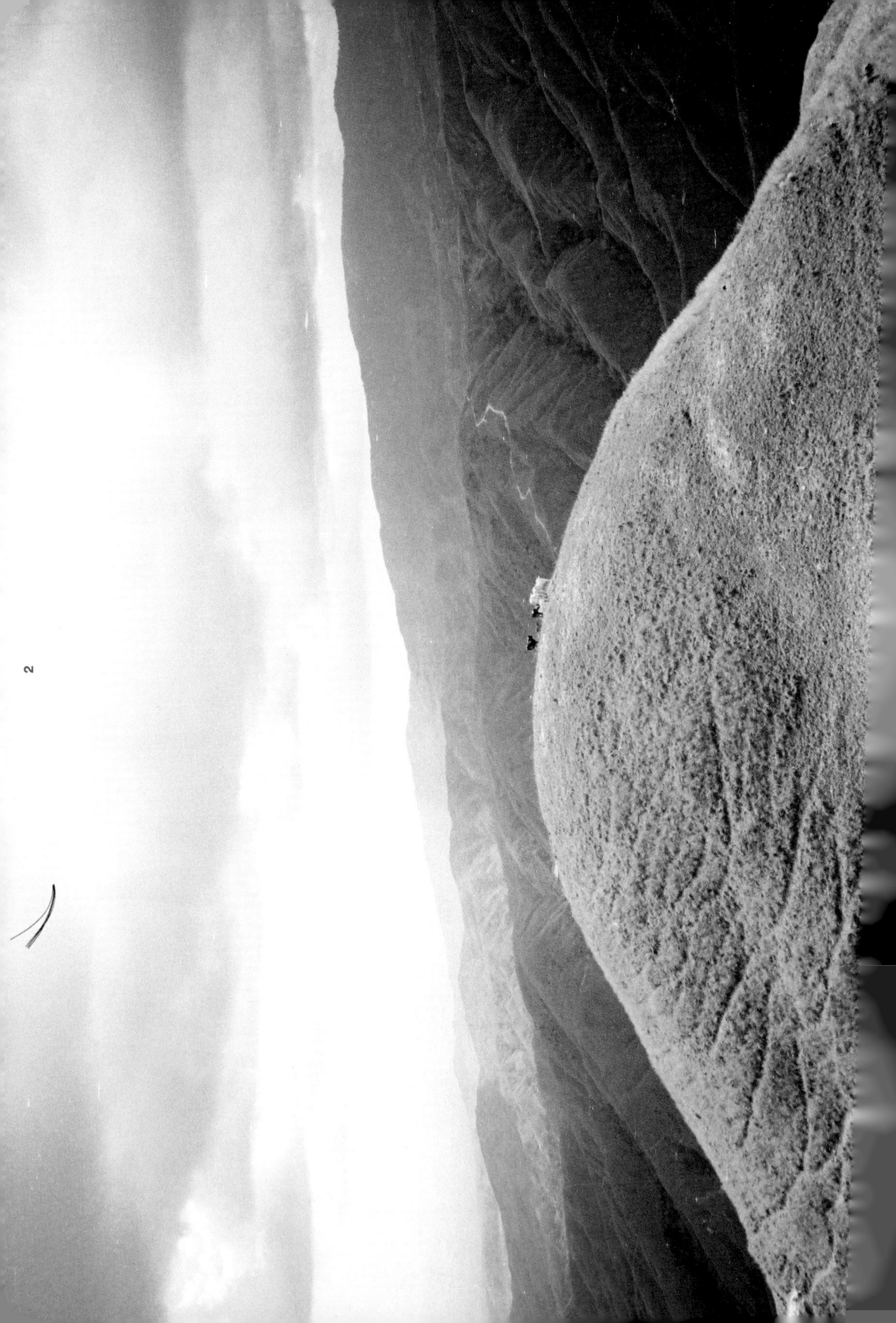

Furthermore Despacio would like to thank the following individuals who in various ways have helped to bring this project together:

Además, Despacio desea agradecer a las siguientes personas que de diversas maneras han ayudado a reunir este proyecto:

Stefan Benchoam, Javier Calvo, Pablo Cambronero, Luis Chaves, Roberto Chaves, Rocío Con, Tamara Díaz Bringas, Carlos Fernández, Camila Garon Orellana, Reyna Hernández, Erno Hilarion, Mimian Hsu, Anna Hugo, Sophia Hoffmann Lambri, Pablo León de la Barra, Christian Lesko, Lucía Madriz, Jessica Morgan, Eliot Morris, Luca Müller, Adriano Pedrosa, Sagrario Pérez-Soto, Alejandro Ramírez, Cristina Ramírez, Sergio Rojas Chaves, Judko Rosenstock, Zoé Sans-Arcidet-Lacourt, Sandino Scheidegger, Emily Sundblad, Hans Ulrich Obrist, Dino Urpí, Stephanie Williams, Johann Wolfschoon, Valerio & Valerio, Diablo Rosso, Teorética, Museo de Arte y Diseño Contemporáneo and/y Proyectos Ultravioleta

In addition we would like to thank the following individuals for their financial support in making this publication possible:

Además, nos gustaría agradecer a las siguientes personas por su apoyo financiero para hacer posible esta publicación:

Sagrario Pérez-Soto & Judko Rosenstock

Despacio ———————— Equipo de
Staff   Despacio

Founder ———————— Fundador
        Federico Herrero

Exhibition ———————— Director de
Manager   exposiciones
        Erno Hilarion

Curator in ———————— Curador en
Residence   residencia
        Jens Hoffmann

Production ———————— Producción
        Cristina Ramírez

Chief Curator ———————— Curador Jefe
        Sandino Scheidegger

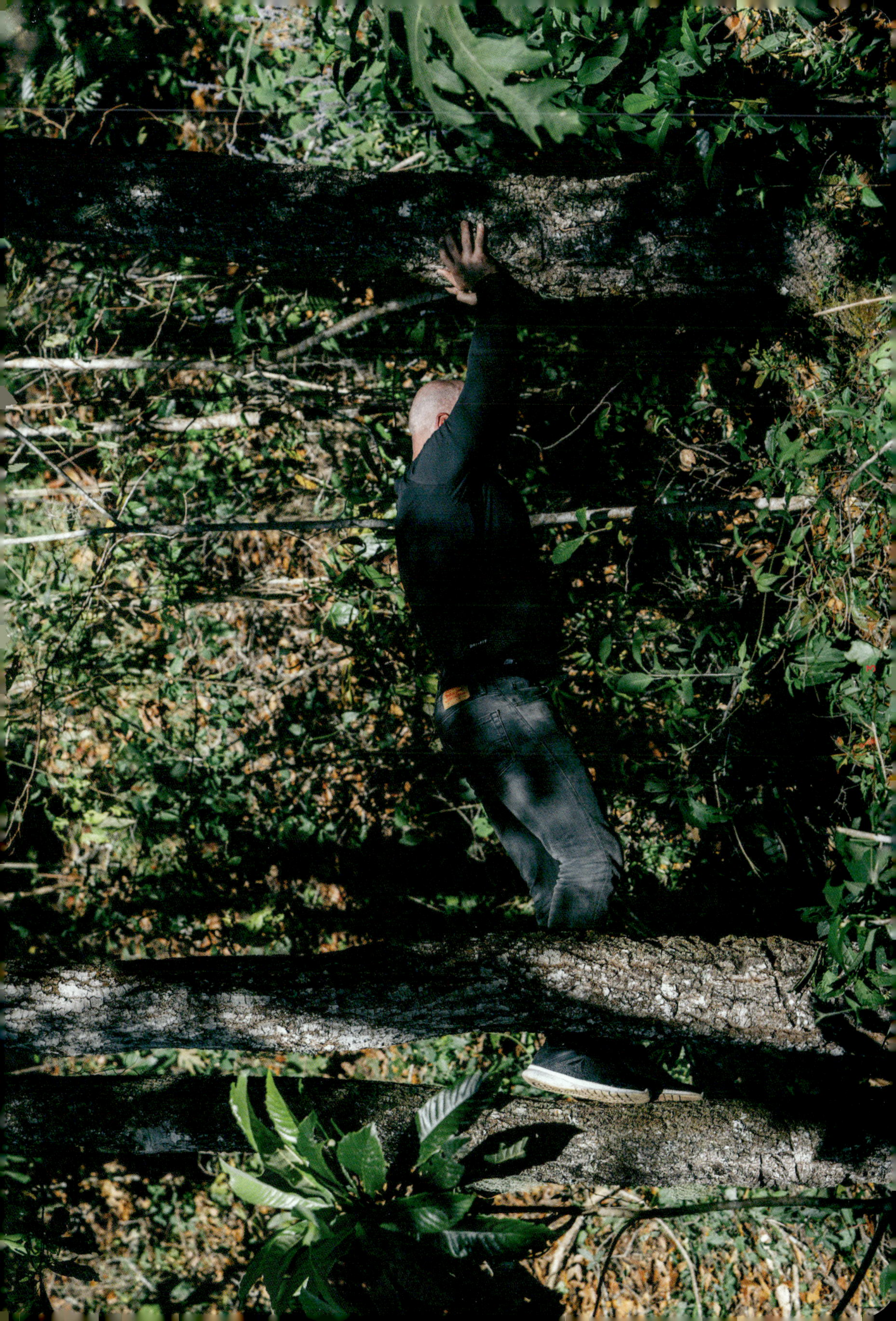

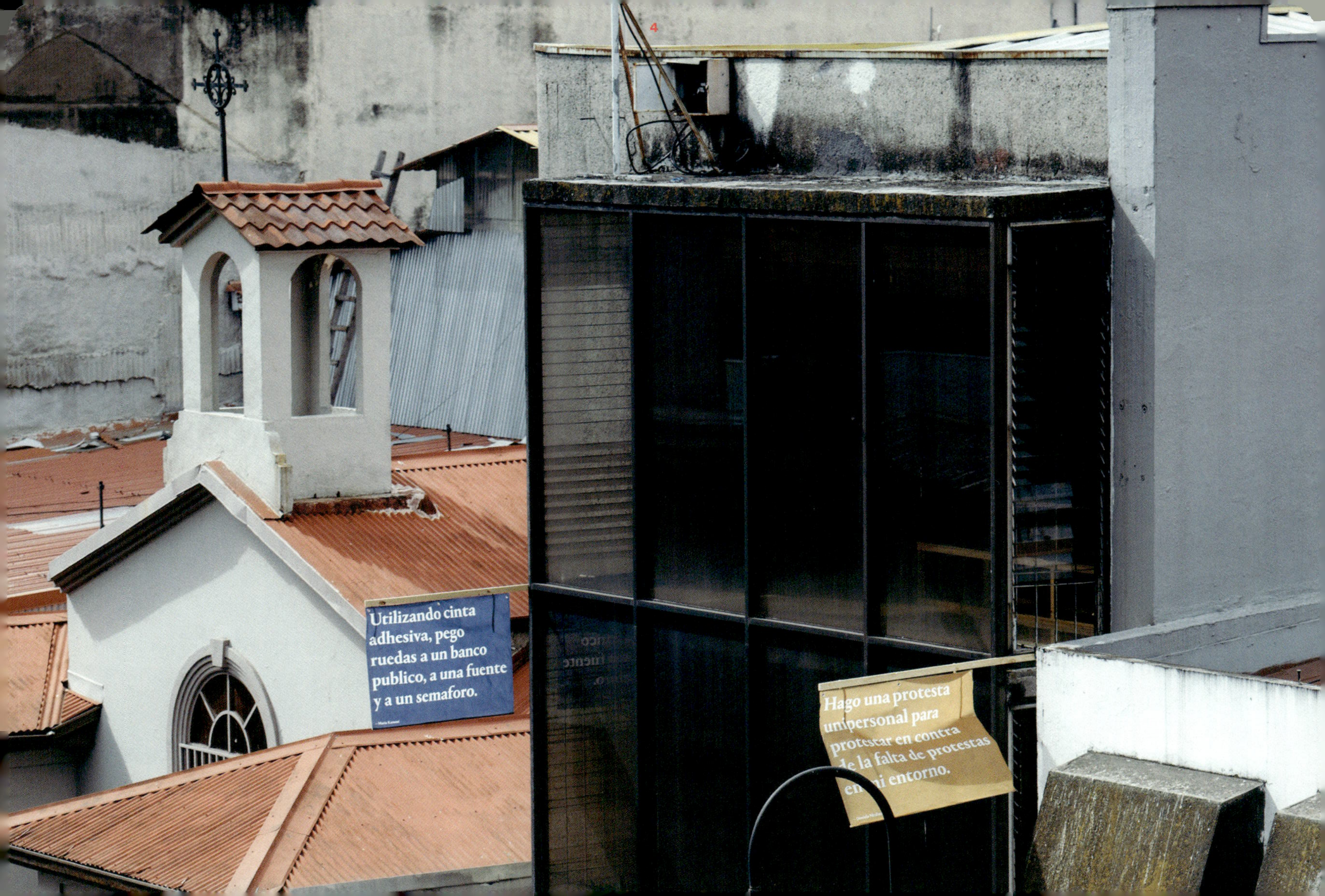
Utilizando cinta
adhesiva, pego
ruedas a un banco
publico, a una fuente
y a un semaforo.
Hago una protesta
unipersonal para
protestar en contra
de la falta de protestas
en mi entorno.

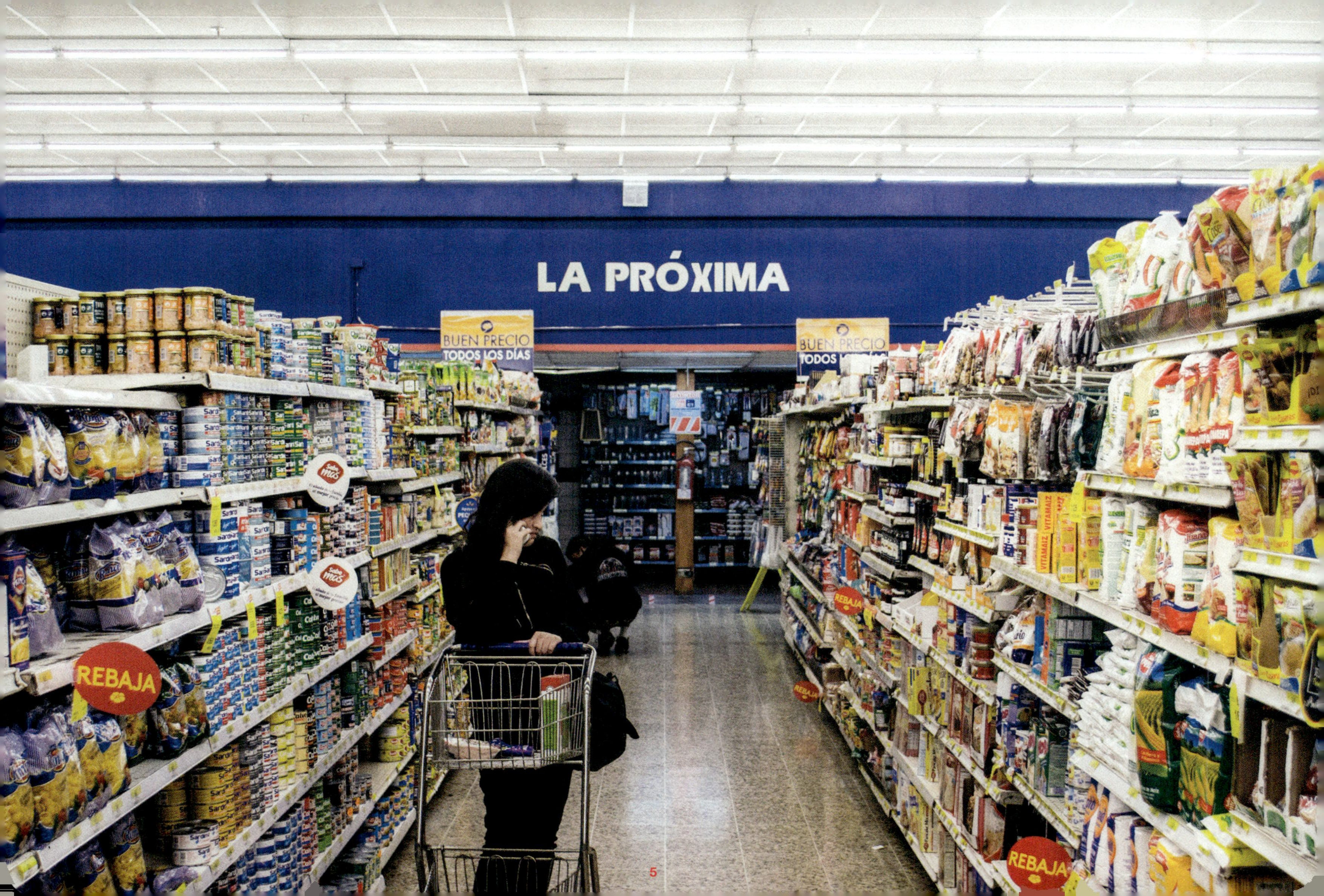
LA PRÓXIMA
BUEN PRECIO
TODOS LOS DÍAS
BUEN PRECIO
TODOS LOS DÍAS
REBAJA
REBAJA
REBAJA
VITAMAIZ

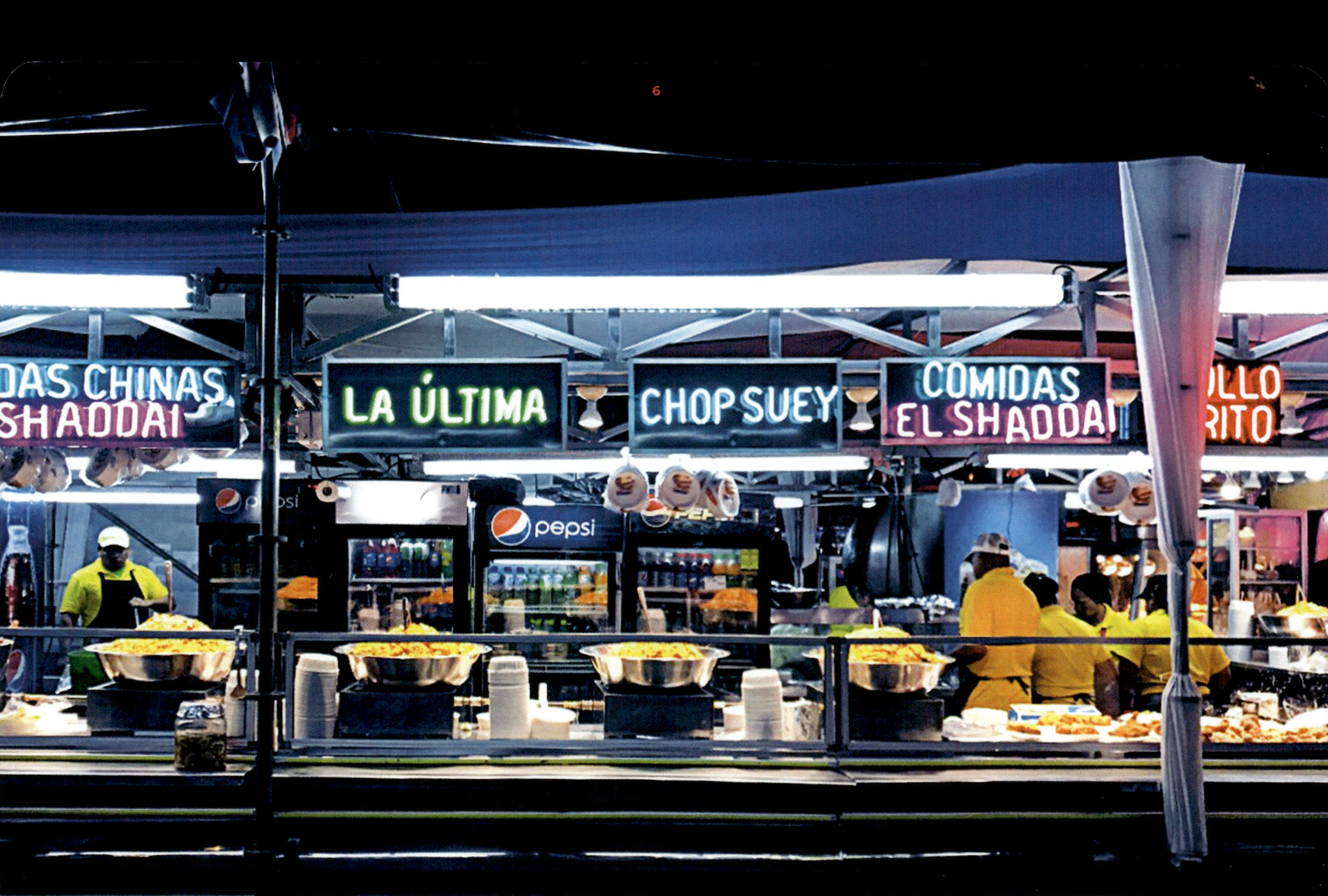
DAS CHINAS
SH ADDAI
LA ÚLTIMA
CHOP SUEY
COMIDAS
EL SHADDAI
LLO
RITO
Pepsi
pepsi

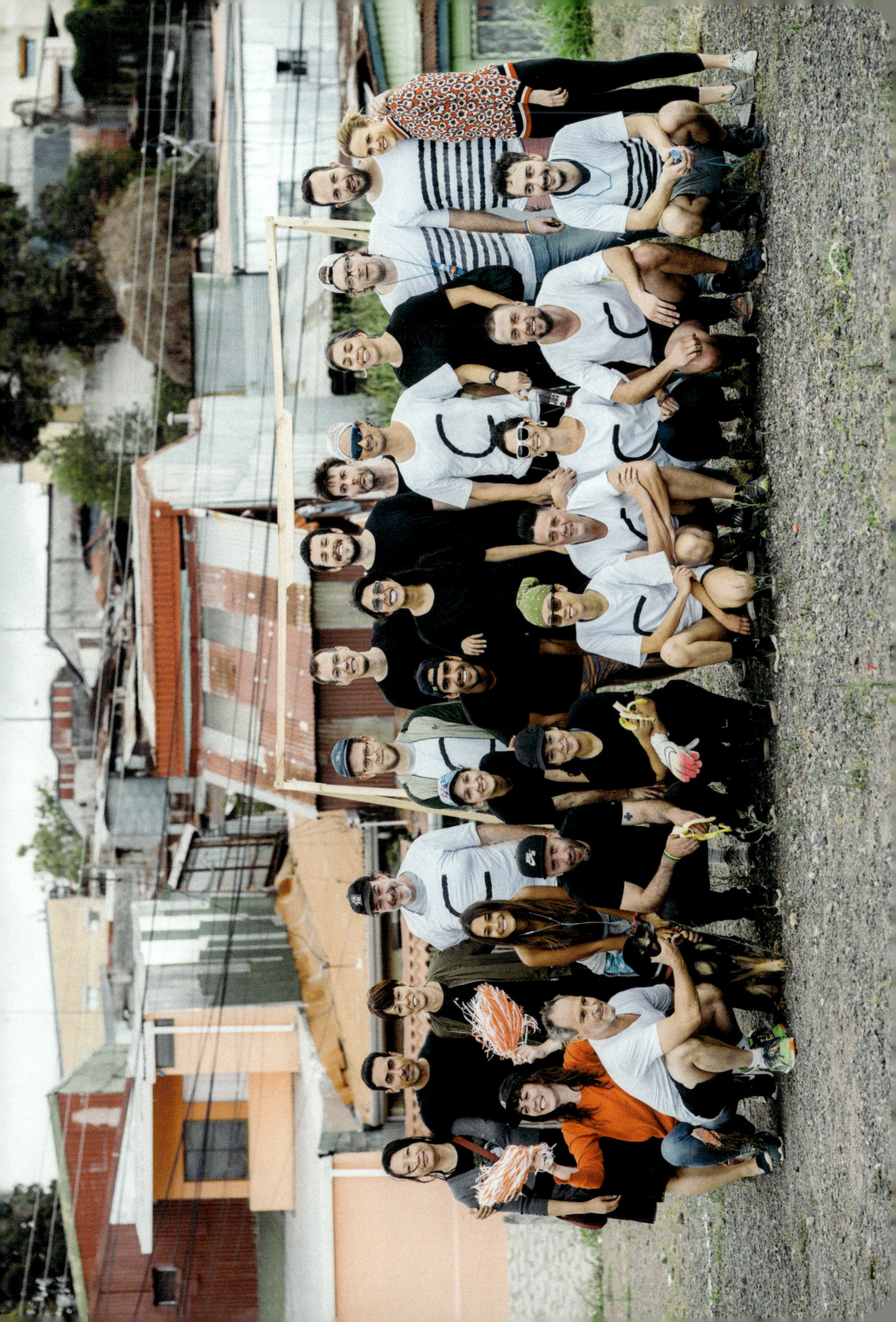

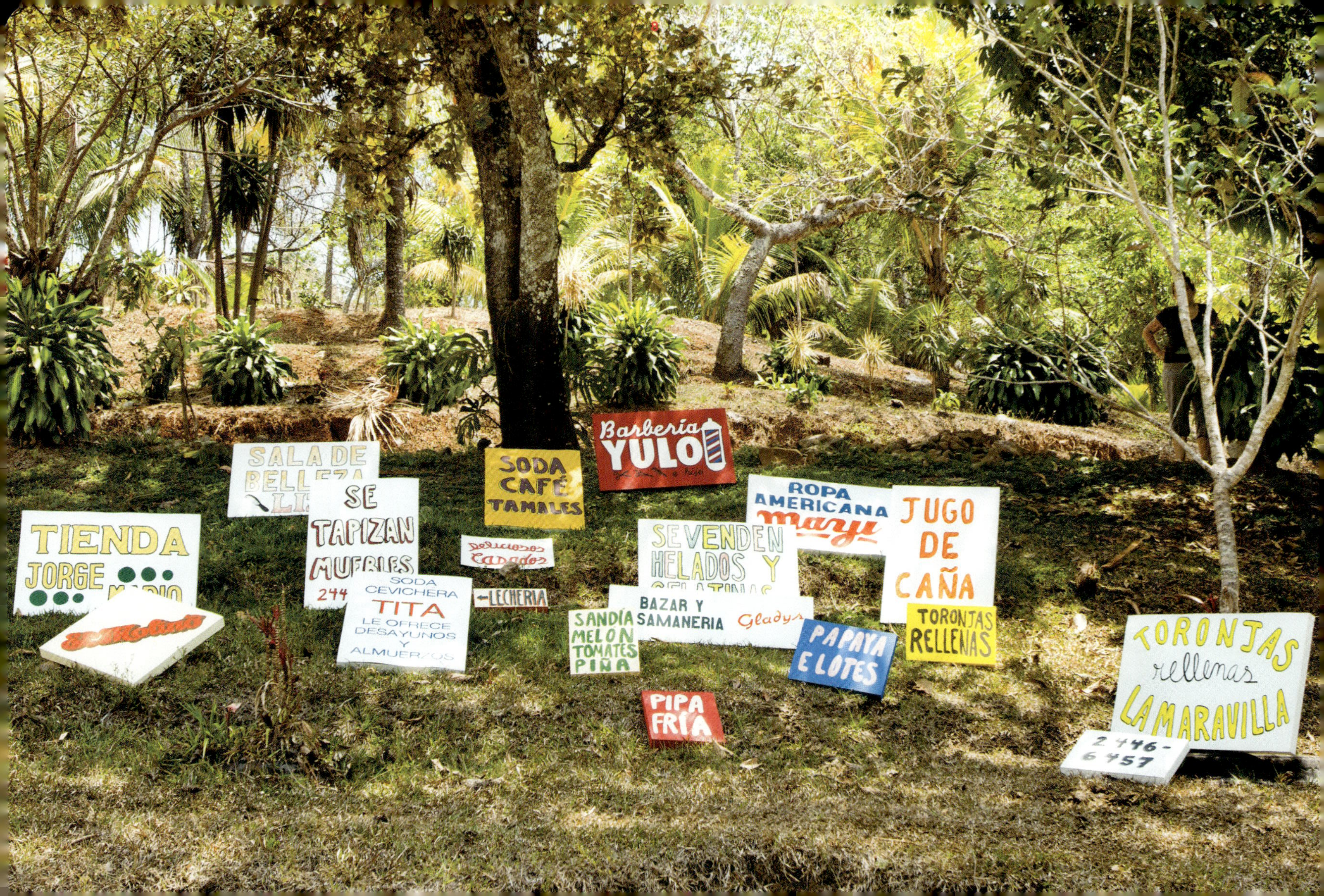

TIENDA JORGE MARIO
SALA DE BELLEZA LIL
SE TAPIZAN MUEBLES 244
SODA CEVICHERA TITA LE OFRECE DESAYUNOS Y ALMUERZOS
SODA CAFÉ TAMALES
Deliciosos Copados
←LECHERIA
Barbería YULO
SE VENDEN HELADOS Y GELATINAS
BAZAR Y SAMANERIA Gladys
SANDÍA MELON TOMATES PIÑA
PIPA FRÍA
ROPA AMERICANA mayi
JUGO DE CAÑA
TORONJAS RELLENAS
PAPAYA ELOTES
TORONJAS rellenas LAMARAVILLA 2446-6457

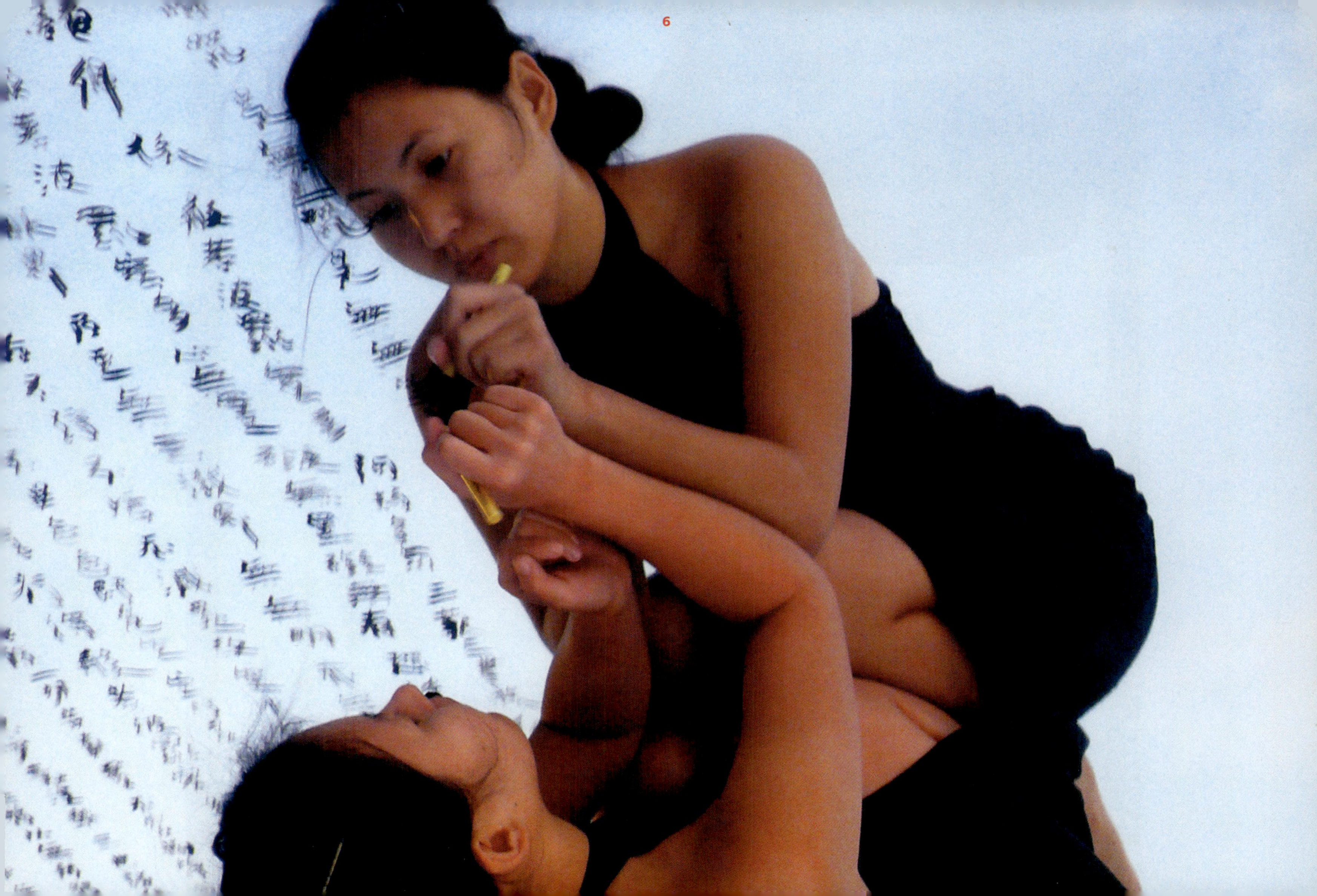

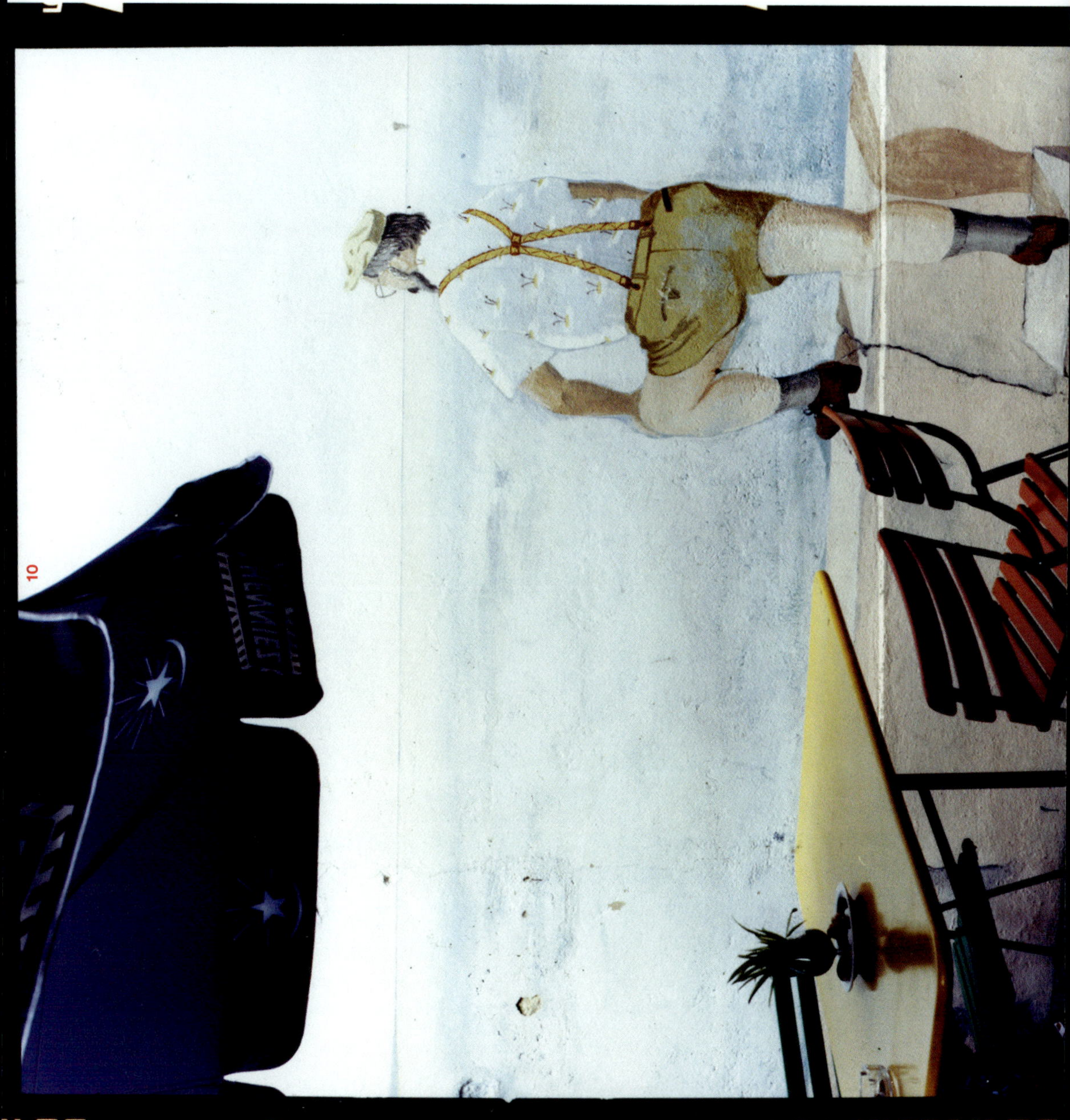

The Central American Archipelago

Jens Hoffmann

When we talk about art from Latin America, we are very rarely speaking about art from Central America. Latin American art has a strong presence in the art world, to be sure; the countries with the largest global exposure are Brazil and Mexico, with Colombia a close third and Argentina following in the distance. But what about Nicaragua, El Salvador, Guatemala, Costa Rica, Honduras, or Panama?

Art is indeed thriving there, but little is known about it, even in the rest of Latin America, and it is a very rare thing to encounter in the international landscape of museums, galleries, and art fairs. Despite all the talk of a globalized art world with more or less homogenized artistic practices, there are still many spots on the map that have not yet been pulled into the maelstrom. For someone with deep roots in Central America—Costa Rica to be precise—who has followed Latin American art closely throughout his career as an exhibition maker and writer, even I have not consistently tracked developments in Central America.

El archipiélago centroamericano

Jens Hoffmann

Cuando hablamos de arte latinoamericano raramente hablamos de arte de Centroamérica. Sin duda, el arte de Latinoamérica tiene una fuerte presencia en el arte mundial; los países con mayor exposición global son Brasil y México, con Colombia siguiéndolos de cerca y, bastante más lejos, Argentina. Pero ¿qué hay de Nicaragua, El Salvador, Guatemala, Costa Rica, Honduras o Panamá?

El arte prospera allí, pero poco se sabe, incluso en el resto de Latinoamérica, y es raro encontrarlo en el panorama mundial de los museos, galerías y ferias. A pesar del discurso de la globalización del mundo del arte mediante prácticas artísticas más o menos homogéneas, aún hay múltiples puntos en el mapa que no han sido absorbidos por el remolino global. Para alguien con profundas raíces en Centroamérica -Costa Rica para ser exacto- y que ha seguido de cerca el arte latinoamericano a lo largo de su carrera, como creador de exposiciones y escritor, aún no he logrado rastrear de forma consistente sus desarrollos en Centroamérica.

My first introduction to art from this region came in 1999, and as with so many others, it was via the forceful and generous Costa Rican curator, artist, writer, and collector Virginia Pérez-Ratton, founder of TEOR/éTica, an art space located in her grandmother's old colonial-style house in San José's historic Barrio Amon. TEOR/éTica has exhibition galleries, a lecture room in the former living room, and, most importantly, a massive library. Virginia was a dynamo, connecting artists from the region and especially Costa Rica with the rest of the world. After a visit to her space in 2000, the legendary Swiss curator Harald Szeemann invited a number of artists from Central America to his 49th Venice Biennale in 2001, which gave art from the region a temporary boost. Yet the interest died down relatively quickly, and things returned to their earlier state.

One question that has followed me throughout my career is whether or not artists from countries outside the "centers" do indeed need to go to New York or London or Berlin to have "successful" careers. The motivations for leaving one's home surroundings can be various—to explore different countries, learn about new histories, see art and museums abroad, become part of a larger community, join new conversations. Yet the idea was and still is also often fueled by the desire to have an international gallery and museum career shaped after models that predominate in North America and Western Europe. For many years it was simply a must for any ambitious artist to move to Paris or New York, or more recently Berlin, London, or Mexico City. Yet at the same time, energetic art scenes with international reputations were emerging elsewhere, albeit sporadically. Examples of cities that managed to create strong

Mi introducción al arte de la región data de 1999 y, como para tantos otros, fue a través de la enérgica y generosa curadora costarricense, artista, escritora y coleccionista, Virgina Pérez-Ratton, fundadora de TEOR/éTica, un espacio artístico ubicado en la vieja casa de estilo colonial de su abuela, en el histórico Barrio Amón de San José. TEOR/éTica cuenta con galerías de exposición, un cuarto de lectura en el antiguo salón principal y, lo más importante, una biblioteca abundante. Virginia fue un dínamo que conectó a artistas de la región, especialmente de Costa Rica, con artistas del resto del mundo. Después de visitar su espacio en el año 2000, el legendario curador suizo Harald Szeemann invitó a un número importante de artistas de Centroamérica a la 49° Bienal de Venecia, en 2001, lo que dio al arte de la región un importante estímulo temporal. Sin embargo, Virginia se apagó muy pronto y las cosas retornaron a su antiguo estado.

Una pregunta que me ha seguido a lo largo de mi carrera es si los artistas de los países fuera de "los centros" realmente necesitan ir a Nueva York, Londres o Berlín para tener carreras "exitosas". Las motivaciones para dejar el entorno familiar pueden ser múltiples -explorar diferentes países, conocer nuevas historias, ver arte y museos en el extranjero, ser parte de una comunidad mayor, unirse a nuevas discusiones. Sin embargo, aunado a esto, la idea principal estaba y sigue estando avivada por el deseo de tener una galería internacional y una carrera museográfica inspirada en los modelos predominantes de Norteamérica y Europa Occidental. Años atrás, ir a París o a Nueva York era sencillamente indispensable para cualquier artista ambicioso; más recientemente los destinos son Berlín, Londres o Ciudad de México. Ciertamente, otras

local art scenes over the last twenty-five years, but that proved for the most part short-lived as international players, include Glasgow, Vancouver, Stockholm, Cluj-Napoca, Beirut, Johannesburg, San Juan, and Cali.

My conversations with other curators and artists have often touched on how to spark these situations, and how to cultivate them once they do arise, to create stable, locale-specific communities and avoid a local drain of excellent artists doing interesting work. Looking at the abovementioned list, many different factors played a role in the development of each particular city's scene. Sometimes the key was related to government support, or especially strong art schools, or the presence of well-known artists who had established themselves internationally but kept a foot in their hometown to have a quiet home base and encouraged other artists to stay as well. Sometimes the X-factor involved dynamic artist-run spaces or residency programs.

For a while it seemed as if the center-periphery dichotomy in the art world would shatter thanks to a combination of digital communications and biennials occurring outside mainstream art-world routes. Yet today, New York and London seem more dominant than ever, with their robust markets and general wealth. A few other cities have joined their ranks—Beijing, São Paulo, Berlin, Mexico City, Mumbai—but by and large they replicate the recipe dictated by the older major centers. (I am generalizing, of course, as there are many nuances in these developments. Each art scene has its own history, and when we speak about the "art world" we are always discussing multiple worlds.)

escenas artísticas han logrado emerger con energía y alguna reputación internacional, aunque esporádicamente. Hay ejemplos de ciudades que han logrado crear fuertes escenas artísticas locales en los últimos 25 años, pero han probado ser, en su mayoría, de corta vida en tanto actores internacionales, entre ellas Glasgow, Vancouver, Estocolmo, Cluj-Napoca, Beirut, Johannesburgo, San Juan y Cali.

Mis conversaciones con otros curadores y artistas han abordado el tema de cómo provocar estas situaciones y cómo cultivarlas una vez que han surgido, para crear comunidades locales específicas y estables, y evitar así la fuga de excelentes artistas que hacen trabajos muy interesantes. Observando la lista mencionada más arriba, muchos factores han jugado un papel en el desarrollo de la escena artística particular de cada ciudad. Algunas veces la clave estuvo relacionada con algún apoyo gubernamental, importantes escuelas de arte o, incluso, la presencia de artistas reconocidos internacionalmente que mantenían un pie en su tierra natal, logrando con esto animar a otros artistas a quedarse. Algunas veces el factor X involucró espacios dinámicos autogestionados por artistas o programas de residencia.

Por un tiempo llegó a parecer que la dicotomía centro-periferia en el mundo del arte podría derribarse gracias a la combinación de las comunicaciones digitales y las bienales fuera de la corriente principal del mundo del arte. No obstante, hoy en día Nueva York y Londres se muestran más dominantes que nunca, con sus robustos mercados y riqueza en general. Algunas ciudades alcanzaron cierto prestigio -Beijing, São Paulo, Berlín, Ciudad de México, Mumbai, pero estas replican, a grandes

Federico Herrero and I first spoke about these issues in 2006, and started to think about a possible alternative art space in San José—a space for experimentation free from institutional pressures. Herrero was in a unique position to lead the way. He had become an internationally renowned artist, having won the Golden Lion at the Venice Biennale in 2001, and he was starting to exhibit around the world. Yet he never considered permanently leaving Costa Rica. And with good reason, as it is one of the most stable and affluent countries in Latin America, with galleries, museums, project spaces, and even a biennial specifically focused on art from Central America and the Caribbean. I encouraged him to take upon himself some responsibility for the scene in San José and demonstrate to younger artists, through his own example, that it is not necessary to move to maintain one's "success"; rather, investing in your own scene and triggering conversations specific to the local situation while also maintaining dialogue with other places around the world can bring its own, different kinds of rewards. Plus, it probably goes without saying that in today's intense, market-driven environment, the possibility for an artist to work outside all of that is inarguably desirable. Many of the abovementioned places on the so-called periphery became so interesting, and did not lose touch with their particular character, because commercial pressures and the relentless striving for fame and fortune were not bearing down so forcefully on the actors there. In any case, the outcome of these conversations, and others, was Despacio.

One thing that makes Central America unique is its dual relation with the rest of Latin America on the one hand, and with the Caribbean on the other. Many Central American countries border

rasgos, la receta dictada por los centros más grandes y antiguos. (Estoy generalizando, por supuesto, puesto que hay muchos matices diferentes en estos desarrollos. Cada escena artística tiene su propia historia y, cuando hablamos del "mundo del arte", hablamos de múltiples mundos).

Federico Herrero y yo conversamos por primera vez sobre estos asuntos en 2006 y empezamos a pensar sobre un posible espacio artístico alternativo en San José -un espacio para la experimentación libre de presiones institucionales. Herrero ocupaba una posición única para liderar el camino: ya era un artista reconocido internacionalmente, había ganado el León de Oro en la Bienal de Venecia de 2001 y empezaba a hacer exposiciones alrededor del mundo. Además, nunca consideró dejar Costa Rica de manera definitiva. Y esto por buenas razones, pues este es uno de los países más estables y prósperos de la región latinoamericana, con galerías, museos e incluso una bienal especializada en arte centroamericano y del Caribe. Personalmente lo animé a que asumiera algunas responsabilidades en relación con la escena en San José y demostrara a los artistas jóvenes, a través de su ejemplo, que no es necesario desplazarse para mantener el "éxito". Por el contrario, invertir en la escena propia y provocar conversaciones específicas sobre la situación local, mientras se mantiene un diálogo con otros lugares alrededor del mundo, puede traer particulares y diferentes tipos de recompensa. Además, quizás no hace falta decir que, en el intenso entorno de hoy, regido por el mercado, la posibilidad para un artista de trabajar fuera de todo esto es indiscutiblemente deseable. Muchos de los lugares de la llamada periferia, mencionados más arriba, se han vuelto sumamente interesantes,

directly on the Caribbean, and their coastal regions in particular have absorbed much from Caribbean culture. Famed Caribbean thinker Édouard Glissant posited that archipelagos like the Caribbean hold an answer to the dichotomy of center and periphery in their very geography: the archipelago serves as a metaphor for thinking through how cultures might mix without sacrificing their distinct identities. A cluster of islands can be considered as a whole, but each of its constituent parts also retains its own character.

Glissant's native Martinique is part of a chain of islands that might be fruitfully compared to the chain of countries of Central America, extending from Guatemala to Panama. Central America is a landform without a center—or, rather, with many centers, many mountains, shores, and often porous cultural borders. All of these physical and cultural conditions allow for hyper-local cultural developments, yet also enforce a situation in which no country or region can remain closed in upon itself. For instance, Jamaican creole or patois was introduced to Costa Rica's eastern port city of Limón and its surroundings by Jamaican migrant workers who arrived in the nineteenth century to work on the construction of the Atlantic and Pacific railways and the banana plantations. The name of this particular Limonese creole dialect is Mekatelyu, a transliteration of the phrase "make I tell you," or in standard English "let me tell you." Today, around 8 percent of Costa Rica's population still speaks Limonese creole, as the country has, after Cuba, the largest Jamaican diaspora in the world; they are officially referred to as Afro-Costa Ricans.

Glissant maintains that their physical openness sets archipelagos apart from

sin perder el toque de su carácter particular, en vista de que las presiones comerciales y los esfuerzos incesantes por obtener fama y fortuna no han aplastado de forma tan agresiva a sus actores. En todo caso, el resultado de esas conversaciones, y de otras, fue *Despacio.*

Una de las cosas que hace a Centroamérica única es su relación dual: por un lado con el resto de América Latina, por otro, con El Caribe. Muchos países centroamericanos limitan directamente con El Caribe, particularmente sus regiones costeras, y han absorbido mucho de la cultura caribeña. El afamado pensador caribeño, Édouard Glissant, planteó que archipiélagos como el del Caribe tienen una respuesta para la dicotomía centro-periferia, en su geografía misma: el archipiélago sirve de metáfora para el pensamiento a través de cómo las culturas pueden mezclarse sin sacrificar sus identidades instintivas. Un grupo de islas puede ser considerado como un todo, pero cada una de sus partes constitutivas retiene su propio carácter.

La Martinica nativa de Glissant es parte de una cadena de islas que podrían ser fructíferamente comparadas con la cadena de países de América Central, que se extiende desde Guatemala hasta Panamá. Centroamérica es una forma de tierra sin un centro -o, antes bien, con muchos centros, muchas montañas, costas y, con frecuencia, fronteras culturales porosas. Todas estas condiciones físicas y culturales permiten desarrollos culturales hiper-locales, al mismo tiempo que refuerzan una situación en la que ningún país o región puede permanecer cerrada sobre sí misma. Por ejemplo, el criollo jamaiquino, o patois, fue introducido en la ciudad portuaria oriental de Limón y sus alre-

larger landmasses, which for their part represent a closed-off, absolutist mode: "Continents reject mixing whereas [archipelagic] thought makes it possible to say that neither each person's identity, nor a collective identity, are fixed and established once and for all."[1] Here, Glissant's model of the archipelago is an epistemological alternative to isolationist politics as well as homogenizing globalization, which turns difference into pulp—but it is also a way of thinking about relationships between and among individuals: "I can change through exchange with the other without losing or diluting my sense of self." For Glissant, contact between nations and between people is an enriching force, and no relation between distinct entities is ever finished.

In Glissant's account, the archipelago is not only a metaphor, but also an alternative way of looking at colonization, in which the colonized population is empowered: "The American archipelagos are extremely important because it was in these islands that the idea of Creolization, that is the blend of cultures, was most brilliantly fulfilled." A mix of French, Spanish, and African languages, the creole dialect spoken in Martinique demonstrates how different cultures can fuse to create yet another that is entirely distinct. Rather than erasing a culture, Glissant posits that creolization forms a new one, in which difference is not expunged, but becomes foundational.

As cultural actors, art spaces can be continents or archipelagos. All the various venues throughout Central America—museums, artist-run spaces, galleries—have their own distinct identity and focus. Each offers its own approach to addressing some of humanity's biggest questions. Speaking from

dedores por migrantes jamaiquinos que llegaron al país en el siglo XIX a trabajar en la construcción del ferrocarril al Atlántico y al Pacífico, así como en las plantaciones de banano. El nombre de este dialecto criollo limonense es Mekatelyu, una transcripción de la frase "May I tell you" o, en inglés estándar, "Let me tell you". Hoy en día, cerca del 8 por ciento de la población de Costa Rica aún habla criollo limonense, ya que el país recibió, después de Cuba, la mayor diáspora jamaiquina del mundo. Se les llama afrocostarricenses.

Glissant sostiene que la apertura física de los archipiélagos los distingue de las masas continentales, las cuales, por su parte, representan un modo cerrado, bloqueado, absoluto: "Los continentes rechazan la mezcla, mientras que el pensamiento [del archipiélago] hace posible decir que ni la identidad de una persona ni la identidad colectiva están fijadas y establecidas de una vez y para siempre"[1]. Aquí, el modelo del archipiélago de Glissant es una alternativa epistemológica a la política del aislamiento y la globalización hegemonizante, que tritura la diferencia -pero es también una forma de pensar las relaciones entre y en cada individuo: "Puedo cambiar a través del intercambio con el otro sin perder o diluir mi propio sentido de mí". Para Glissant, el contacto entre naciones y entre la gente es una fuerza enriquecedora, y ninguna relación entre entidades distintas está nunca acabada.

Según Glissant, el archipiélago no es únicamente una metáfora, sino una forma alternativa de mirar la coloniza-ción, en la cual la población colonizada está empoderada: "Los archipiélagos americanos son extremadamente impor-tantes porque fue en esas islas donde la idea de la criollización, que es la fusión

their discrete areas of expertise, they can hone in on a single subject to the exclusion of all else, protecting their authority, or they can emphasize their relevance to their community and the world at large. Their programming can reinforce the existing canon, or it can encourage new modes of thinking through dialogues with other spaces and institutions.

These venues are tied together and form interconnections when their audiences travel between them. Many of them draw ideas from each other into their own thinking, and in blending the distinct modes of thought each represents, they form a chain. By virtue of maintaining their own identities— without retreating into them—these spaces can present opportunities for dialogue that none could create on its own. To do so, they nurture their own hyper-local developments, while acknowledging that those developments cannot and should not remain contained. In the process, the differences between cultural spaces become foundational and intensely productive.

It is in this spirit that Despacio was founded and proceeded for the last ten years. Calling upon a variety of artistic practices and concepts, it sought to form dialogues that would outlast the space itself. The role of this or that exhibition or exhibition space is to create the kind of contact Glissant describes: to engender an enriching environment in which the objects, the venue, and the visitors are invited to submit to and embrace the porousness of their borders. When they do—when they take note of their own archipelagic nature—difference can act as a foundation. The aim is not to produce a space free of struggle, but to ensure that that struggle produces something. What happens when the individual joins with the collective?

de culturas, fue alcanzada de forma más brillante". Una mezcla de francés, español y lenguas africanas, el dialecto criollo hablado en Martinica, demuestra cuántas culturas diferentes pueden juntarse para crear una enteramente nueva. Más que borrar una cultura, Glissant plantea que la criollización forma una nueva, donde la diferencia no se suprime, sino que se torna fundacional.

Como actores culturales, los espacios artísticos pueden ser continentes o archipiélagos. Todos los emplazamientos a través de América Central -museos, espacios autogestionados, galerías- tienen su propia identidad y enfoque distintos. Cada uno ofrece su propio acercamiento para dirigir algunas de las grandes preguntas de la humanidad. Hablando desde sus respectivas áreas de especialización, pueden apuntar hacia un mismo tema, excluyendo todo lo demás, protegiendo su autoría, o pueden enfatizar su relevancia en la comunidad y en el mundo en un sentido más amplio. Sus programas pueden reforzar el canon existente o pueden animar nuevos modos de pensar a través del diálogo con otros espacios e instituciones.

Estos emplazamientos están anudados unos con otros y forman interconexiones por las que viajan sus audiencias. Muchos de ellos atraen ideas de los otros hacia su propio pensamiento y, mezclando los distintos modos de pensar que cada uno representa, forman una cadena. En virtud de mantener sus propias identidades -sin replegarse en ellos mismos- estos espacios presentan oportunidades para el diálogo que ninguno podría generar por sí solo. Para hacer esto, alimentan sus propios desarrollos hiper-locales, al mismo tiempo que reconocen que esos desarrollos no pueden ni deben mantenerse en contención.

When national borders disappear and cultures fuse with other cultures? When inclusiveness is a means of mutual protection? Art moves across borders, producing a kind of salve for the encroaching burn: an unknown, previously unimaginable, and altogether new third thing.

---

1   Édouard Glissant, quoted in Hans Ulrich Obrist, *Ways of Curating* (New York: Farrar, Straus and Giroux, 2014), 15; subsequent quotes are ibid.

En este proceso, las diferencias entre los espacios culturales fueron fundacionales e intensamente productivas.

Despacio fue fundado con este espíritu y así ha venido procediendo durante los últimos diez años. Recurriendo a una variedad de prácticas artísticas y conceptos, ha buscado formar diálogos que podrían llegar a sobrevivir el espacio mismo. El papel de esta o aquella exposición, o del espacio mismo de exposición, es crear el tipo de contacto que Glissant describe: para engendrar un entorno enriquecedor en el cual los objetos, el emplazamiento y los visitantes sean invitados a entregarse y acoger la porosidad de sus fronteras. Cuando lo hacen -cuando toman nota de su propia naturaleza de archipiélago- la diferencia puede actuar como una base fundacional. El objetivo no es crear un espacio libre de batallas, pero asegurar que esas batallas produzcan algo. ¿Qué sucede cuando el individuo se une a la colectividad?, ¿cuando las fronteras nacionales desaparecen y las culturas se fusionan con otras culturas?, ¿cuando la inclusión es un medio para la protección mutua? El arte se mueve a través de las fronteras, produce una especie de mitigación del fuego invasor: una tercera cosa, desconocida, previamente inimaginable y completamente nueva.

---

1   Édouard Glissant, citado en Hans Ulrich Obrist, *Ways of Curating* (New York: Farrar, Straus and Giroux, 2014), 15. Ibid para las siguientes citas.

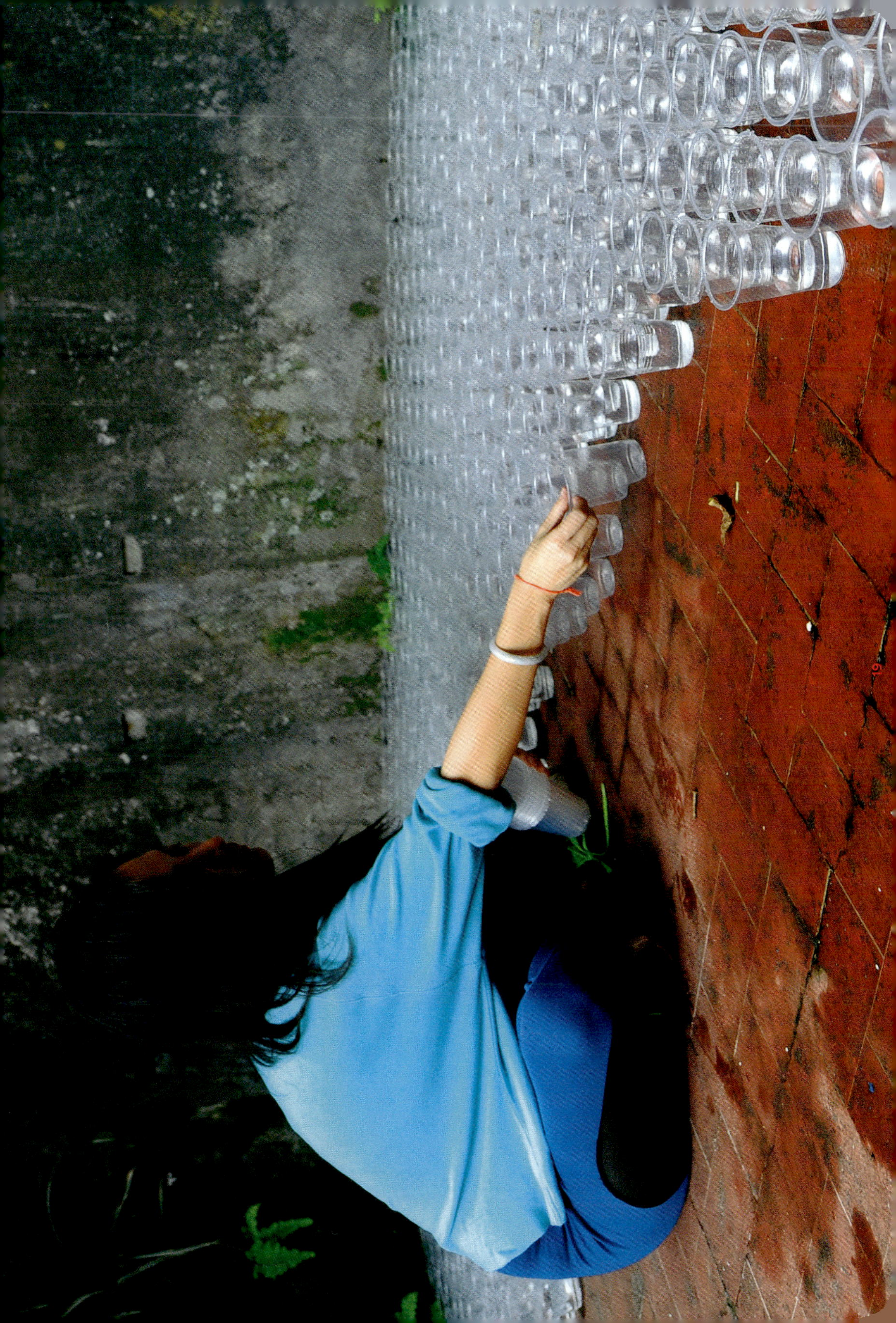

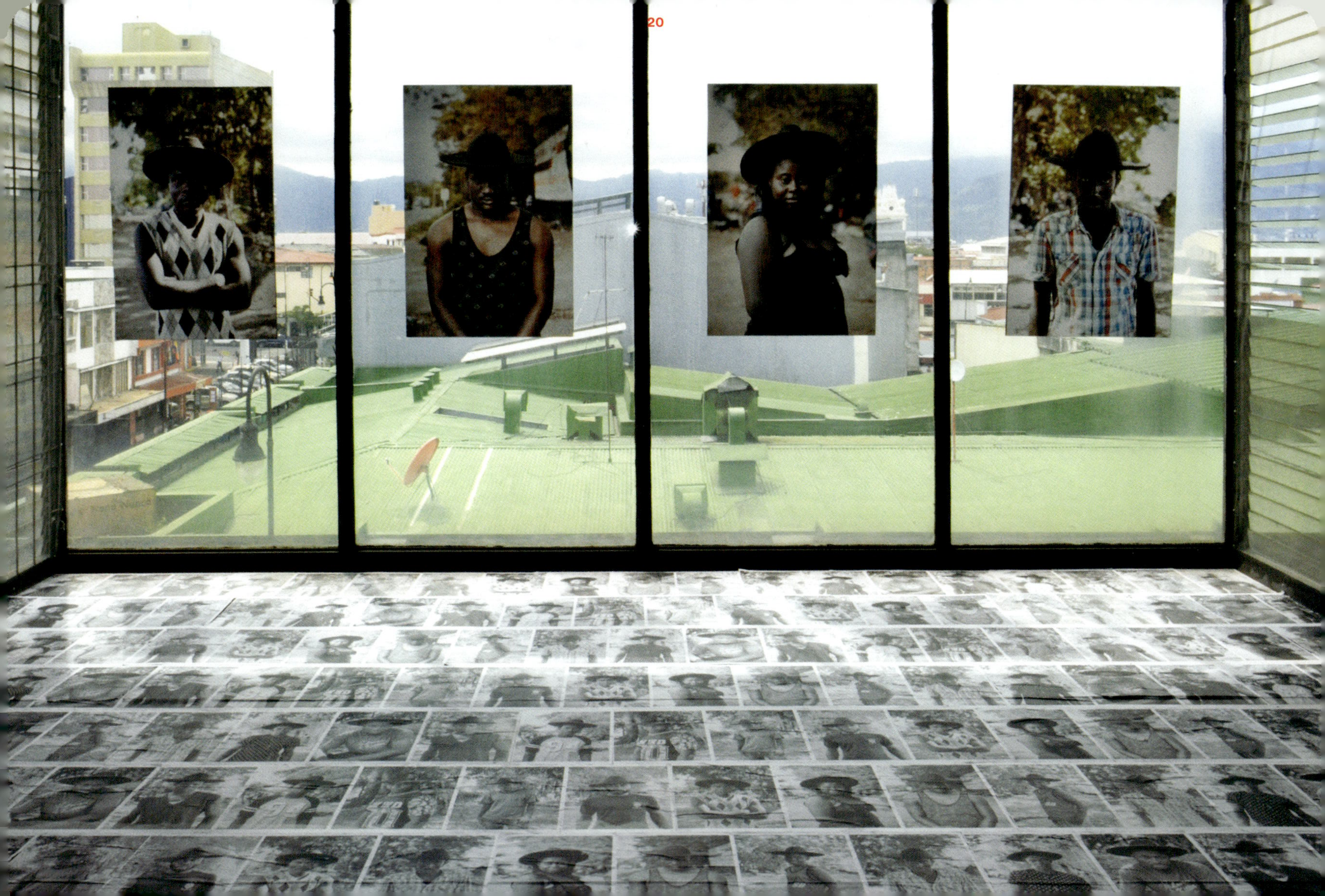

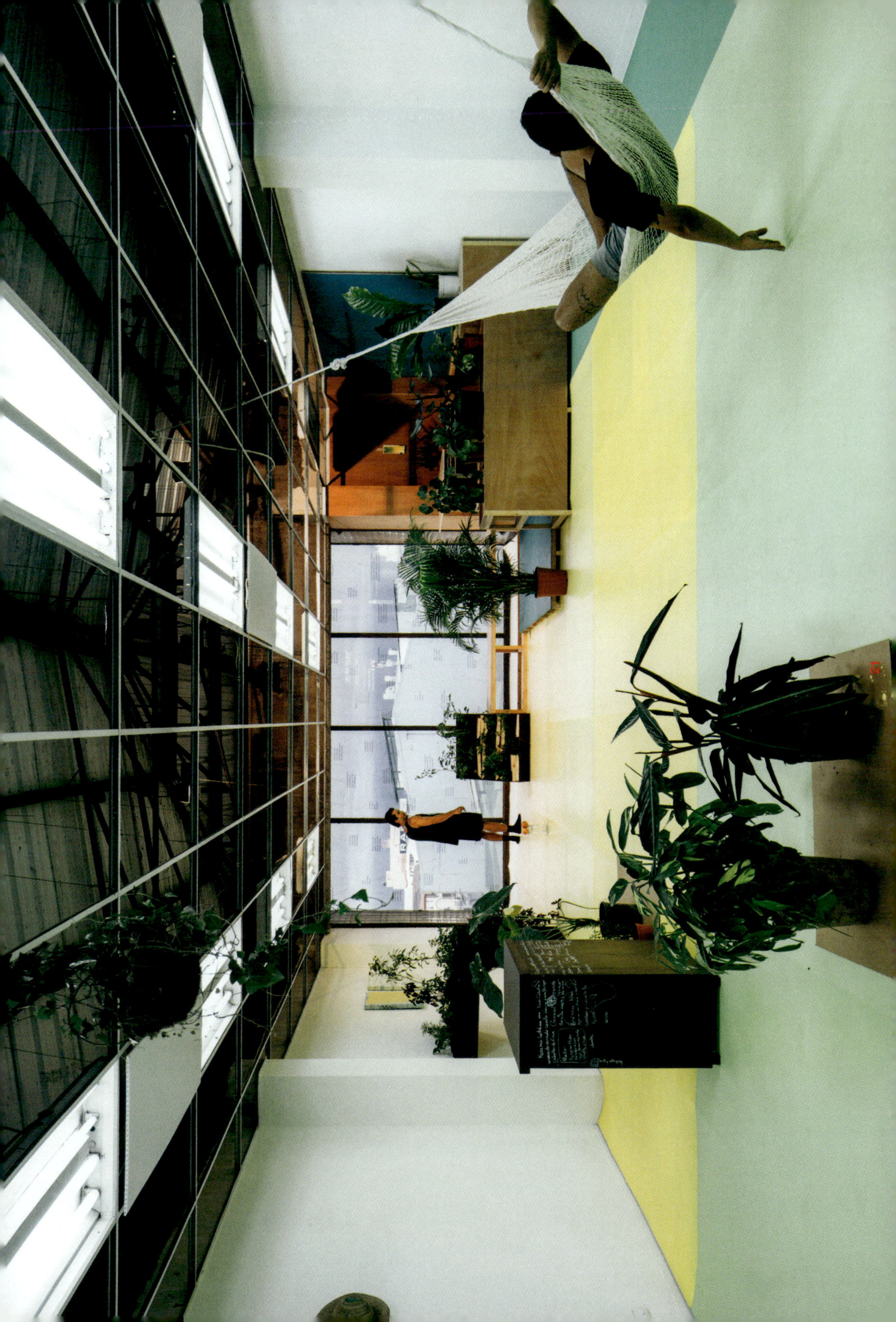

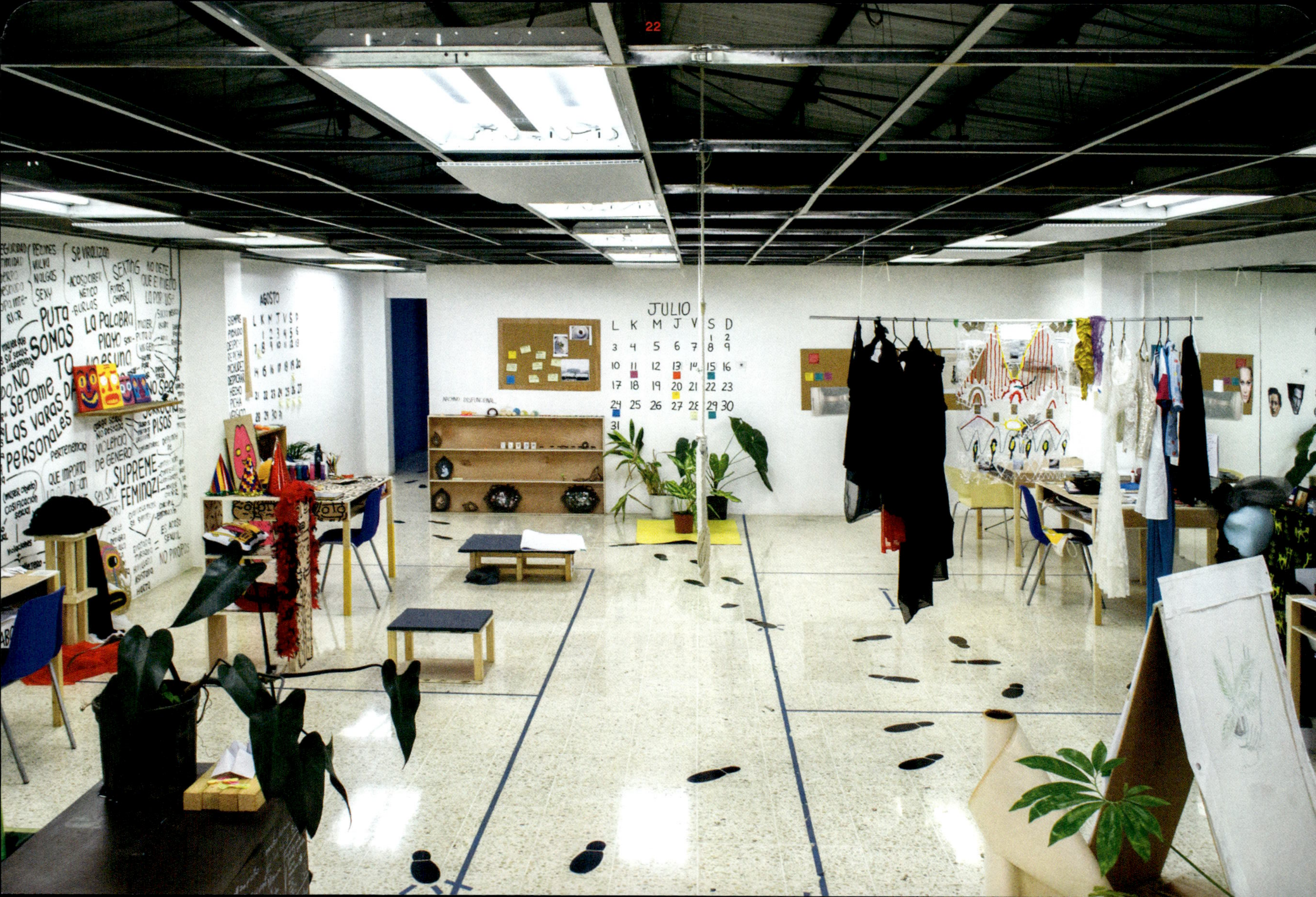

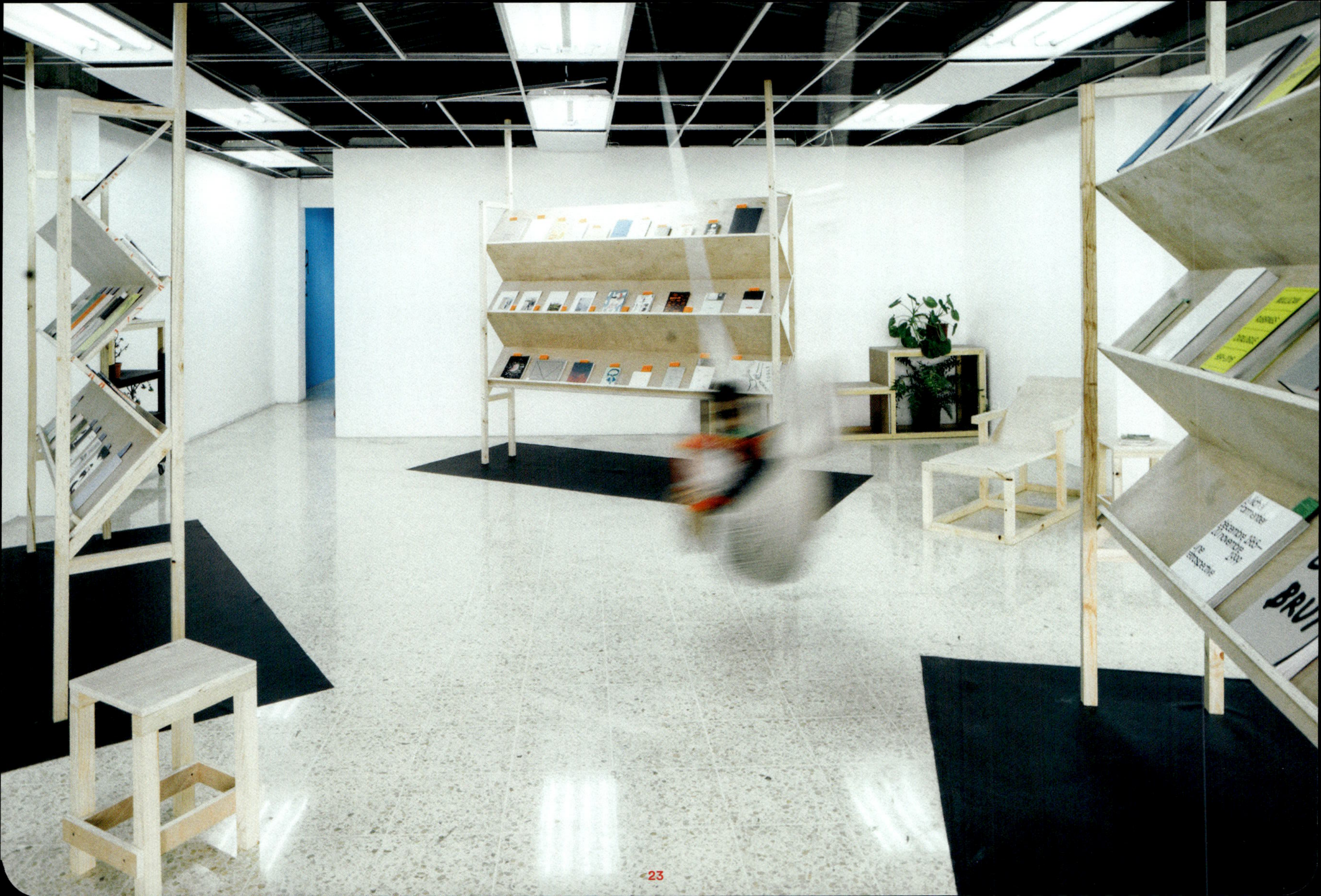

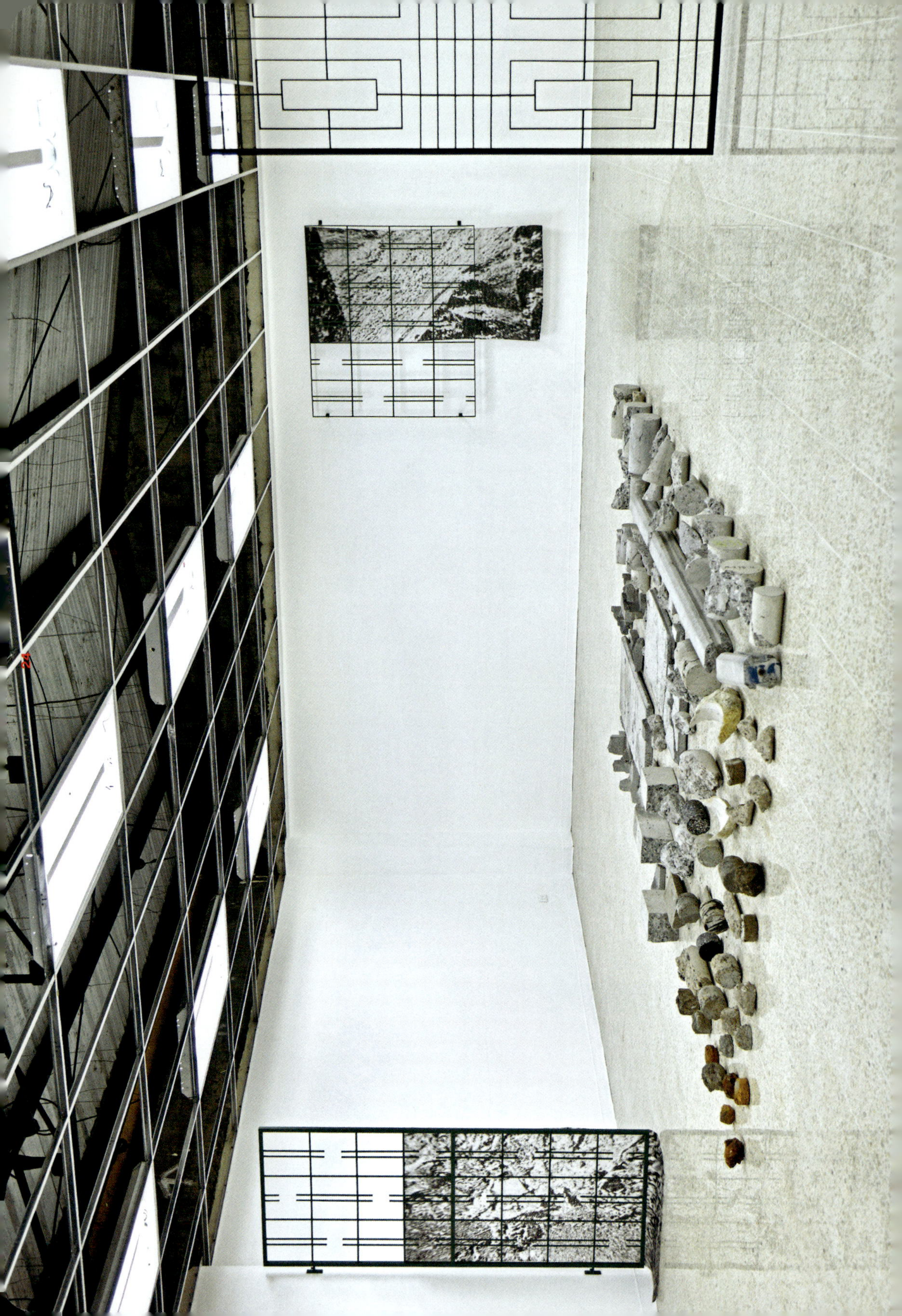

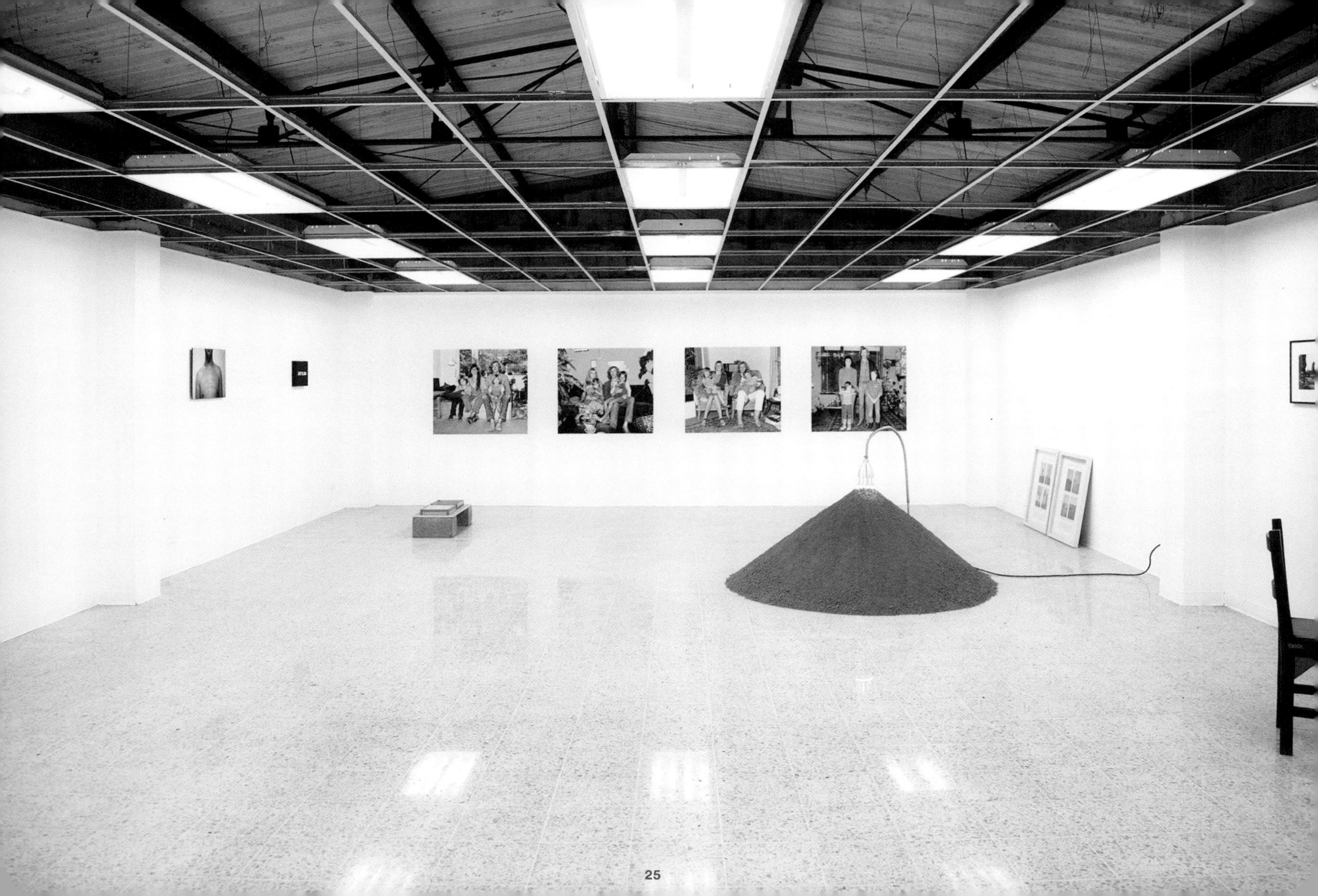

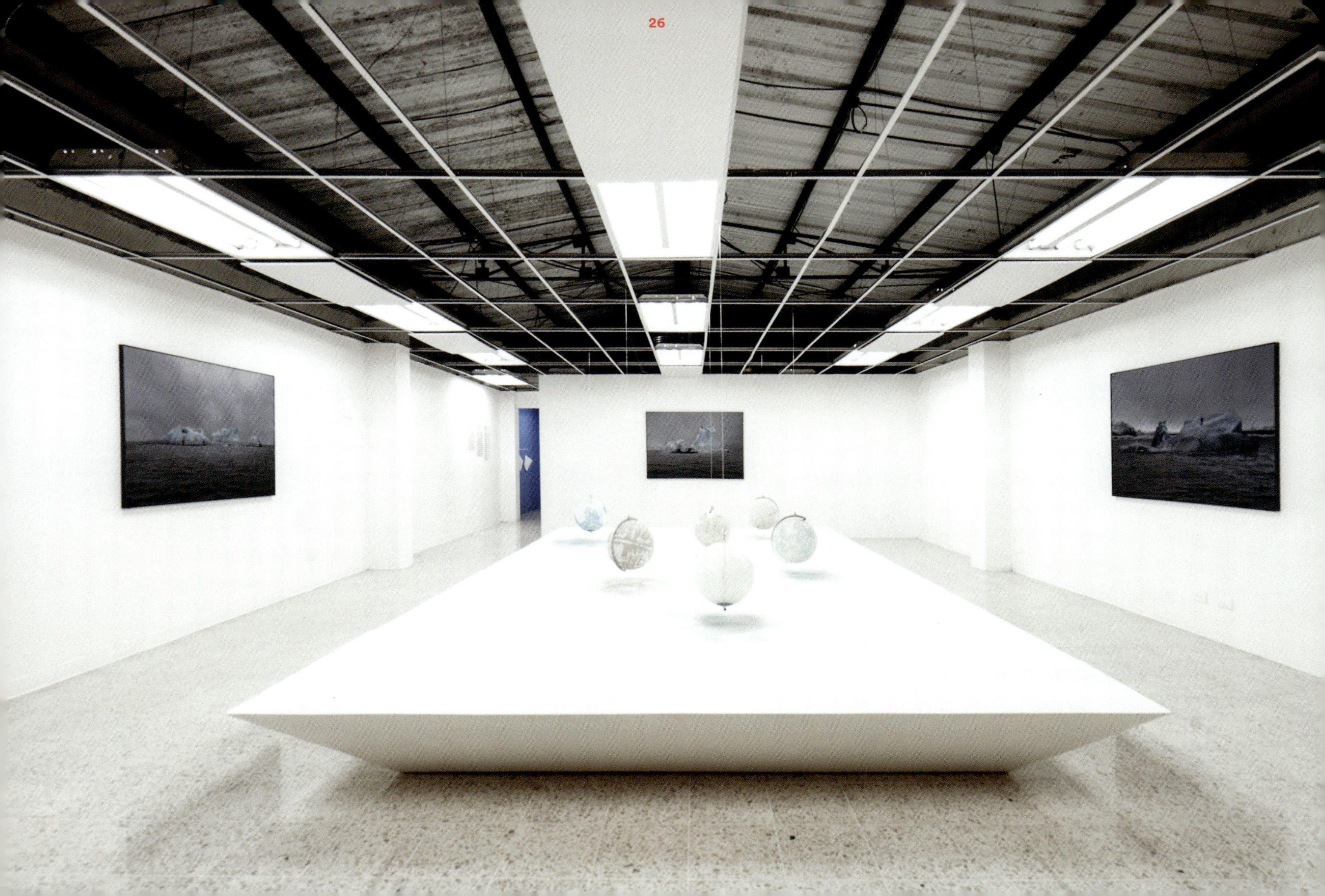

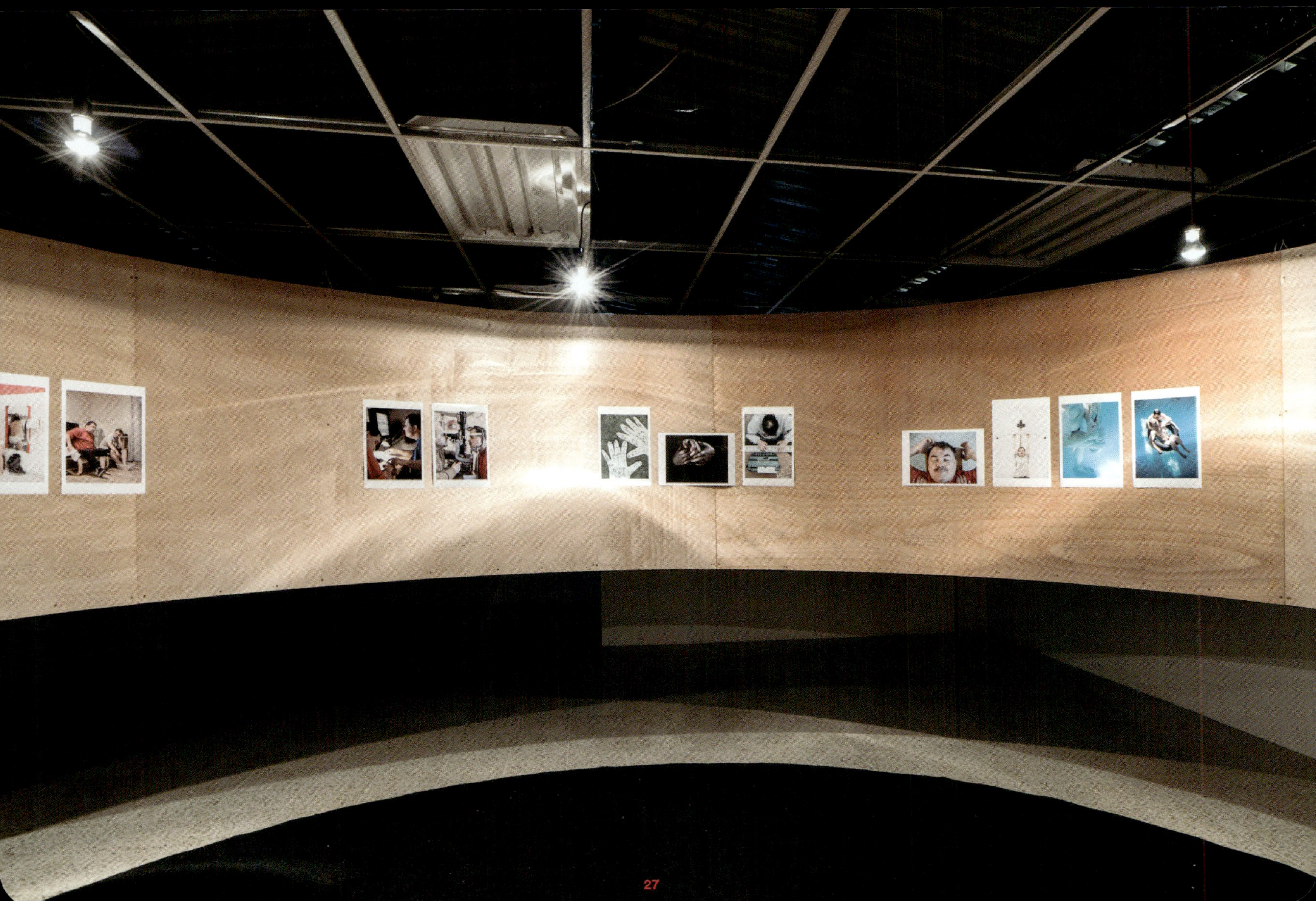

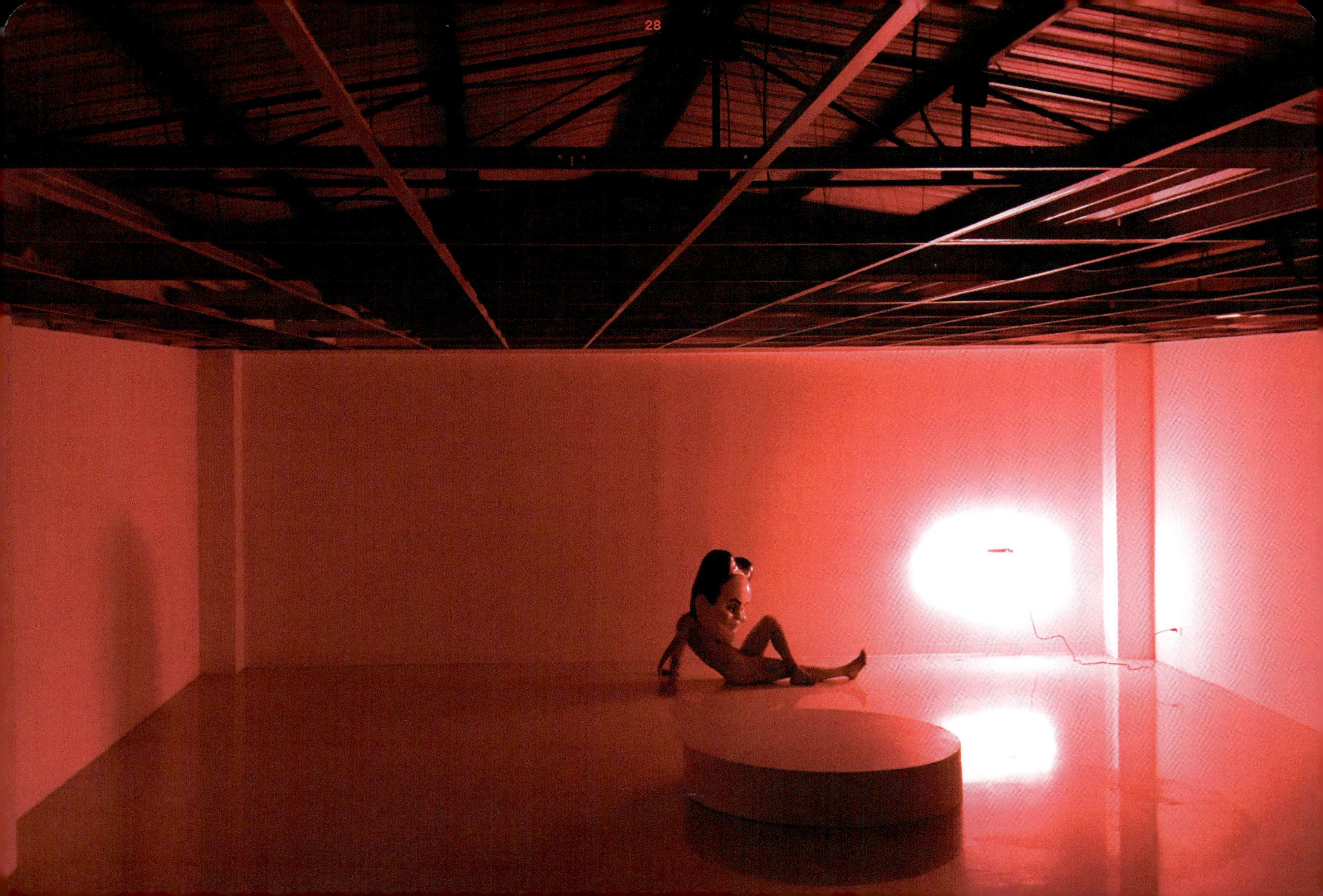
28

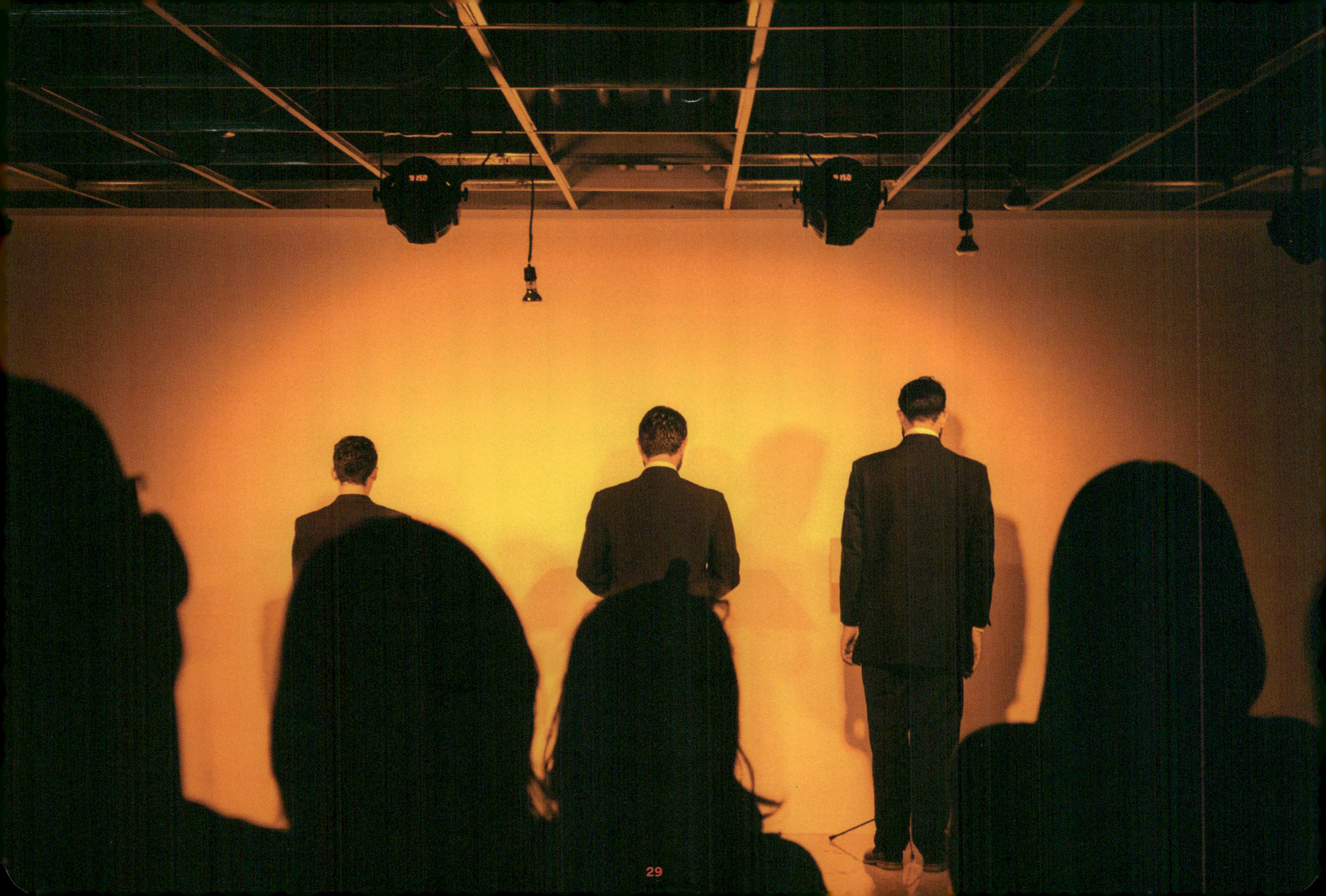

29

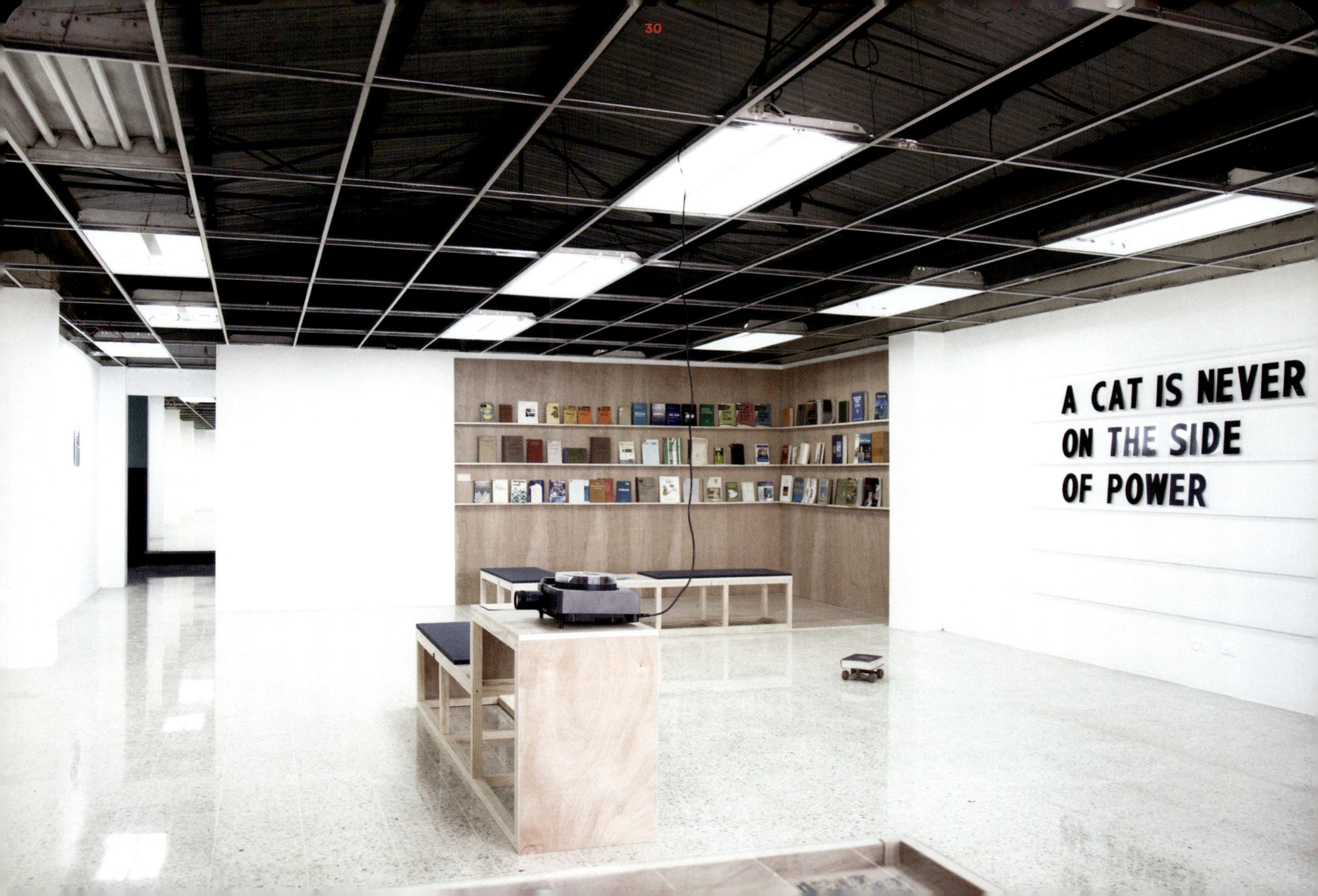
A CAT IS NEVER
ON THE SIDE
OF POWER

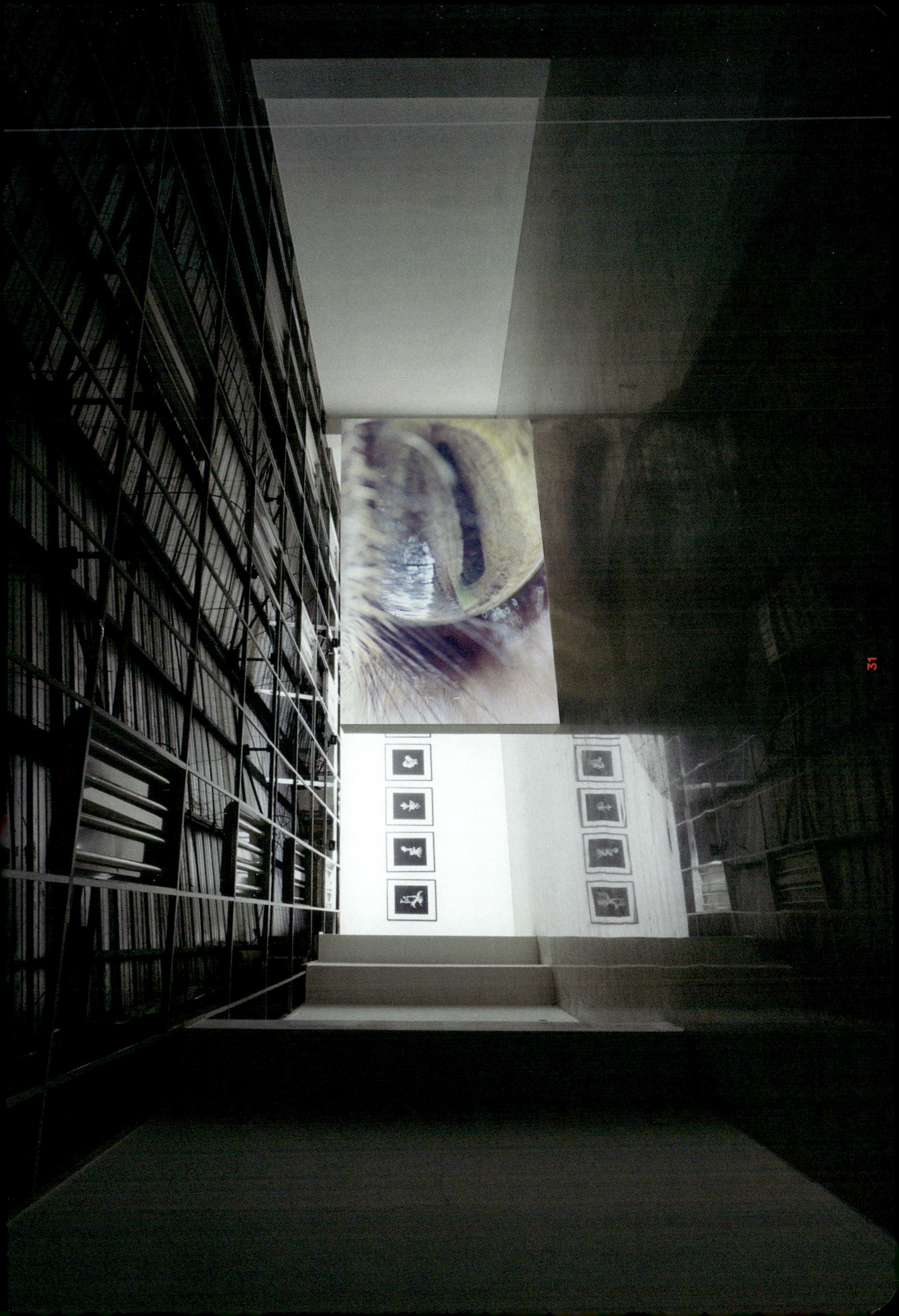

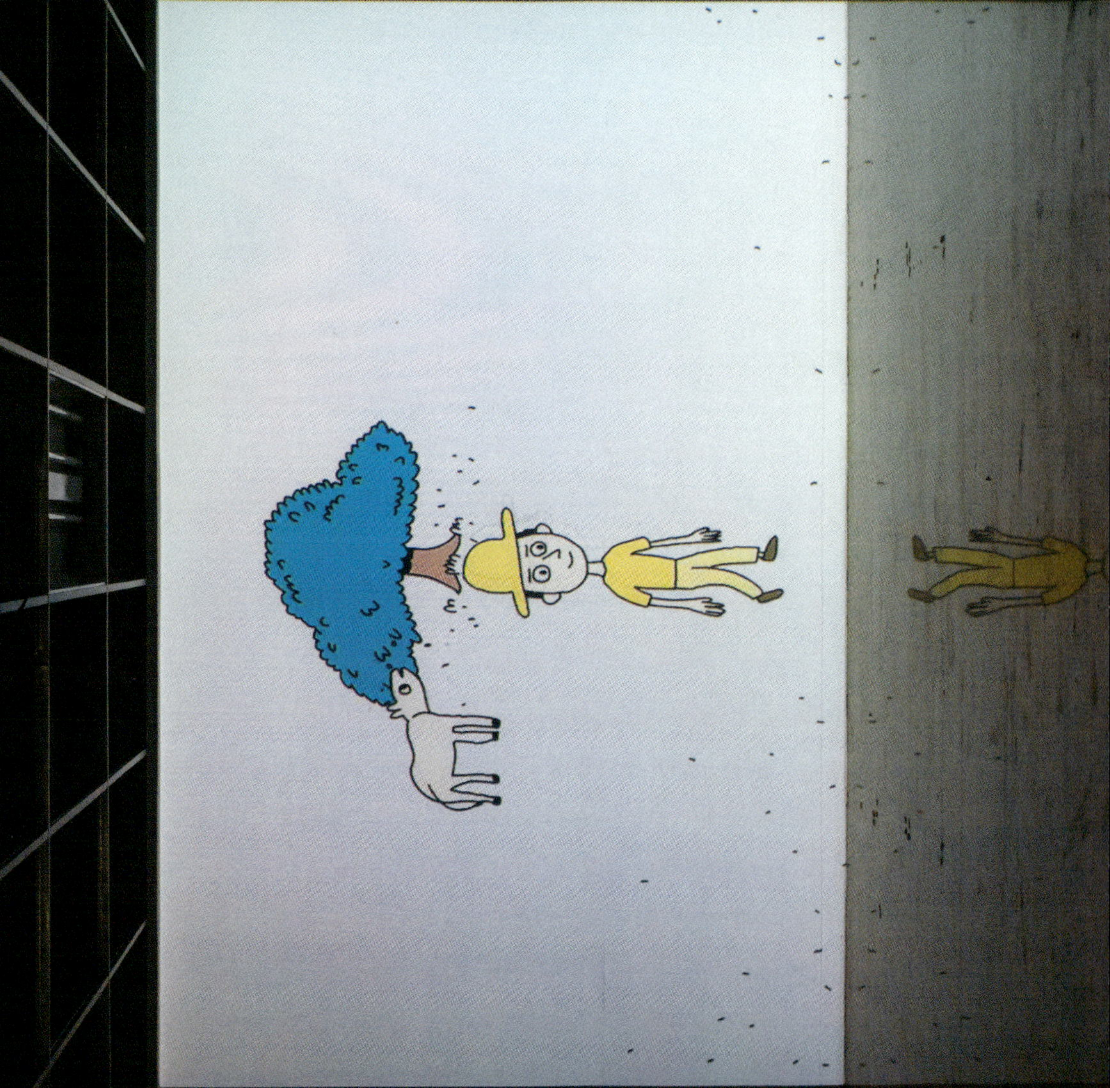

Taking Time
Federico Herrero and Natalia Valencia Arango in Conversation

Natalia Valencia Arango: Let's start with the name of the organization you founded. There is a strong poetic sentiment implicit in the creation of a space where things happen *slowly* [despacio]. There are many allegories in this, such as the slowness of the tropics, the often laid-back attitude of Latin America, the slowness of a meditating mind, the voluntary slowness of the artistic process where the world is absorbed and processed into new forms. How have notions of slowness come together in your mind as the creator of the space?

Federico Herrero: I like to think that this voluntary slowness is a kind of intelligence, a certain type of distance from the world that can lead to unique results. Slowness also means making time for thoughts. We live in an era where doing nothing seems highly suspicious. Everyone tries to optimize, especially when it comes to time, as we always seem so short of it. Time is also somewhat of a space that we can fill or not. This has to do with consciousness and imagination. I am certain that slowness has allowed us continuity over ten years of programming, and enabled us to perhaps resist, or at least find an

Tomándose el tiempo
Conversación de Federico Herrero con Natalia Valencia Arango

Natalia Valencia Arango: Empecemos con el nombre de la organización que usted fundó. Existe un fuerte sentimiento poético implícito en la creación de un espacio donde las cosas suceden *despacio*. En ello se presentan muchas alegorías, como la lentitud del trópico, la actitud relajada de Latinoamérica, la lentitud de una mente en estado de meditación, la lentitud voluntaria del proceso artístico donde el mundo es absorbido y procesado en nuevas formas. Como el creador de este espacio, ¿cómo imagina y percibe estas nociones de lentitud?

Federico Herrero: Me gusta pensar que esta lentitud voluntaria es como un tipo de inteligencia, una cierta distancia con el mundo que puede llevar a resultados únicos. La lentitud también quiere decir tomarse el tiempo para pensar. Vivimos en una época en la que no hacer nada parece ser altamente sospechoso. Todos tratan de optimizar, especialmente cuando se trata de tiempo —parece que siempre estamos cortos de tiempo. El tiempo es un tipo de espacio, lo podemos rellenar o no. Esto tiene que ver con la consciencia y la imaginación. Estoy seguro de que la lentitud nos ha

antidote to, the incredible acceleration. Tempo has in large part been triggered by technology, which is supposed to make life easier and increase our free time to be creative, but in fact does the opposite. Acceleration of human interaction and relationships can lead to alienation, which leads to the shrinking of the present. Maybe slowness is about appreciating momentariness.

At first I was interested in developing another type of artistic practice, like a more socially based kind of work that could exist in parallel to my studio practice. As you know, painting is my main field of action, but I always have been deeply interested in what happens beyond the canvas. I felt that it would be unnatural for me to change my practice, so I had the idea to start a new studio in downtown San José where I could embark upon a totally different type of project that would be more socially minded and relational.

One day I was talking to Virginia Pérez-Ratton, the great Costa Rican curator, and she mentioned that her institute was leasing a building next door and asked me if I wanted to rent one of the rooms for executing this idea. I took her up on it, and almost immediately it took the form of an exhibition space for my fellow local artists. I quickly understood that many artists just needed a space to show their work to the public and have conversations about what they were doing, and there were very few spaces in Costa Rica at that point that embraced work in its experimental stages. This is pretty much the origin story.

There were other elements that triggered a continuity in the making, like wondering why artists should need to leave this country for a big city in order to make art. I am specifically about

permitido la continuidad de 10 años de programación y, tal vez, ha sido una resistencia o al menos un antídoto para la aceleración constante. El ritmo ha cambiado mucho y a veces ni siquiera nos damos cuenta. Está el cambio de ritmo disparado por la tecnología, que debería simplificarnos la vida y aumentar nuestro tiempo libre para ser más creativos, pero en realidad sucede lo opuesto. También está la aceleración de las interacciones y las relaciones humanas que producen un cierto tipo de alienación y ésta provoca una reducción del tiempo presente. Tal vez, la lentitud se trata de poder apreciar el momento.

Al inicio, estaba interesado en desarrollar otro tipo de práctica artística. Tenía la idea de un trabajo basado más en lo social, que pudiera funcionar de forma paralela con mi práctica en el estudio. Como usted sabe, la pintura es mi campo de acción principal pero siempre he estado muy interesado en aquello que va más allá del lienzo. Siempre sentí que sería artificial cambiar mi práctica por otras cosas, especialmente si se lo mostraba a otros. Entonces, tuve la idea de montar un estudio en el centro de San José que estuviera más enfocado en lo social y, en cierta medida, hacia las relaciones. En una conversación con la gran curadora costarricense, Virginia Pérez–Ratton, me mencionó que se estaba alquilando un edificio al costado de su instituto. Me preguntó si me gustaría alquilar una de las habitaciones para desarrollar esta idea y aproveché la oportunidad. Casi de forma inmediata, el lugar se configuró como un espacio para exhibiciones en contacto con otros compañeros artistas. Rápidamente entendí que muchos artistas simplemente necesitaban un espacio donde pudieran mostrar su obra al público y hablar sobre aquello que hacían. En ese momento, en Costa Rica había pocos

being open to experimental processes.
We wanted to open our doors for artists
to test their work, and enter a broader
conversation in the family tree of the
art world, for instance by having their
first solo show, or exhibiting together to
create dialogues.

NVA: Central America is the geographic
center of a hemisphere that is intensely
fragmented in terms of politics,
economics, and culture. The main
centers of artistic activity in the Amer-
icas are far from Central America, and
unfortunately quite disconnected from
it. How do you regard this experience of
operating from that specific location?

FH: The lack of spaces, and the
fragmentation in politics, economics,
have been the very things that unite
this block of countries. It has been
a common ground for generating a
dialogue. The countries grouped under
the umbrella "Central America" are so
varied, and each has a different history,
in some cases very violent and much
more complicated than what we experienced in Costa Rica. It has pushed artists
to work outside traditional art spaces,
in the area between the public and the
private realms. The lack of space has
been understood as a condition of our
situation. As a result you have artists
like Regina José Galindo and Aníbal
López using bridges, or Carlos Fernández
squatting in empty lots, or Adán
Vallecillos fixing cracks in public
squares.

No doubt, Costa Rica is in no way an
artistic center in Latin America. The
other so-called centers seem closer than
ever due to information technology, and
at the same time they remain unreach-
able for most. With information flowing
seamlessly through digital channels,
we are informed practically in real time

espacios que acogieran artistas que aún
se encontraban en estados experimentales. En resumen, ese es el origen de la
historia. Después hubo otras situaciones
que fueron desencadenando la continuidad del proceso como, por ejemplo,
la idea de por qué los artistas deberían
salir del país y migrar hacia grandes
ciudades para hacer arte. Siempre
he estado abierto hacia los procesos
experimentales. Queríamos abrirle
la puerta a los artistas para que pusieran
a prueba sus ideas, que pudieran abrir
un camino más amplio de discusión
e ingresar al árbol familiar del arte.
Por ejemplo, teniendo la oportunidad de
hacer exhibiciones individuales o crear
diálogos con otros artistas exponiendo
de forma grupal.

NVA: Centroamérica es el epicentro
geográfico de un continente que se
encuentra ampliamente fragmentado
a nivel político, económico y cultural.
Los principales centros de actividad
artística en el continente se encuentran
lejos de Centroamérica y, desafortunada-
mente, muy desconectados de ella.
¿Funcionando desde esta localidad,
cómo percibe esta experiencia?

FH: La ausencia de espacios ha estado
en el trasfondo mismo que une a este
bloque de países; esa es la afinidad para
generar un diálogo porque, de hecho,
la fragmentación política y económica
existe. Los países agrupados bajo la
sombrilla de Centroamérica son muy
diferentes entre sí, cada uno tiene su
historia y, en la mayoría de los casos, esa
historia es muy violenta y mucho más
complicada que la que hemos experi-
mentado en Costa Rica. Esto ha empuja-
do a muchos artistas a trabajar fuera de
los espacios artísticos tradicionales,
en el ámbito público, en un campo entre
lo público y lo privado. La ausencia
espacios se ha asumido como la

about happenings in New York, Berlin, or São Paulo, but traveling there is still economically difficult and visa regulations are not easy. Being informed about what happens in other places can of course be useful, but it can tear us from the present and our own place in terms of history and geography. It's not that information wasn't accessible before, but it didn't permanently chase us and try to get our attention in the form of notifications. This can make artists produce more for the screen and a certain public in a way that is not fully graspable.

That is where Despacio tries to come in and offer real space to artists to develop work and also to understand that one does not need to make their home base in London or Mexico City (for example). There is so much talent here. I was very lucky to be successful with my work, and I often still wake up thinking that I had some sort of vision: I wanted in return to share my network, but most importantly to create a platform to make things happen locally.

NVA: To expand on geopolitical questions: How do you approach, from the perspective of an artistic and cultural space, Costa Rica's relation to migrant routes and the political turmoil of neighboring countries? You are located in a politically stable nation in regard to economy and government—a nation that is relatively affluent in comparison to many other Latin American countries.

FH: Geographically, Central America is a bridge between the north and the south, but at the same time it is perceived as an island lost in the middle of the great centers of artistic activity. There are many limitations and disconnections, but at the same time we are more connected than ever with artists and

condición de nuestra situación. Como resultado, obtenemos a artistas como Regina Galindo y Aníbal López utilizando puentes, o a Carlos Fernández invadiendo lotes vacíos y a Adán Vallecillo arreglando grietas en plazas públicas.

Es claro que Costa Rica no es un centro relevante dentro del mundo del arte latinoamericano. Actualmente, esos seudocentros aparentan estar más cerca debido a los alcances y la información tecnológica, sin embargo, al mismo tiempo se mantienen como inalcanzables para muchos. Con la información viajando de forma continua a lo largo de los medios digitales, parece que estamos informados en tiempo real sobre happenings en Nueva York, Berlín o Sao Paulo. Pero viajar a esos países sigue siendo costoso y las regulaciones para las visas no son sencillas. Estar informado sobre lo que sucede afuera siempre es una oportunidad, pero nos puede sacar del presente, de nuestros propios espacios, de nuestra realidad histórica y geográfica. En una época donde la información crea la realidad, su impacto es notable. No porque antes no hubiéramos tenido acceso a la misma, pero no exigía nuestra atención constantemente, en forma de alertas o notificaciones. Esto provoca que algunos artistas produzcan más para esa pantalla y para un público inteligible.

Es precisamente ante esto donde aparece Despacio en la escena tratando de ofrecer un espacio real para que los artistas puedan desarrollarse y comprender que no necesitan vivir y trabajar en Londres o ¿Ciudad de México?. Aquí hay mucho talento. Yo he sido muy afortunado con el éxito de mi obra, todavía, a veces, me despierto pensando que tuve algún tipo de visión. En retribución, quería compartir mi red de contactos, pero más importante aún, quería

curators in Panama, Guatemala, Nicaragua, or Honduras while we persist in focusing on our work here in San José and bringing in artists via our residency program. Costa Rica is indeed more stable and affluent than other countries in the region, and perhaps that has had a positive effect on what can be done here. Costa Rica has been relatively open to contributing to politics in Central America. We have the highest percentage of immigrants in all of Latin America; they make up about 10 percent of the population at this point. That is twice the percentage of the next country, Argentina, where they make up 5 percent. San José has seen enormous changes in recent years, turning from a sleepy capital city into a vibrant metropolis. Yet, as with most other cities undergoing changes, the rise of tourism and the influx of people from North America and Europe has also spurred gentrification and increased the cost of living.

NVA: In Colombia, where I am from, there has been an interesting shift in artistic production. As generations of artists evolve, the politically oriented work that was the main focus in the 1990s has given way to a more diverse array of practices and subject matter. To me as a curator this is quite refreshing. Do you see similar shifts in Costa Rica and Central America?

FH: Here there is less outwardly political work being made compared to other Latin American countries that have been through constant turmoil and political uprisings.

In Central America, Guatemala in particular has seen political content dominate. I wouldn't say that artists in Costa Rica are not interested in politics, but that their focus currently

crear una plataforma donde las cosas se pudieran crear a nivel local.

NVA: Para ampliar sobre las preguntas geopolíticas, ¿cómo aborda, desde este espacio artístico y cultural, el nexo de Costa Rica con las rutas migratorias y la agitación política de sus países vecinos, al estar ubicados en un país políticamente estable, en relación con su economía y su gobierno; además, del hecho de ser un país relativamente próspero en comparación con muchos otros países latinoamericanos?

FH: Geográficamente, Centroamérica es un puente entre el norte y el sur, pero a su vez es percibido como una isla perdida en medio de los grandes centros de actividad artística. Todavía tenemos muchas limitaciones que nos mantienen desconectados, sin embargo también estamos más conectados que nunca con artistas y curadores de Panamá, Guatemala, Nicaragua y Honduras, al mismo tiempo que nos mantenemos enfocados en nuestro trabajo desde San José, trayendo artistas a través de nuestro programa de residencia. Es cierto que Costa Rica es más estable y próspero que otros países de la región y tal vez eso mismo ha tenido un efecto positivo en cuanto a lo que se puede hacer aquí. Costa Rica ha sido relativamente abierto hacia su contribución política en Centroamérica. Tenemos el porcentaje más alto de inmigrantes en todo Latinoamérica, actualmente representan el 10% de nuestra población. El doble de Argentina, el segundo país de más alto porcentaje con un 5%. La mayoría de los inmigrantes se movilizan hacia Costa Rica, y la ciudad capital ha ido demostrando grandes cambios en los últimos años; ha pasado de ser una ciudad adormilada a una metrópoli vibrante. Sin embargo, al igual que en otras ciudades bajo procesos de cambio,

revolves more around issues of gender, identity, and the environment.

NVA: Another parallel that I find in the histories of Colombian and Costa Rican contemporary art (and this is also the case in many other Latin American countries) is that the curatorial field has developed in a very organic and empirical manner, more through independent initiatives than structured curatorial studies programs. In Colombia we have experienced an increased professionalization of the curatorial field only in very recent years—a response to the art market. How has Despacio catalyzed and transformed curatorial practice in Costa Rica and the region? And/or was that ever an interest for you?

FH: I have always seen Despacio as an artist-run initiative, but we never rejected conversations around curatorial practice. The lack of commercial spaces also helped artists here avoid falling into the trap of making work explicitly to do well at fairs or galleries. At some point we wanted to expand our activities and collaborated with curators, but most often the artists are simply the curators of their own shows. In a way, you could say that announcing the closing of Despacio was a curatorial decision. We also integrated institutional questions into the programming and discussions with artists, and we worked with local artists to plan their own institutional landscape in San José and support their aspirations for artist-run spaces. In the last year alone, five new artist-run spaces have opened, creating a very vivid landscape and really forming a community.

NVA: After all these years of navigating varied funding structures in Costa Rica and elsewhere, can you imagine a utopian or ideal premise in this respect

el aumento del turismo y la afluencia de personas desde Norteamérica y Europa que eligen vivir aquí, también ha impulsado la gentrificación y el aumento del costo de vida.

NVA: En Colombia, mi país de origen ha habido un cambio interesante en la producción artística. A lo largo del desarrollo evolutivo de las diferentes generaciones de artistas, la producción artística orientada hacia la política, que era el interés principal en los 90's, se ha ido abriendo el paso hacia el despliegue de diversas prácticas y materias de estudio. Como curadora, esto para mí es algo refrescante. ¿Podría decir que usted observa cambios similares en las generaciones más jóvenes de Costa Rica y Centroamérica?

FH: Sí, se han estado produciendo menos propuestas abiertamente políticas en comparación con otros países Latinoamericanos que han estado atravesando constantes agitaciones y levantamientos políticos.

NVA: Otra línea paralela que puedo identificar entre la historia del arte contemporáneo colombiano y el costarricense (también es el caso de muchos países latinoamericanos), es el hecho de que la rama de la curaduría se ha ido desarrollando de forma orgánica y empírica, sin programas estructurados de estudio y a partir de iniciativas independientes. En Colombia sí hemos experimentando un incremento en la profesionalización de la curaduría, pero hasta años recientes y en respuesta a las exigencias del mercado. ¿Cómo cree que Despacio ha catalizado y transformado la práctica curatorial en Costa Rica y la región? ¿Esto ha sido de interés para usted?

—beyond mere survival—for artists and independent spaces?

FH: We always wanted Despacio to be as independent as possible, and we never had the ambition to take over a bigger space, for instance, or expand the program. The idea was to work genuinely guided by our intention and dedication to dialogue. I truly believe the model comes from inside and begins as a personal journey, and then it follows where its community takes it. Maybe a space like this is only possible in a place like Costa Rica that is somewhat off the map of the international art world and the market.

NVA: Despacio is definitely a labor of love. How do you project this form of love into the future?

FH: Despacio as a model will persist. I can also see Despacio continuing nomadically and doing projects where and when we feel they're necessary, but there won't be a permanent program. What we did was an experiment, which we constantly adjusted over our ten-year run. The flexibility was important. I don't believe that things have to last forever. There was a time for us to do what we did, and I think we touched a lot of people, and today is a different time with maybe different necessities.

FH: Yo siempre he visualizado a Despacio como una iniciativa dirigida por artistas, pero nunca hemos rechazado transformaciones alrededor de la práctica curatorial. La falta de espacios comerciales también nos ha ayudado a no caer en la trampa de producir trabajos adecuados para ferias y/o galerías. En determinados momentos hemos querido ampliar nuestras actividades y hemos colaborado con curadores, pero la mayoría de las veces los mismos artistas son los curadores de sus propias exhibiciones. De alguna forma se podría decir que anunciar el cierre de Despacio es una decisión curatorial.

También hemos integrado en el programa preguntas institucionales y hemos abierto discusiones entre los artistas. Hemos trabajado con artistas locales para que ellos mismos puedan planificar su panorama institucional en San José, y apoyamos sus aspiraciones en la generación de espacios dirigidos por artistas. Tan solo en el último año, se han abierto cinco espacios dirigidos por artistas, creando un horizonte cargado de vitalidad y promoviendo la actividad de una comunidad real.

NVA: Después de todos estos años navegando entre distintas estructuras de fundaciones en Costa Rica y otros lugares, ¿podría imaginarse una forma utópica o ideal para que los artistas y los espacios independientes produzcan más allá de lo que se requiere para sobrevivir?

FH: Siempre quisimos que el espacio fuera lo más independiente posible, nunca tuvimos la ambición de crecer en el sentido de apropiarnos de un espacio más grande o expandir el programa. Esto se sostiene sobre la idea de trabajar y producir, guiados por nuestra intención y dedicación al diálogo. Realmente creo

que el modelo proviene del interior,
e inicia como un viaje personal, después
pasa a lo comunal. Puede ser que un
espacio como este solo sea posible en un
lugar como Costa Rica, fuera del
mercado y, de alguna forma, ausente en
el mapa del mundo internacional
del arte.

NVA: Definitivamente Despacio es
una obra de amor. ¿Cómo proyecta esta
forma de amor en el futuro?

FH: Despacio continuará operando de
forma nomádica, y desarrollando
proyectos mediante conexiones, pero no
tendremos un programa permanente.
Se trata de la transformación, de seguir
el ritmo natural de la vida, respirando,
expandiéndose y contrayéndose.
También es un acto de resistencia,
resistencia ante la noción de una programación y un crecimiento infinito.
Nos ajustamos a lo largo del transcurso
de estos diez años. La flexibilidad fue
importante. Yo nunca creí que las cosas
tendrían que durar por siempre, hubo
una época para hacer lo que hicimos y
ahora estamos en otro momento con
necesidades distintas.

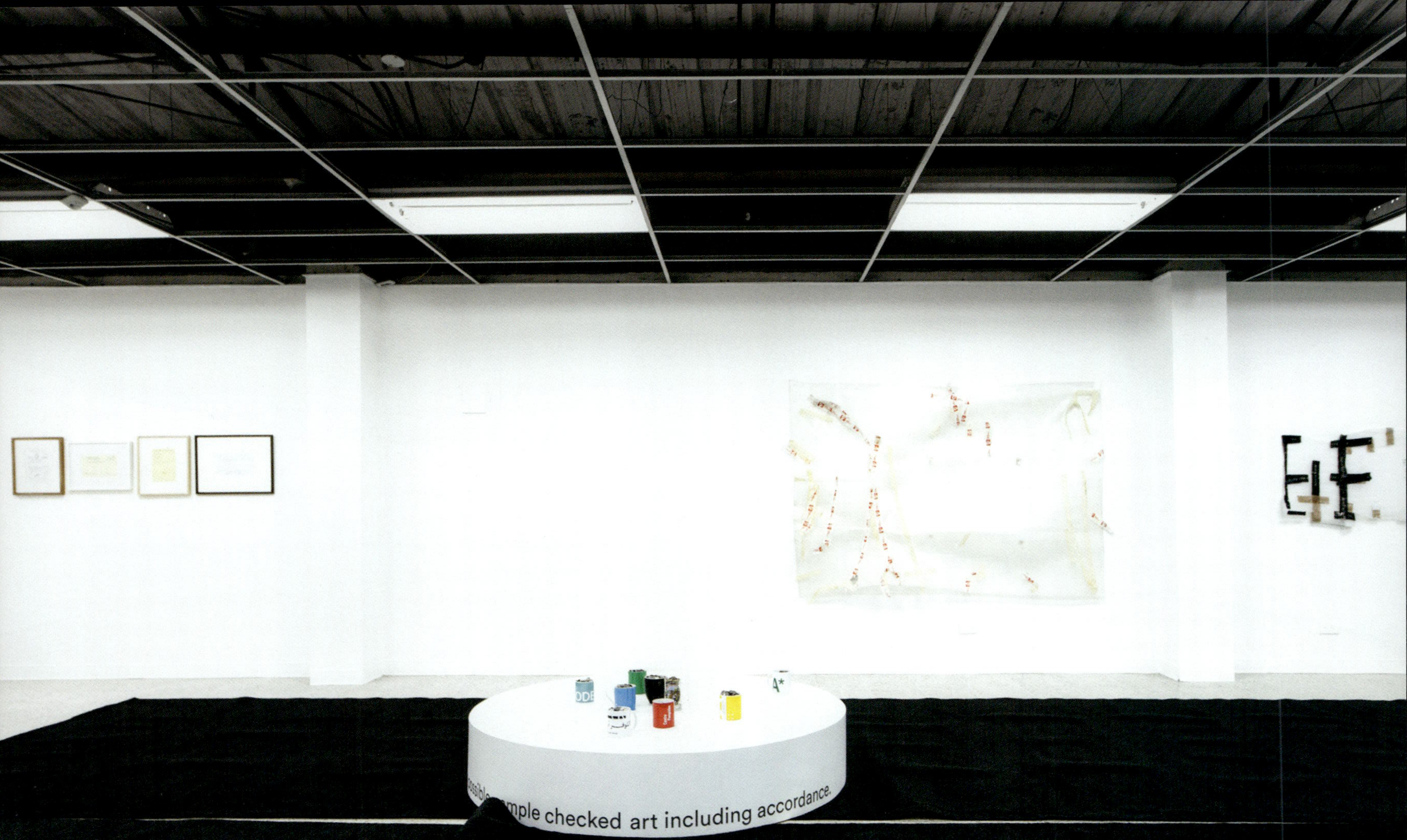
mple checked art including accordance

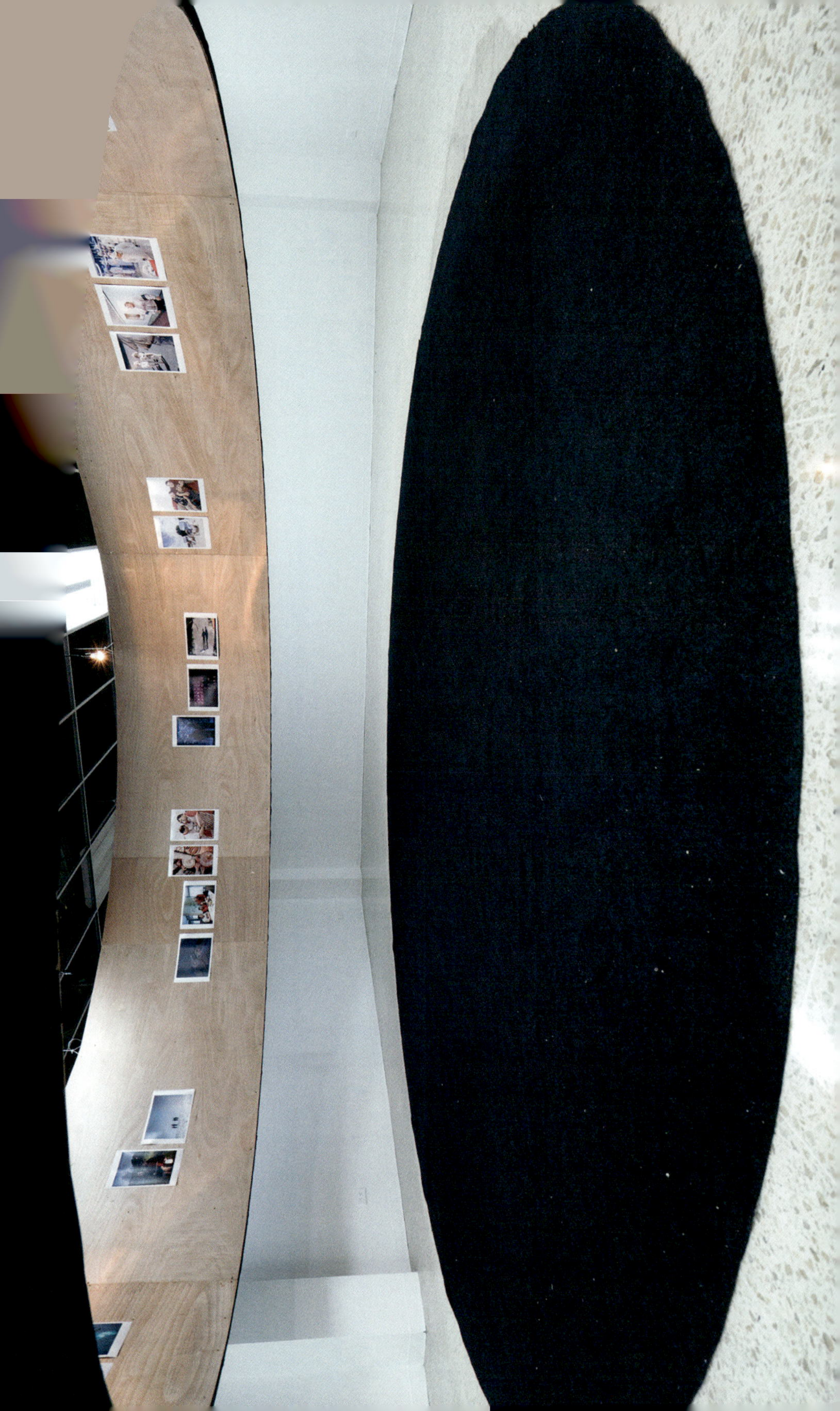

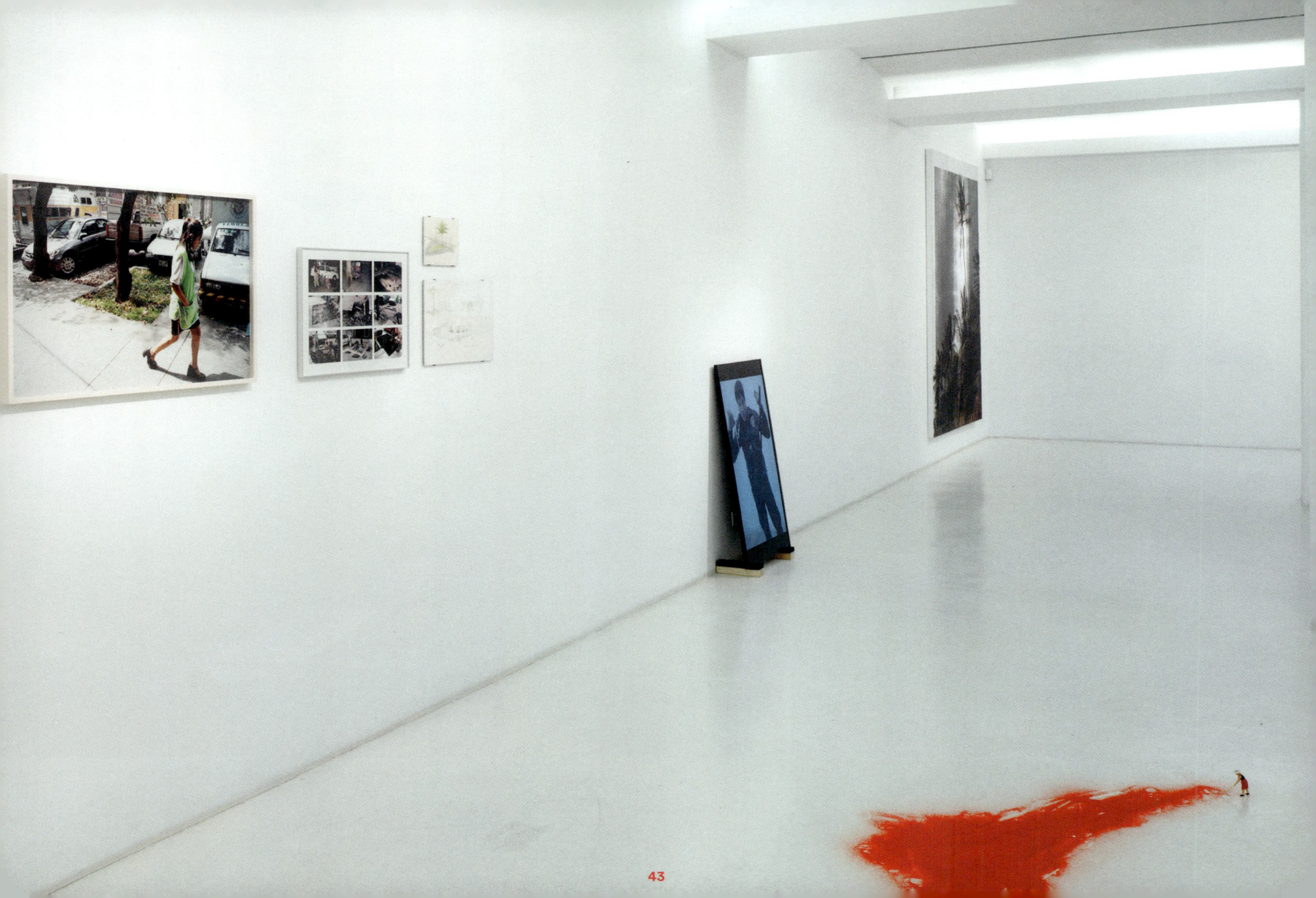

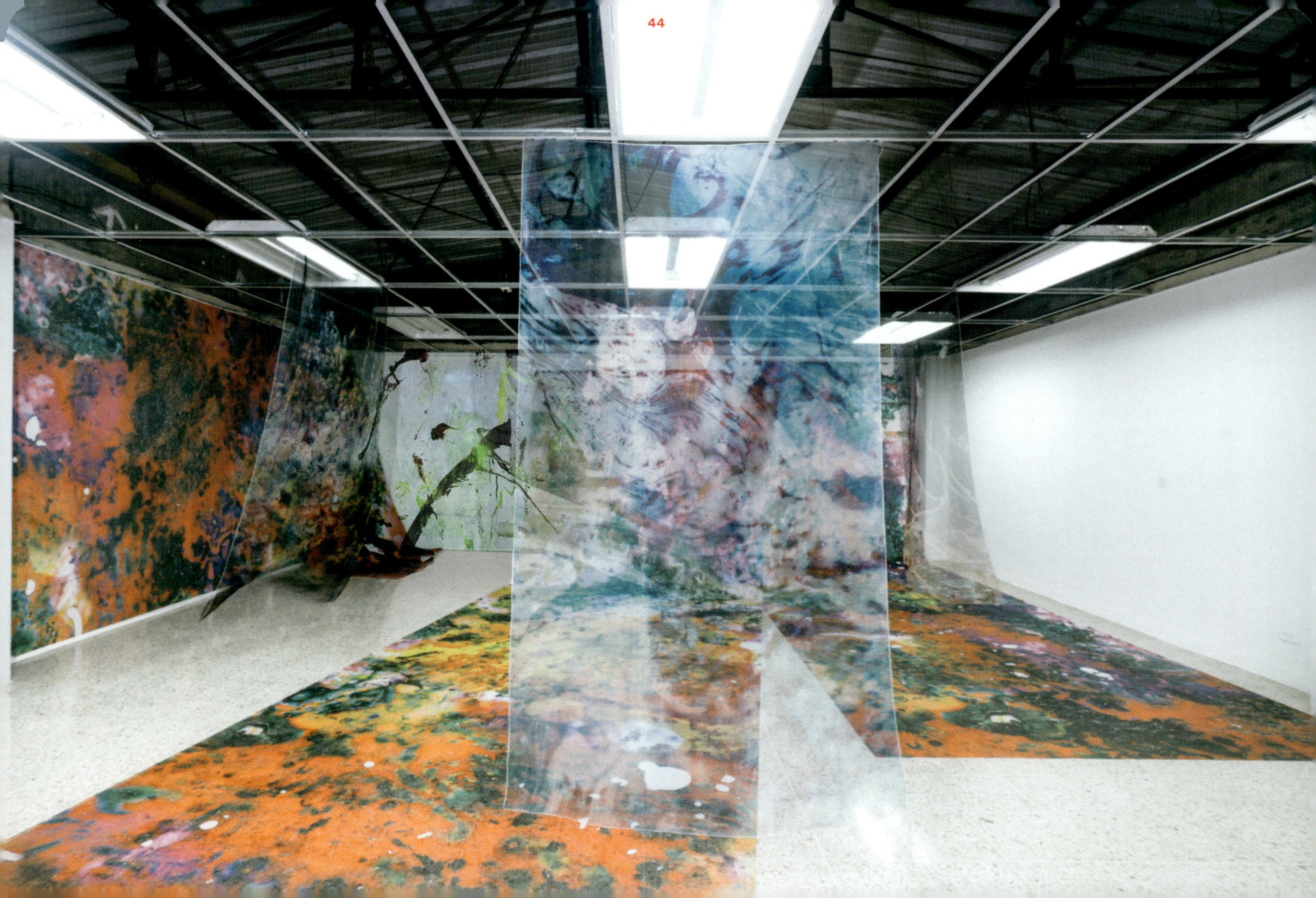

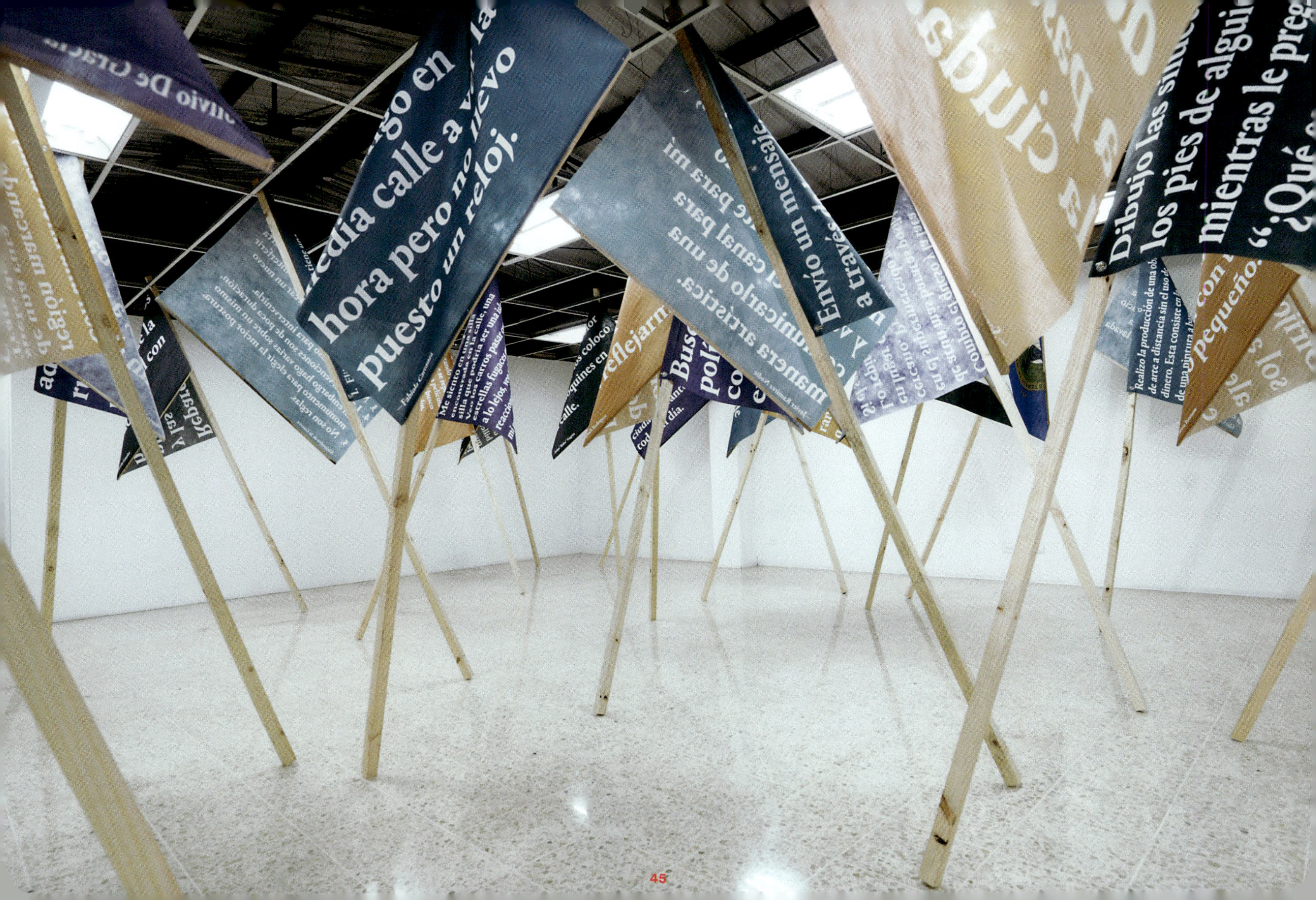

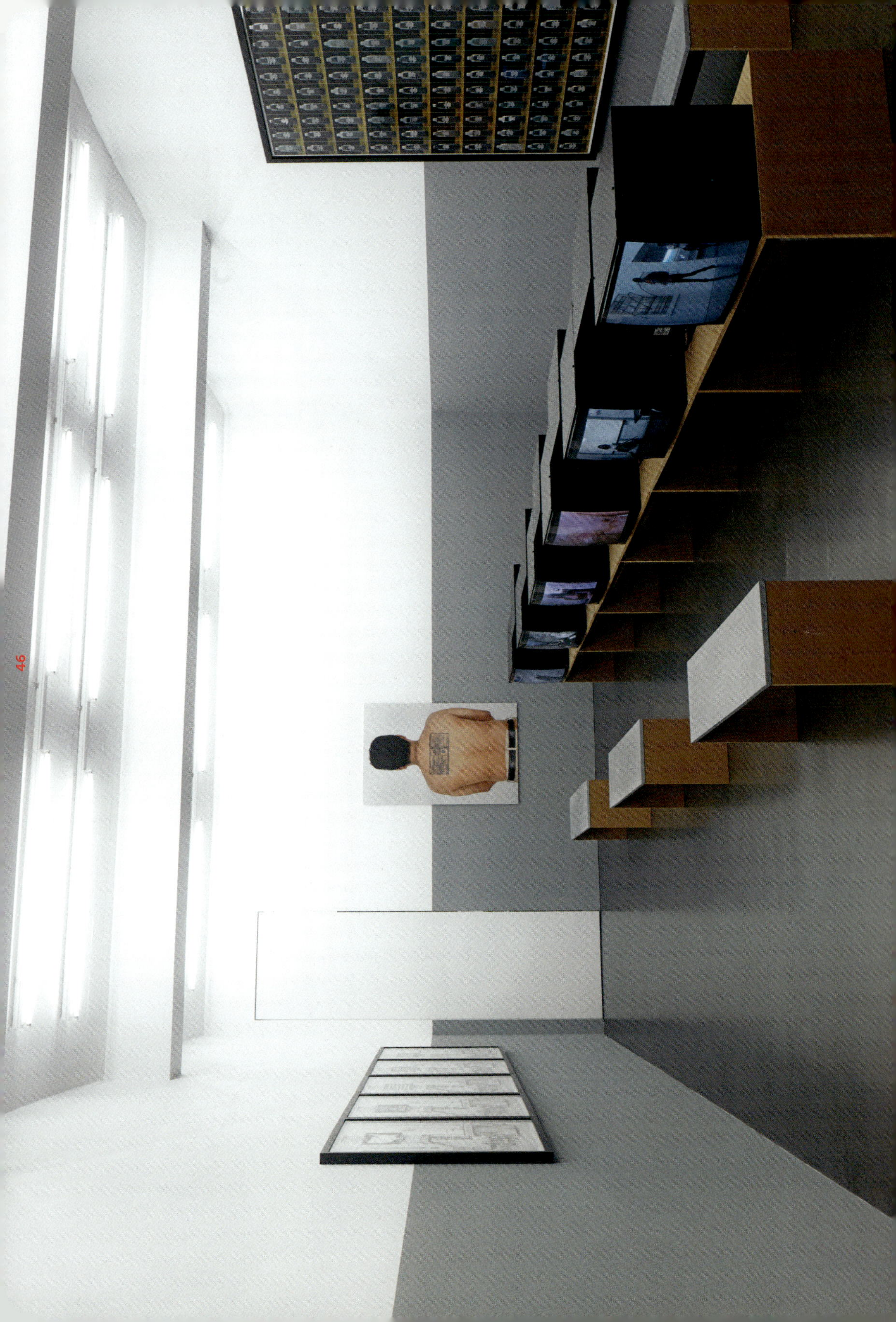

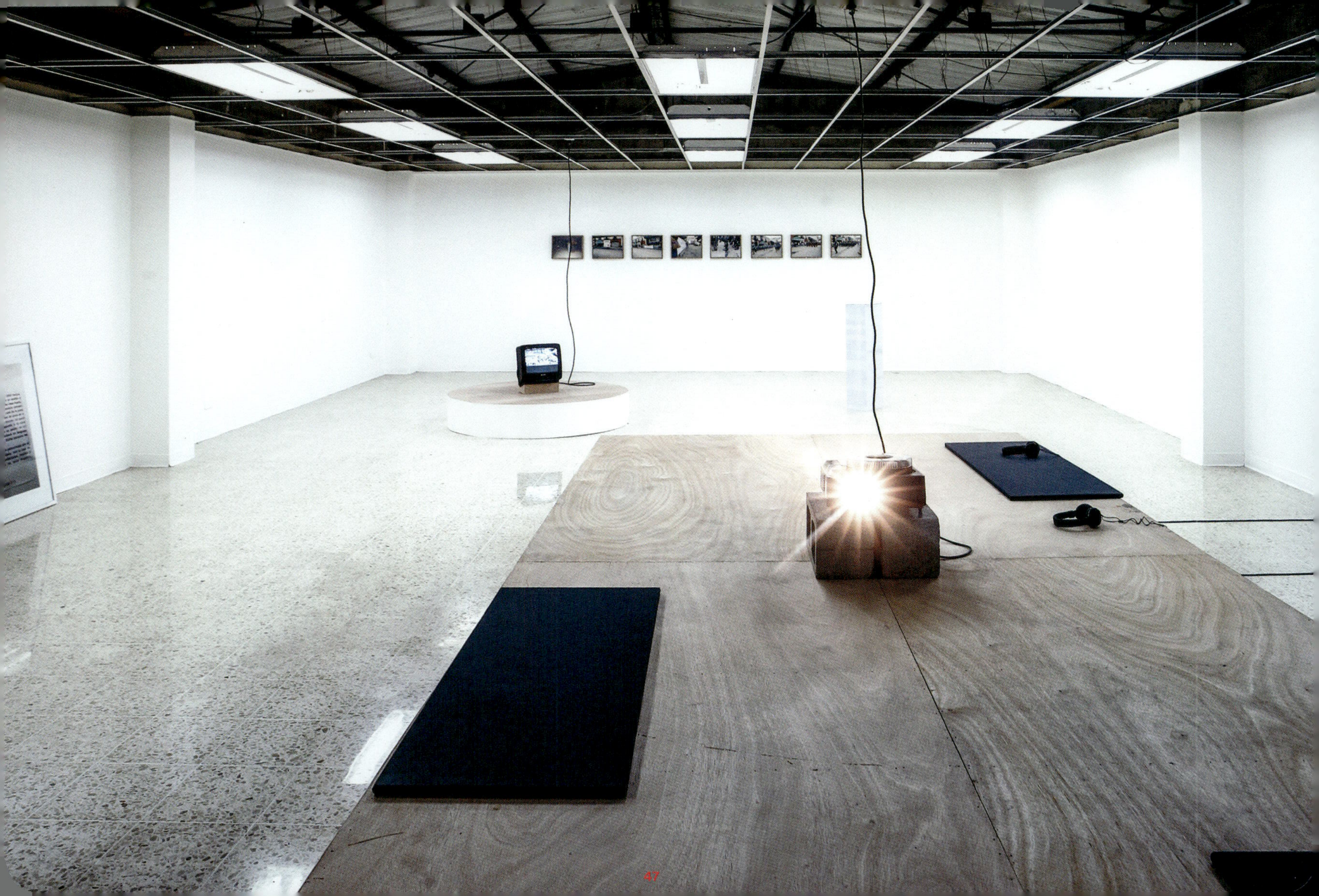

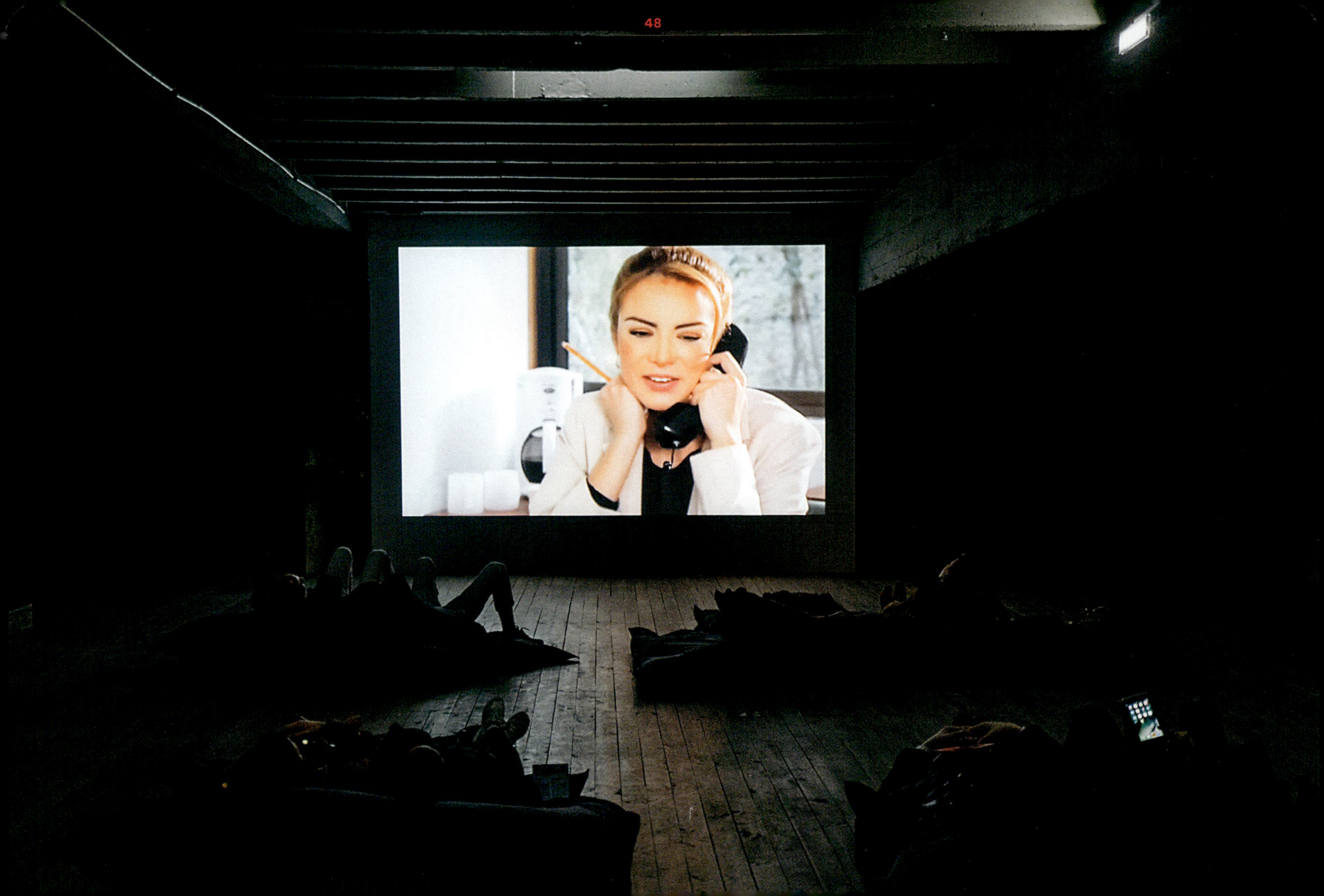

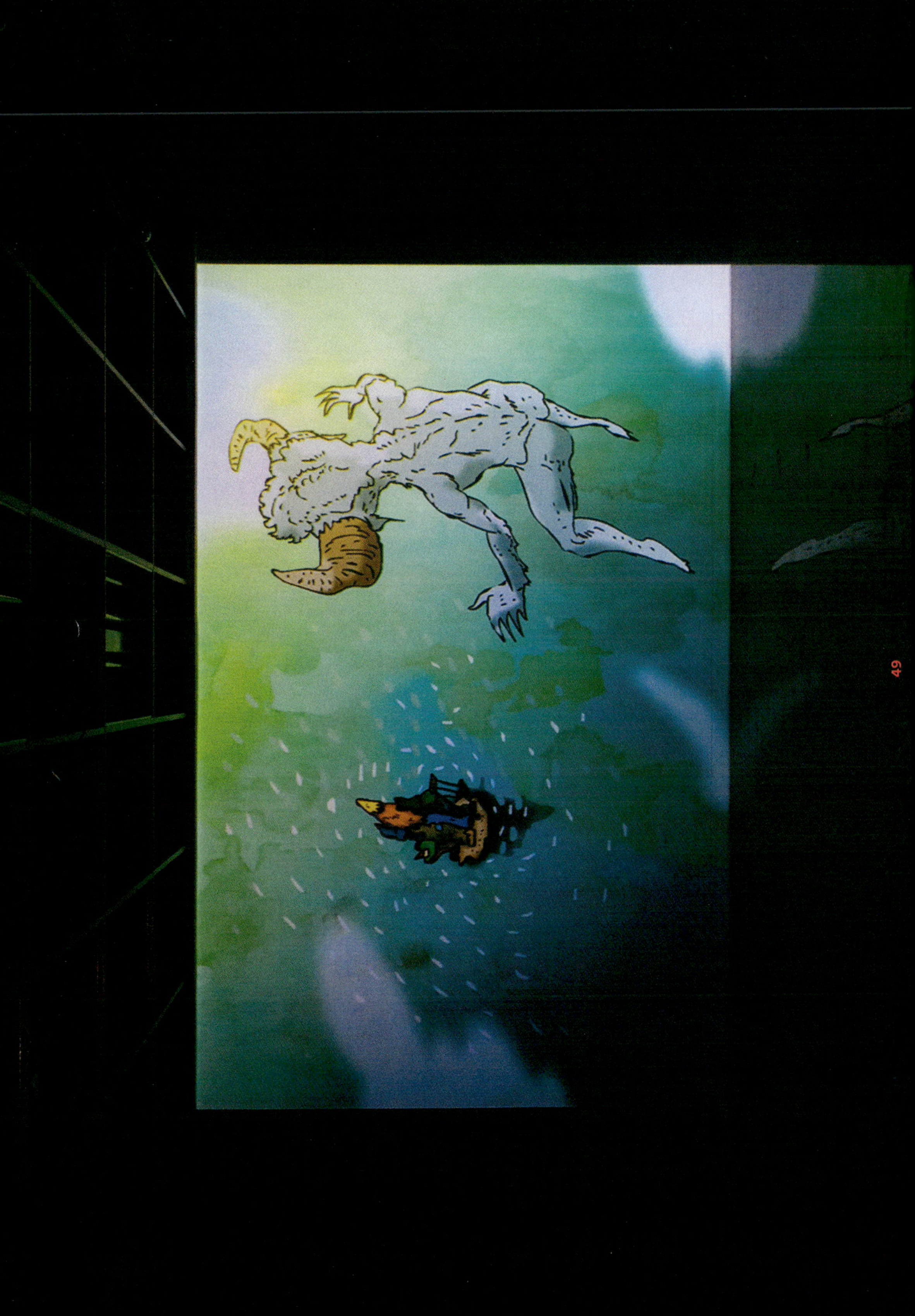

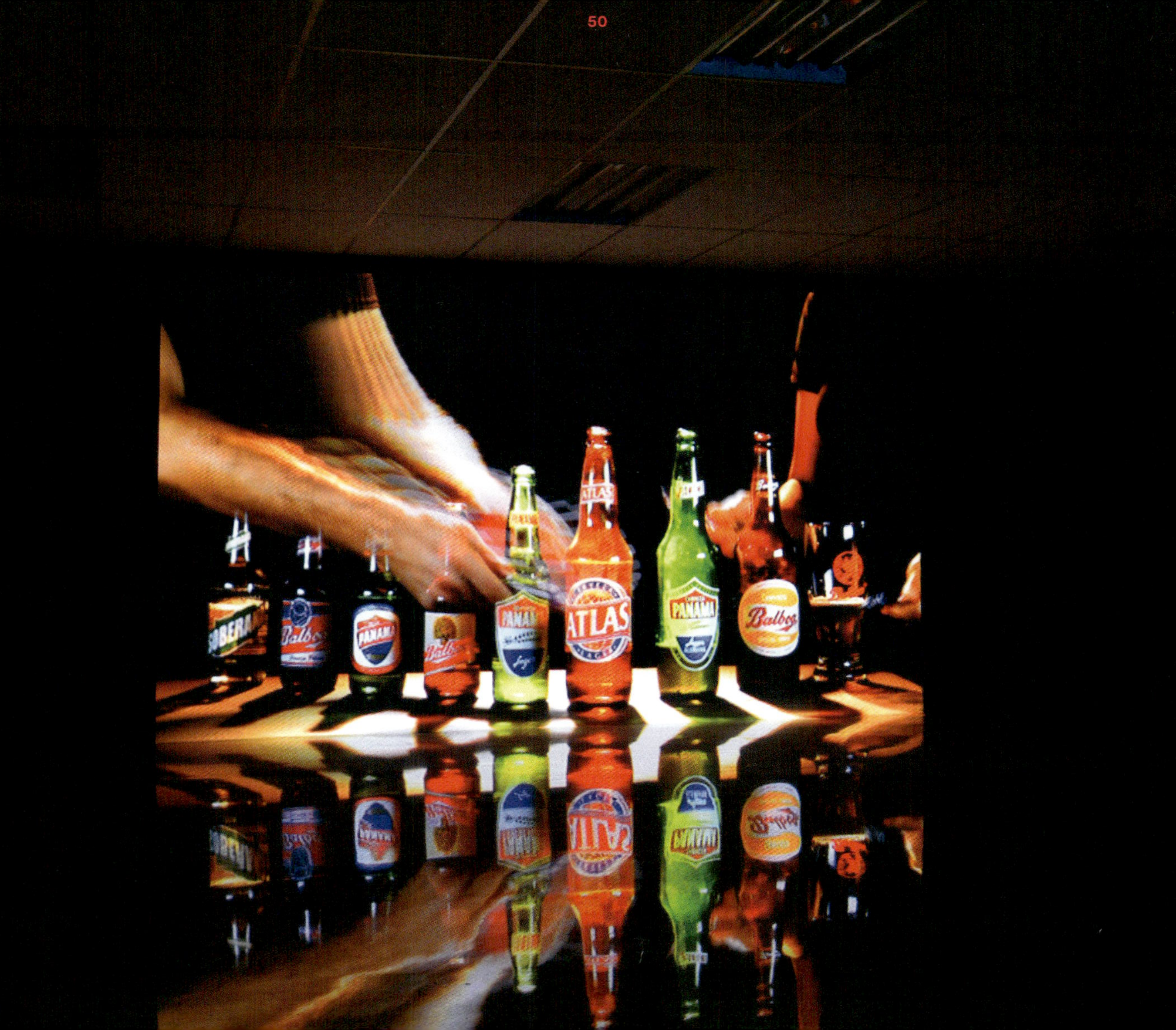
SOBERANA
Balboa
PANAMA
Balboa
PANAMA
ATLAS
PANAMA
Balboa

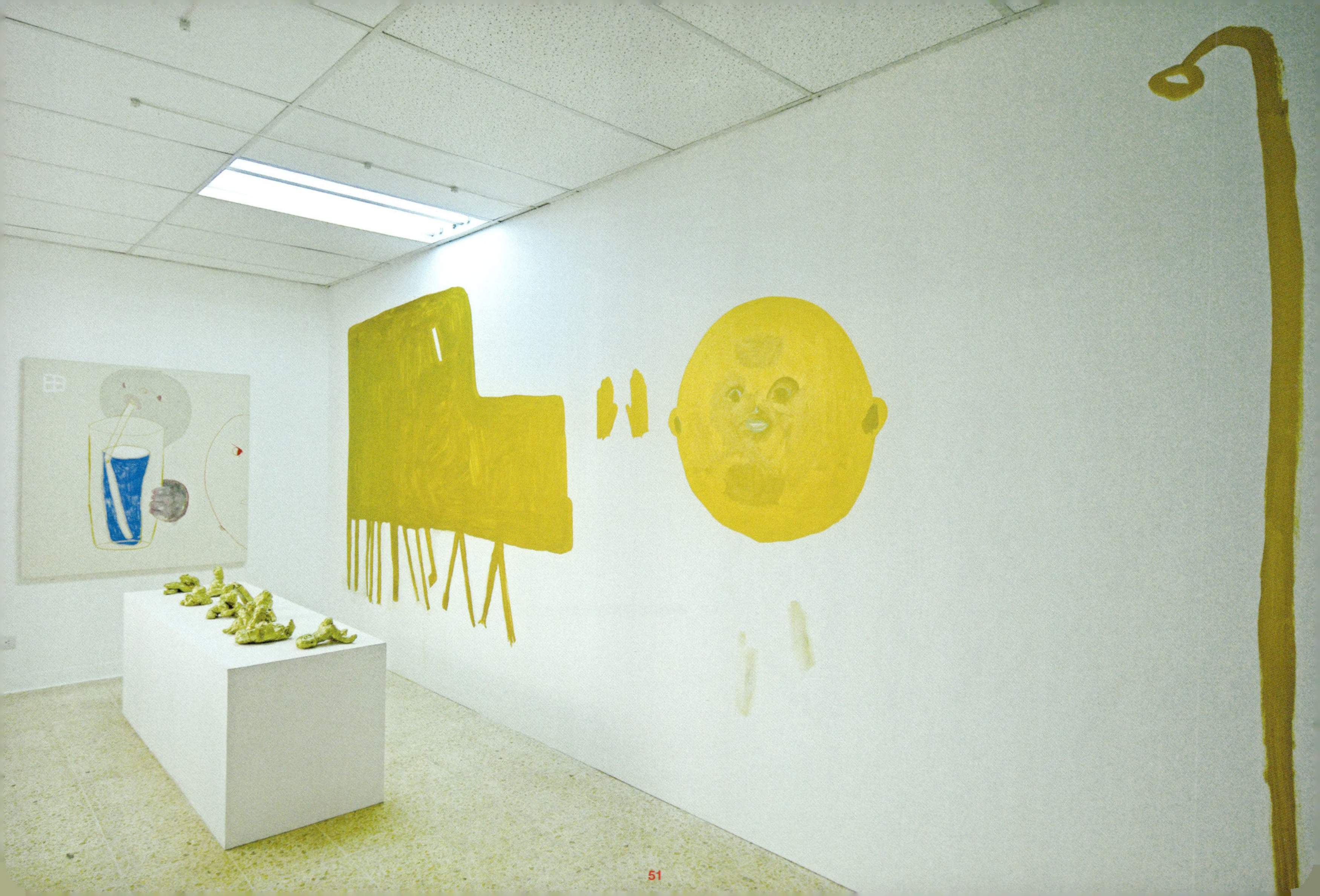

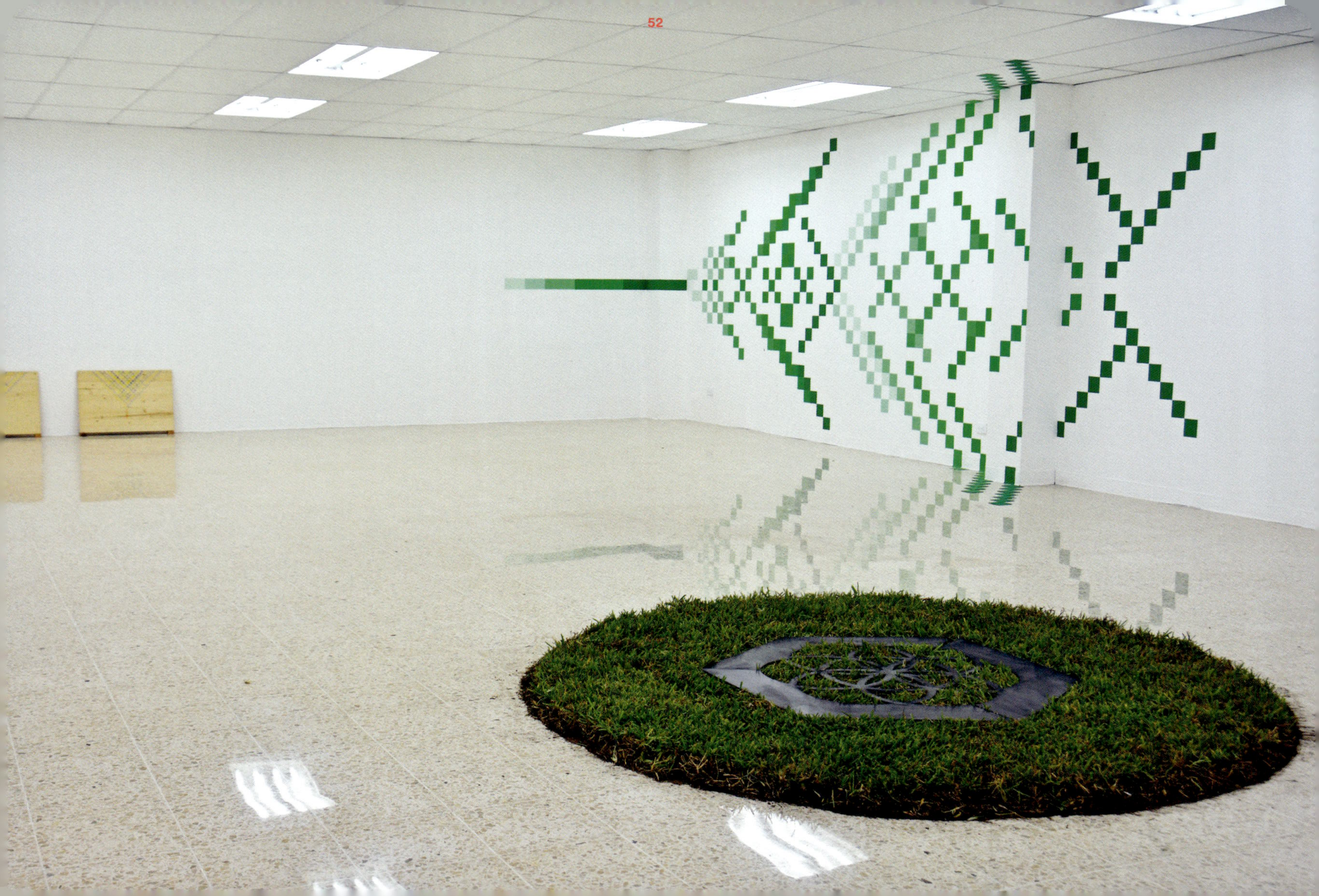

52

Ask the Artists
Fernanda Brenner

I remember hearing Danilo Santos de Miranda, regional director of SESC, once say that the institution he runs is like a *jaboticaba* (a blackberry plant that supposedly only exists in Brazil). He used this metaphor to explain the foundational premises for the S System, a group of organizations created in the late 1940s by Brazilian entrepreneurs in partnership with the government. SESC is essentially a social welfare institution that carries on strong cultural and sports programs. It was created in a time when Brazil was leaving a rural model in favor of an industrial one, which increased the demand for better professional training. The argument the employers used in order to ask the government for a specific tax redirection policy was that the improvement of their workers' access to culture, education, and quality leisure time would ensure "social stability."[1] This unprecedented "parastatal" arrangement is what makes SESC a somewhat autonomous power force, supporting hundreds—maybe thousands—of artists, welcoming hordes of visitors, and possibly being one of the very few stable sociocultural organizations in Brazil.[2]

Pregunte a los artistas
Fernanda Brenner

Recuerdo escuchar a Danilo Santos de Miranda, director regional de SESC, decir que la institución que él dirige es como una jaboticaba (una planta de mora que supuestamente solo existe en Brasil). Él usó esta metáfora para explicar la premisas fundacionales para el Sistema S, un grupo de organizaciones creadas a finales de los años 40 por emprendedores brasileños asociados con el gobierno. SESC es esencialmente una institución de seguridad social con sólidos programas culturales y deportivos. Fue creada en un momento en que Brasil estaba abandonando un modelo rural a favor de uno industrial, lo cual incrementó la demanda por una mejor capacitación profesional. El argumento que utilizaron los empleados para pedir al gobierno una política de redirección de impuestos fue que la mejora del acceso de sus trabajadores a cultura, educación y tiempo de esparcimiento de calidad, aseguraría una "estabilidad social"[1]. Este acuerdo "paraestatal" sin precedentes, es lo que hace a SESC una fuerza en tanto autónoma, apoyando a cientos - quizás miles - de artistas, recibiendo hordas de visitantes, y posiblemente siendo una de las pocas organizaciones ssocioculturales en Brasil.[2]

This text's main purpose is thinking about the role of autonomous art initiatives in Latin America, and thus comparing a huge and complex structure like SESC to small spaces—often artist-run and DIY-oriented—might sound nonsensical. I choose to start with Santos de Miranda's metaphor for a particular reason: it is only possible to investigate the modus operandi and draw parallels between autonomous art spaces in this region (or anywhere) if we consider every initiative as one of a kind, acknowledging both its contradictions and its virtues.[3]

Let's hold on to that tiny sweet fruit and what makes it special, to go further. A fast Google search informs me that it takes a particular combination of heat and humidity for the *jaboticaba* tree to blossom, and that it is indeed originally from Brazil.[4] I'd say *jaboticabas* are "situation-specific" fruits, meaning that their existence is extremely dependent on and responsive to a particular environment. In that sense, Miranda's metaphor for the S System's foundational premises—preserving due proportions— is precise, and might describe any art initiative in a small community or emerging art scene where things need to be built from scratch.[5]

Nowadays people can go to a SESC unit in São Paulo[6] to see a contemporary art exhibition, listen to experimental music, swim, or see the dentist. The atmosphere in these venues is closer to a community center than a traditional white-cube art institution. This community-center atmosphere is also a common ground for many self-organized Latin American art initiatives.[7] Examples like Beta Local (Puerto Rico), Flora and Lugar a Dudas (Colombia), and Casa do Povo (Brazil), like SESC, directly organize their art programs around notions of commu-

El objetivo principal de este texto es pensar acerca del rol de iniciativas autónomas de arte en Latinoamérica, es por eso que comparar una estructura compleja y enorme como SESC con espacios pequeños -con frecuencia dirigidos por artistas y con una orientación de "hágalo usted mismo"- puede sonar absurdo. Yo opto por empezar con la metáfora de Santos de Miranda por una razón especial: solo es posible investigar el modus operandi y trazar paralelas entre espacios autónomos de arte en esta región (o donde sea) si consideramos cada iniciativa como única en su especie, reconociendo sus contradicciones y virtudes por igual.[3]

Volvamos a esa pequeña dulce fruta y lo que la hace especial para seguir adelante. Una búsqueda rápida en Google me informa que se necesita de una combinación especial entre calor y humedad para que el árbol de la jaboticaba florezca, y que en efecto es originalmente de Brasil.[4] Yo diría que las jaboticabas son frutas de "situaciones específicas", en el sentido de que su existencia es extremadamente depen- diente y sensible a un ambiente determinado. En ese sentido, la metáfora de Miranda para las premisas funda- cionales del Sistema S -guardando distancias- es precisa, y puede describir cualquier iniciativa artística en una comunidad pequeña o escena artística emergente donde las cosas se tienen que construir desde cero.[5]

Hoy en día, la gente puede ir a una unidad de São Paulo[6] a ver una exhibi- ción de arte contemporáneo, escuchar música experimental, nadar o ir al dentista. La atmósfera en estas sedes es más parecida a la de un centro comunita- rio que a la de una institución tradicional de arte white-cube. Este ambiente de

nity building, education, identity politics, ecology, and sociopolitical engagement. Regardless of size, economic means, or curatorial guidelines, all of these spaces facilitate encounters. The public that bumps into a contemporary art exhibition after a swimming lesson at SESC, goes to Flora's library, or signs up for a free psychoanalysis section at Casa do Povo is active. They are not consumers of culture, but "knowledgeable agents"—borrowing Santos de Miranda's definition—who share experiences and actively engage with and claim these spaces as their own.

I first started ruminating on SESC when Federico Herrero and Jens Hoffmann asked me to write about the correlation I perceive between Pivô, the space I run in São Paulo, and Despacio's typology in relation to the more formal institutional scene in Latin America. Before delving into exhibition making, or ways to facilitate artistic production in economically challenged or politically threatened environments, it was my experience as an audience member at SESC that first came to mind. The organization's broad capacity to congregate all sorts of people in exhibitions and public programs is remarkable.[8] My impression is that it happens because they focus on politics with a small p, meaning, being political in the narrower sense of the term. By shaping the entirety of the organization beyond its mission statement around multiculturalism and social welfare, SESC reminds us of the importance of safeguarding the role of the institution as a public space, a place to gather freely. In a place like Brazil, where the private and public realms are blurred and deeply related to privilege, this is far from a given.

I acknowledge that the pursuit of a more "relational" way to run institutions might

centro comunitario es también un punto en común para muchas iniciativas de arte auto-organizadas de América Latina.[7] Ejemplos como Beta Local (Puerto Rico), Flora y Lugar a Dudas (Colombia), y Casa do Povo (Brasil), como SESC, construyen sus programas de arte alrededor de nociones de construcción de comunidad, educación, políticas identitarias, ecología, y participación sociopolítica. Sin importar el tamaño, medios económicos, o lineamientos curatoriales, todos estos espacios facilitan encuentros. El público que se encuentra con una exhibición de arte contemporáneo después de una clase de natación en SESC, va a la biblioteca de Flora, o se registra para una sección gratuita de psicoanálisis en Casa do Povo. No son consumidores de cultura, sino que son "agentes informados" -tomando prestada la definición de Santos de Miranda- que comparten experiencias y participan activamente con estos espacios y que los reclaman como propios.

Empecé a reflexionar en torno a SESC cuando Federico Herrero y Jens Hoffman me pidieron que escribiera acerca de la correlación que yo percibo entre Pivô, espacio que yo dirijo en São Paulo, y la tipología de Despacio en relación con la escena institucional más formal en América Latina. Antes de profundizar en la realización de exhibiciones, o en maneras de facilitar la producción artística en ambientes con desventaja económica o amenazados políticamente, lo que primero se me vino a la mente fue mi experiencia como miembro de la audiencia en SESC. La capacidad amplia de la organización para congregar a todo tipo de personas en exhibiciones y programas públicos es notable.[8] Mi impresión es que esto sucede porque se enfocan en políticas con p minúscula, es decir, siendo políticos en el sentido más reducido del término. Formando la

sound rhetorical, or even outdated, in a time when the line "the art museum as an inclusive and welcoming environment" is part of the mission statement of any and every institution that needs to fundraise and attract publicity to stay afloat.
In that sense, what makes the previously noted examples different? My guess is: instead of focusing on presenting finished results and creating new content in a top-down way, as if exhibitions were harmonizing agents of discontinued and fragmented realities, these spaces actively provide an opportunity for art production and exchange of ideas in all their complexity. Through cooking together, throwing parties, enabling residency programs, maintaining libraries and leisure areas —or simply by shaping exhibitions in a different way, like Pivô does—they embrace cultural agents (artists, producers, curators) and visitors in a more horizontal manner. These spaces' programs do not see artists' projects as checklists to be fulfilled, or aim to speak to, or for, a faceless "public." Instead, they pay heed to the exclusions that are performed by the apparent inclusiveness some institutional discourses might bring, and their projects often rely on "capillary collective efforts" that allow for real bonds between the people making the art and the ones responsible for its disclosure.

Art is not an immediate thing, nor a weapon for social change, as sometimes we like to believe or try to convey with all our simplified explanatory texts, myriad educational activities, and multifarious public programs, and maybe it's time for us working in the field to self-critically reclaim the time it takes for an artist's project to unfold and a given audience to be critically engaged with it. Most people working in the area nowadays remain deeply anxious

totalidad de la organización más allá de su declaración de misión aparente alrededor de bienestar multicultural y social, SESC nos recuerda la importancia de salvaguardar el rol de la institución como un espacio público, un lugar para reunirse libremente. En un lugar como Brasil, donde los ámbitos público y privado son borrosos y profundamente relacionados al privilegio, esto no es algo que se pueda dar por sentado.

Reconozco que la búsqueda de una manera más "relacional" para dirigir las instituciones puede sonar retórica, o hasta anticuada, en un tiempo en que la frase "el museo del arte como un ambiente inclusivo y acogedor" es parte de la declaración de misión de todas y cada una de las instituciones que necesitan recoger fondos y atraer publicidad para mantenerse a flote. En ese sentido, ¿qué hace diferente a los ejemplos previamente mencionados? Supongo que: en vez de enfocarse en presentar resultados finales y en crear nuevo contenido con un método descendente, como si las exhibiciones fueran agentes armonizadores de realidades discontinuadas y fragmentadas, estos espacios proveen activamente una oportunidad para la producción de arte y el intercambio de ideas dentro de toda su complejidad. Al cocinar juntos, hacer fiestas, habilitar programas de residencia, mantener bibliotecas y áreas de esparcimiento -o simplemente creando exhibiciones de una manera diferente, como lo hace Pivô- ellos abrazan agentes culturales (artistas, productores, curadores) y visitantes de una manera más horizontal. Los programas de estos espacios no ven los proyectos de los artistas como listas de control que tienen que ser completadas, ni apuntan a hablar a o para un público sin cara. Al contrario, prestan atención a las exclusiones que se realizan por la aparente

about current affairs (I include myself here), and the question of whether art is capable of doing something about it has caused some artists to retreat inward, and others to go on the offensive. It has sparked internecine fights about identitarian rights to speech and ethical positions, and encouraged any awakened person to take a long, hard look at their own value system.[9] This is a good thing, and somehow reiterates art as a serious and demanding activity, far from the luxury-commodity reputation it might acquire when detached from the context enabling its realization.

In recent decades, the socioeconomic realm of contemporary art at an international level has changed a lot. We are dealing with growing audiences of cultural consumers, and the money invested in large-scale exhibitions, designer-made museums, and international exchange is unprecedented. Contemporary art is undoubtedly a powerful tool in enabling cultural exchanges and shaping communities, but it is also often used to back up neoliberal discourses and to give a progressive tone to governments or investors who sometimes have different agendas. The fuel a space like Despacio or Pivô provides for an emergent art scene can also feed neoliberal purposes such as real estate speculation in an economy increasingly based on "creative services." As far as I know, gentrification is not happening as fast in Latin America as it is in London or New York, but it still is something we need to be critically aware of (all the new, and expensive, buildings recently constructed in São Paulo's center carry English names —Vibe, Loft, Art House—and their sales pitches aim at the young, middle-class, and self-employed).

inclusividad que algunos discursos institucionales pueden traer, y sus proyectos a menudo dependen de "esfuerzos colectivos capilares" que permiten enlaces verdaderos entre personas haciendo el arte y los responsables de su divulgación.

El arte no es algo inmediato, tampoco un arma para el cambio social, como a veces nos gusta creer o que tratamos de transmitir con todos nuestros textos explicativos simplificados, innumerables actividades educacionales y programas públicos múltiples, y tal vez es momento para los que trabajamos en el campo para recuperar de manera autocrítica el tiempo que le toma al proyecto de un artista desarrollarse y a una audiencia determinada a estar críticamente involucrada con este. La mayoría de la gente trabajando en el área hoy en día permanece profundamente ansiosa por los asuntos actuales (me incluyo aquí), y la pregunta de si el arte es capaz de hacer algo ha provocado que algunos artistas se replieguen y que otros vayan a la ofensiva. Esto ha generado guerras internas por los derechos identitarios de discurso y posiciones éticas, y ha alentado a cualquier persona despierta a echar un vistazo profundo y fuerte a su propio sistema de valores.[9] Esto es algo bueno, y de alguna manera reitera al arte como una actividad seria y demandante, lejos de la reputación de comodidad y lujo que pueda tener cuando se despega del contexto que permite su realización.

En décadas recientes, el ámbito socioeconómico del arte contemporáneo a nivel internacional ha cambiado mucho. Estamos tratando con audiencias en crecimiento de consumidores culturales y el dinero invertido en exhibiciones de gran escala, museos hechos por diseñadores e intercambios internacionales

One of the biggest challenges I faced when starting Pivô was ascertaining, in a very practical way, what is nonnegotiable in the space's ethics and the shaping of its program. To me this meant making a clear distinction between art practice and the "creative economy" (creativity as a marketing tool, or the art space as a fast-response "innovation hub"). Art has its own timing, and the current productivity-driven mood of the art system begs artists to hasten. They are expected—and expect themselves—to provide objects to an increasing number of art fairs, maintain updated portfolios, and react accordingly to the most pressing global issues in the form of incisive institutional presentations. To me, the essential role of a space like Pivô is lending support to emerging ideas and artistic production, and allowing things to unfold over time. In our case, this means orienting our financial structure to new commissions and research residencies. By doing that, it is possible to act before the work exists, at the stage when critical reflection can come into play and provide the basis for the engagement of the players concerned. Although Pivô's mission and programming is not discursively related to socialization or relational practices like some of the spaces I previously mentioned, over the years we have become a meeting point for many agents of the artistic community and the public.

I'd say this happened for some very simple reasons, not unlike the situation with SESC: all our exhibitions and events are free of charge, we always have artists working at the space, we maintain a strong online presence, and we are located in a central, accessible region of a city that, due to its humongous size and constant traffic jams, is very hard to navigate. I guess that anywhere there is

no tiene precedentes. El arte contemporáneo es sin duda una herramienta poderosa en habilitar intercambios culturales y en formar comunidades, pero también es frecuentemente utilizado para respaldar discursos neoliberales y para dar un tono progresivo a gobiernos o inversionistas que a veces tienen agendas diferentes. El darle fuerza a un espacio como Despacio o Pivô en una escena artística emergente puede también alimentar propósitos neoliberales como la especulación de bienes raíces en una economía creciente basada en "servicios creativos". Hasta donde yo sé, la gentrificación no está sucediendo tan rápido en América Latina como en Londres o Nueva York, pero aún es algo de lo que tenemos que estar críticamente conscientes (todos los edificios nuevos y caros construidos en el centro de São Paulo tienen nombres en inglés -Vibe, Loft, Art House- y la propuesta de venta está dirigida a jóvenes, de clase media, independientes). En mi valoración, las instituciones de arte y los artistas deberían responsabilizarse por sus impactos negativos y positivos en las comunidades de donde vienen.

Uno de los retos más grandes que tuve al empezar Pivô fue determinar, en una manera muy práctica, que no es negociable en la ética del espacio y la formación de su programa. Para mí, esto significó hacer una clara distinción entre la práctica del arte y la "economía creativa" (la creatividad como una herramienta de mercadeo, o el espacio artístico como un "centro de innovación" de respuesta rápida). El arte tiene su propio momento y el ambiente actual enfocado en la productividad del sistema artístico le ruega a los artistas apresurarse. Se espera que ellos -y ellos lo esperan de ellos mismos- proveen objetos para un

an art scene, you can find a place where artists gather. This can be an apartment, a bar, or a nonprofit art space —preferably a nonprofit art space with a bar. Artists will always look for or create those spaces themselves (the many autonomous art spaces that manage to creatively survive in places without infrastructure or cultural policies prove that this is true), and the "hype" will always follow.

Autonomous spaces are founded on a regular basis, and grooming cultural capital around them can be rather easy when one finds one's way into the inter-connected art world, which is constantly looking for edgy initiatives in "exotic places." The challenge is to maintain over time. The most common destiny of this kind of space is either to close (after their founders and keepers embark on major battles with each other or simply get exhausted), or to start replicating the managing structures and strategies they set out to deviate from in the first place.

Pivô is now six years old and Despacio is ten. Nowadays, I'm convinced that the only way to keep going is to embrace our inner *jaboticabas*, which means holding onto the specific situation or personal ethos that triggered the foundation of the space.[10] This doesn't mean that it takes charming individual revolutionaries to build something like this—quite the opposite, it reasserts that any substantial transformations in the arts have always equally been the result of group dynamics. Despacio's mission statement says its mission is to keep doing what it's been doing for the past decade.[11] This is the hardest thing, and there is no other way. Resilience and devotion in maintaining a consistent yet fresh program that is both internation-ally resonant and mindful of the local

creciente número de ferias de arte, que mantengan sus portafolios actualizados y que reaccionen en consecuencia a los temas globales más apremiantes en forma de presentaciones institucio-nales incisivas. Para mí, el rol esencial de un espacio como Pivô es brindar apoyo a ideas emergentes y a la producción artística y permitir que las cosas surjan a través del tiempo. En nuestro caso, esto significa orientar nuestra estructura financiera a nuevas comisiones y a residencias de investigación. Al hacer eso, es posible actuar antes de que el trabajo exista en una etapa cuando la reflexión crítica puede tomar parte y proveer las bases del involucramiento de los participantes interesados. Aunque la misión y programación de Pivô no está discursivamente relacionada a la socialización o a prácticas relacionales como algunos de los espacios que mencioné previamente, a través de los años nos hemos convertido en un punto de encuentro para muchos agentes de la comunidad artística y para el público.

Diría que esto pasó por razones muy simples, como lo es la situación de SESC: todas nuestras exhibiciones y eventos son gratis, siempre tenemos artistas trabajando en este espacio, mantenemos una presencia online fuerte, y estamos localizados en una región central y accesible de una ciudad que por su gran tamaño y constantes atascos de tráfico es muy difícil de navegar. Supon-go que donde haya una escena artística se puede encontrar un lugar donde los artistas se reúnen. Esto puede ser en un apartamento, un bar o en un espacio de arte sin fines de lucro - preferiblemen-te un espacio de arte sin fines de lucro con un bar. Los artistas siempre procura-rán crear estos espacios ellos mismos (los muchos espacios de arte autónomos que logran sobrevivir de manera creativa

context is a constant in Latin American art spaces that overcame the first obstacles in establishing a voice and a basic supporting structure.

And after that is more or less sorted out, the worry is that we'll get drained.[12] Besides the personal steam of many, what is needed to ensure the sustainability of autonomous spaces and art initiatives is, of course, radical change at the level of cultural policy. Since this is unlikely to happen in the near future, at least in Brazil, we need to hold onto these "islands of freedom" that can, on a micro level, inject some energy in the art field and fill existing shortcomings in communication and knowledge dissemination. As directors, programmers, and space caretakers, our focus is on correct management of money, time, and space, making it easy to overlook the other, indefinably valuable qualities that might live in the space between a project's conception and its functioning. This occasional outburst of fatigue (in our case, it happened after the fourth year) brings about the unavoidable question along with a strong suspicion that something important is being lost in the process: Well, we did what we said we'd do, and now what? My answer is the same as it has always been, and what keeps me going: ask the artists.

---

1   In the latter half of the 1940s, the Communist Party was strong in Brazil, supported by the Soviet Union. There was a possibility of Brazil adopting a model similar to the socialist one, and the military, the business elite, and traditional families were concerned. That is how the ideas of professional training and social welfare appeared. SESC and SESI (Social Service of Industry) were created at this time, under the protection of confederations of industry and commerce. According to Santos de Miranda, SESC is not an employers' institution. Its staff members carry out programs that do not necessarily align with employer entities from either a conceptual or an ideological point of view.

en lugares sin infraestructura o políticas culturales son prueba de que esto es cierto) y el "revuelo" siempre vendrá.

Los espacios autónomos son fundados regularmente y la preparación de capital cultural alrededor de ellos puede ser bastante fácil cuando se encuentra la manera de entrar al mundo del arte interconectado, el cual está constantemente buscando iniciativas vanguardistas en "lugares exóticos". El reto es mantenerse conforme pasa el tiempo. El destino más común de este tipo de espacio es o cerrarse (luego de que sus fundadores y cuidadores se embarcan en batallas enormes entre ellos o simplemente se agotan) o empezar a replicar las estructuras de dirección y las estrategias que ellos propusieron evitar en primer lugar.

Pivô existe hace seis años y Despacio hace diez. Hoy en día, estoy convencida de que la única manera de continuar es aceptando nuestras jaboticabas internas, lo cual significa mantener la situación específica o la ética personal que generó la fundación del espacio.[10] Esto no quiere decir que lo que se necesita para construir algo así sean individuos revolucionarios carismáticos -todo lo contrario, reafirma que cualquier transformación sustancial en el arte siempre ha sido por el resultado de dinámicas grupales. La declaración de misión de Despacio dice que la suya es mantenerse haciendo lo que ha estado haciendo en la última década.[11] Esto es lo más difícil y no hay otro camino. La resiliencia y devoción en mantener un constante pero fresco programa que sea resonante a nivel internacional y que tome en cuenta el contexto local es una constante en espacios de arte de América Latina que superaron los primeros obstáculos al establecer una voz y una estructura de apoyo básica.

2	SESC also provides dental assistance, preventive health care, and basic education for members of the commercial sector and shopkeepers. And these services are accessible to the entire population for a very low cost. I will focus on SESC's cultural activities in my text.

3	I often avoid using the term "Latin America" to talk about this region—conventionally defined as stretching from the southern border of the United States to the tip of Argentina—which I find so hard to piece together in visual art terms (yet the so-called international art system insists on doing so). I use it in this text as an attempt to articulate a potential common ground for very different art initiatives in the region.

4	I could not find precise information as to whether the fruit exists in other tropical countries.

5	This group of institutions were created at a time when the entire cultural infrastructure of the country needed to be rebuilt from scratch, and in response to specific demands of a given civil society. Without any role models to look to, this situation—from the perspective of someone hatching the idea of opening a cultural space—could be both a burden and a blessing.

6	I'll focus on SESC's venues in São Paulo, which are under Santos de Miranda's management and with which I am more familiar.

7	I focus on spaces opened in the past fifteen years.

8	The audience feels welcome and somehow mirrored in all of SESC's activities. Everybody goes there for a different reason. On a regular day at SESC, you might find equal numbers of people attending a lecture by the philosopher Georges Didi-Huberman, a clown workshop, and a gym class for the elderly.

9	I owe this point to Dan Fox and his recent article "Yes, the Turner Prize 2018 Is Political, and We Shouldn't Be Surprised," frieze.com, April 27, 2018, https://frieze.com/article/yes-turner-prize-2018-political-and-we-shouldnt-be-surprised.

10	In spite of the specific conditions that led to the foundation of the S System, arguably the humanistic values that São Paulo's SESC currently conveys started under Santos de Miranda's administration (he has been involved with the institution since 1968). His social studies background deeply informed the mission, which draws largely on educational premises to build its cultural and leisure programs.

11	"… and consistently explore new models of artistic and curatorial practice while remaining a driving force in the continued development of Central America's artistic voice." Despacio.cr.

12	The "we" here is backed up by countless conversations I've had over the years with autonomous art space directors and founders, not only, but especially, in Latin America.

Y luego de que eso está más o menos solventado, la preocupación es que seamos drenados.[12] Además del vapor personal de muchos, lo que se necesita para asegurar la sostenibilidad de los espacios autónomos y las iniciativas de arte es, por supuesto, un cambio radical a nivel de política cultural. Como esto es poco probable que suceda en el futuro cercano, al menos en Brasil, necesitamos atenernos a estas "islas de libertad" que pueden, a nivel micro, inyectar algo de energía en el área artística y solventar deficiencias en la comunicación y difusión de información. Como directores de arte, programadores y cuidadores de espacio, nuestro enfoque está en el manejo adecuado de dinero, tiempo y espacio, lo que hace fácil pasar por alto lo otro, cualidades valiosas difíciles de definir que pueden vivir en el espacio entre la concepción de un proyecto y su funcionamiento. Este arrebato ocasional de fatiga (en nuestro caso, pasó luego del cuarto año) trae la inevitable pregunta con una fuerte sospecha que algo importante se está perdiendo en el proceso: bueno, hicimos lo que dijimos que haríamos, ¿Ahora qué? Mi respuesta es la misma de siempre y lo que me hace seguir andando: pregunte a los artistas.

1	En la última mitad de los años '40, el Partido Comunista era muy fuerte en Brasil, con el apoyo de la Unión Soviética. Existía la posibilidad de que Brasil adoptara un modelo similar al socialista y el ejército, la élite de negocios y las familias tradicionales estaban preocupadas. Así fue como surgieron las ideas de capacitación profesional y bienestar social. La SESC y el SESI (Servicio Social de Industria) fueron creados en este periodo, bajo la protección de confederaciones de industria y comercio. Según Santos de Mirada, la SESC no es una institución de empleadores. Los miembros de su staff realizan programas que no necesariamente se alinean con las entidades del empleador, desde un punto de vista conceptual o ideológico.

2	SESC también provee atención dental, cuidado preventivo de la salud y educación básica para miembros del sector comercial y tenderos. Estos servicios están disponibles para toda la población por un costo muy bajo.

Me enfocaré en las actividades culturales de SESC en el texto.

3   Evito con frecuencia el término "Latinoamérica" cuando hablo de esta región -convencionalmente definida entre la frontera sur de Estados Unidos hasta la punta de Argentina - algo que encuentro muy difícil de juntar en términos de artes visuales (aún así el así llamado sistema internacional de arte insiste en hacerlo). Lo uso en este texto como un intento de articular un potencial terreno común para iniciativas muy diferentes en la región.

4   No pude encontrar información que confirmara que la fruta existe en otros países tropicales.

5   Este grupo de instituciones fue creado en el tiempo en el que toda la infraestructura cultural del país necesitaba ser reconstruida desde cero, y en respuesta a requerimientos de una sociedad civil dada. Sin ningún modelo a seguir, esta situación - desde la perspectiva de alguien incubando la idea de abrir un espacio cultural - puede ser tanto una molestia y una bendición.

6   Me enfocaré en sedes de SESC en Sao Paulo, las cuales están bajo el mando de Santos de Miranda y con las que estoy más familiarizada.

7   Me enfoco en espacios abiertos en los últimos 15 años.

8   La audiencia se siente bienvenida y de alguna manera reflejada en todas las actividades de SESC. Todos van ahí por una razón diferente. En un día normal en SESC, se puede encontrar a un número parecido de personas en una conferencia del filósofo Georges Didi-Huberman, un taller de clown y una clase de gimnasia para adultos mayores.

9   Le debo este punto a Dan Fox y su artículo reciente "Sí, el Premio Turner de 2018 es político y no deberíamos estar sorprendidos" frieze.com, Abril 27, 2018, https://frieze.com/article/yes-turner-prize-2018-political-and-we-shouldnt-be-surprised.

10   A pesar de la condiciones específicas que llevaron a la fundación del sistema S, probablemente los valores humanísticos que SESC de Sao Paulo expresa, empezaron bajo la administración de Santos de Miranda (él ha estado involucrado con la institución desde 1968). Su formación de estudios sociales informó profundamente la misión, que se basa en gran medida en premisas educativas para construir sus programas culturales y de esparcimiento.

11   "... y explorar de manera consistente nuevos modelos curatoriales y artísticos mientras se sigue siendo una fuerza impulsora en el desarrollo continúo de la voz artística de América Latina". Despacio.cr [TKpreciseURL]

12   El "nosotros" está respaldado por innumerables conversaciones que he tenido a los largo de los años con directores y fundadores de espacios de arte, no únicamente, pero especialmente en América Latina.

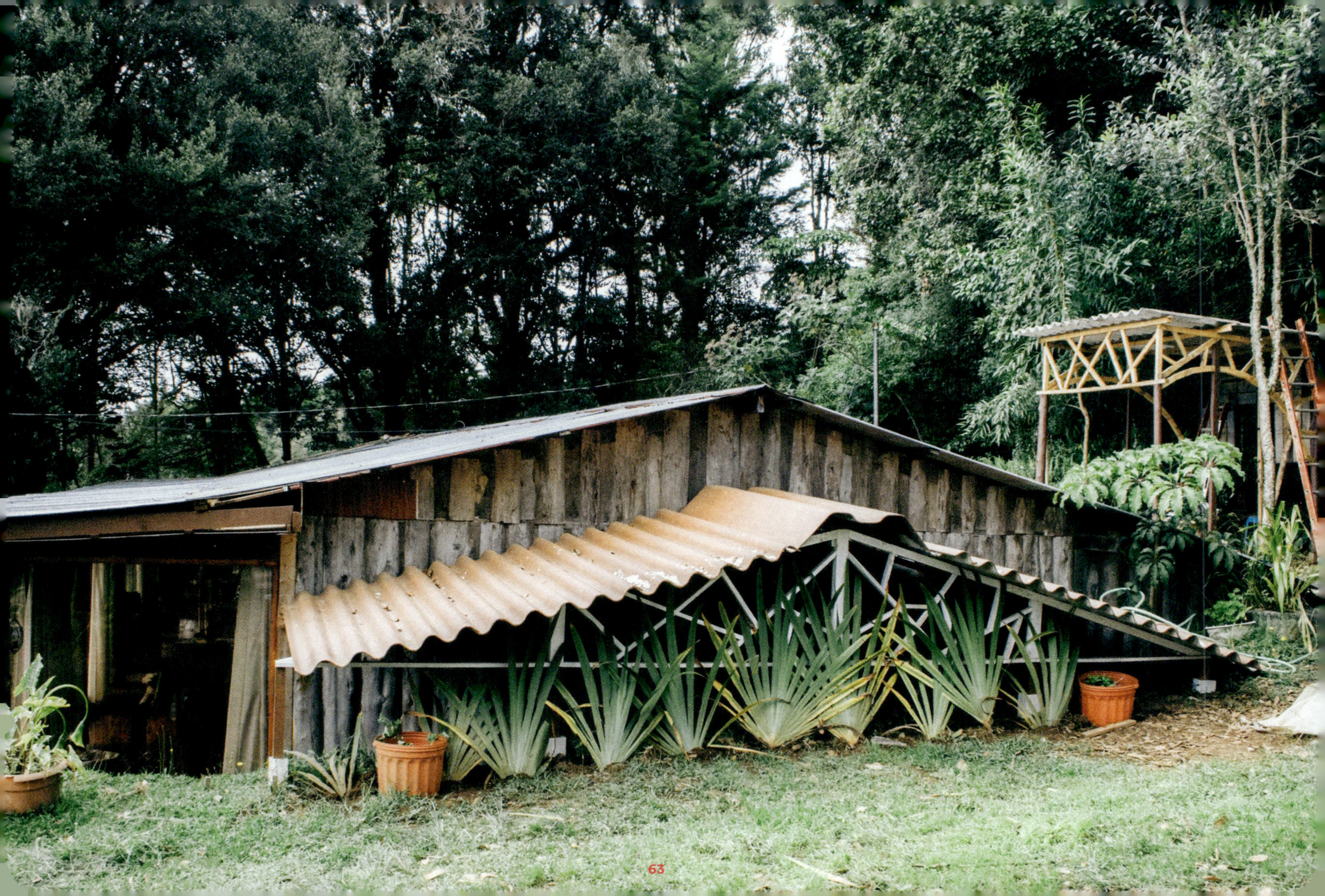

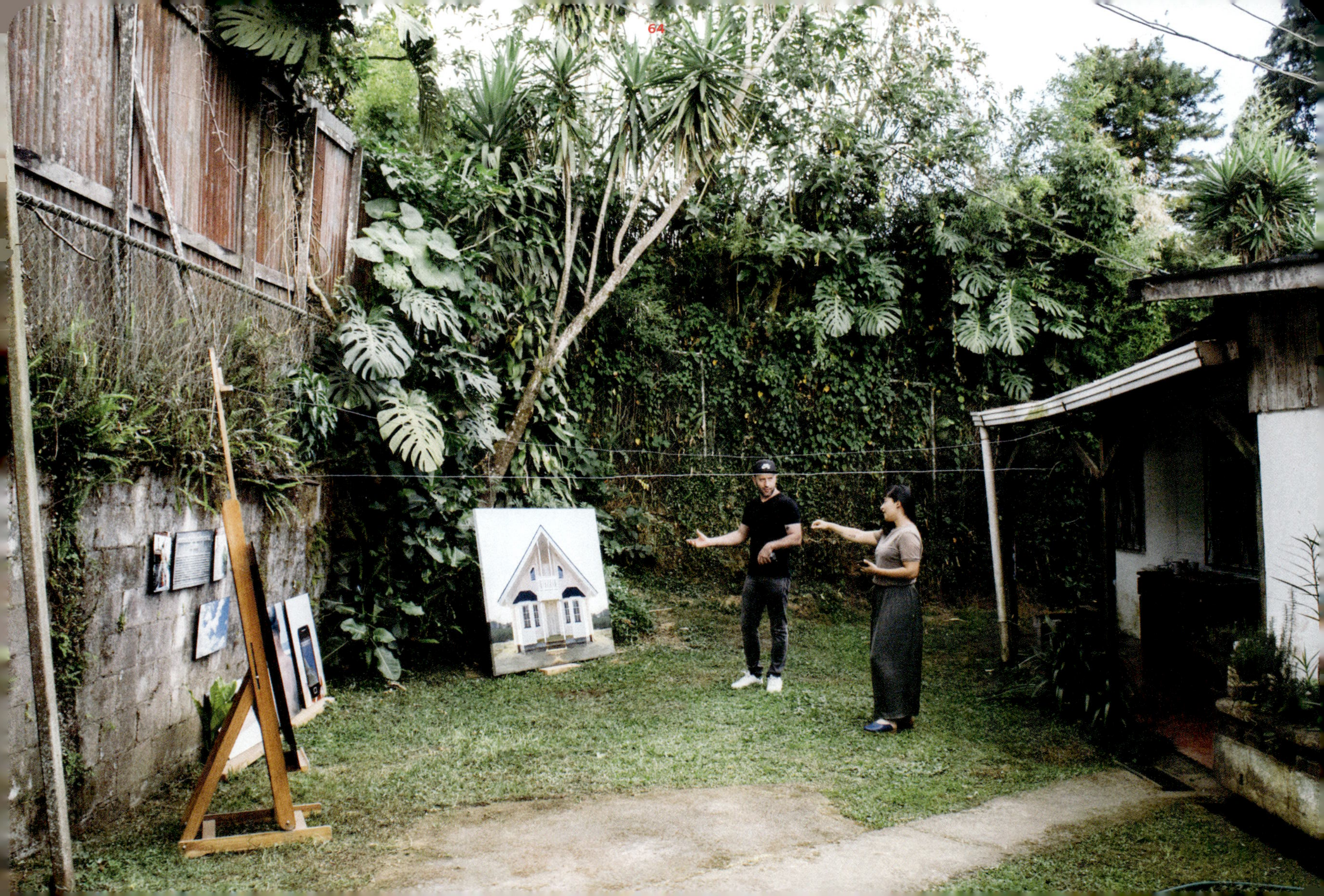

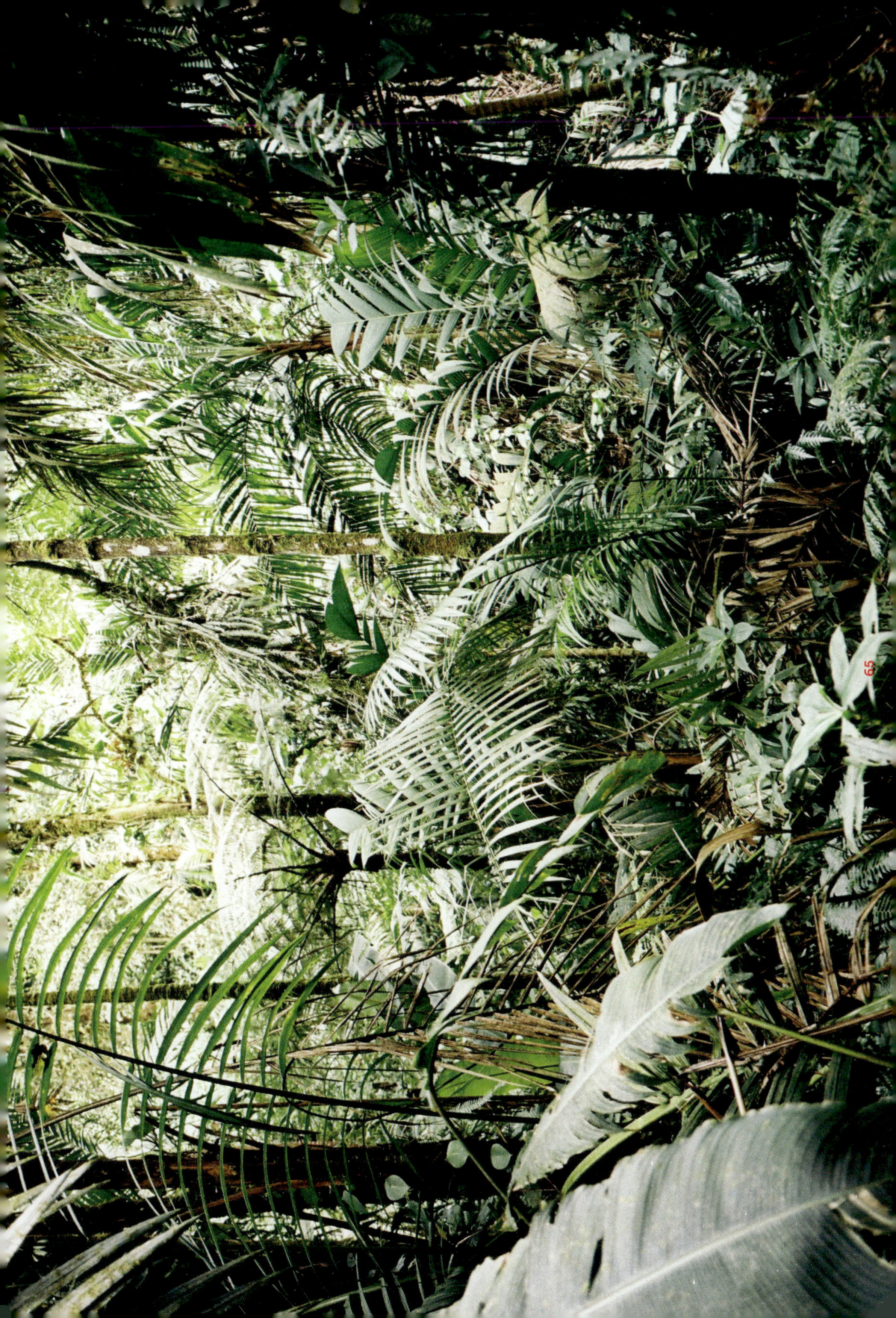

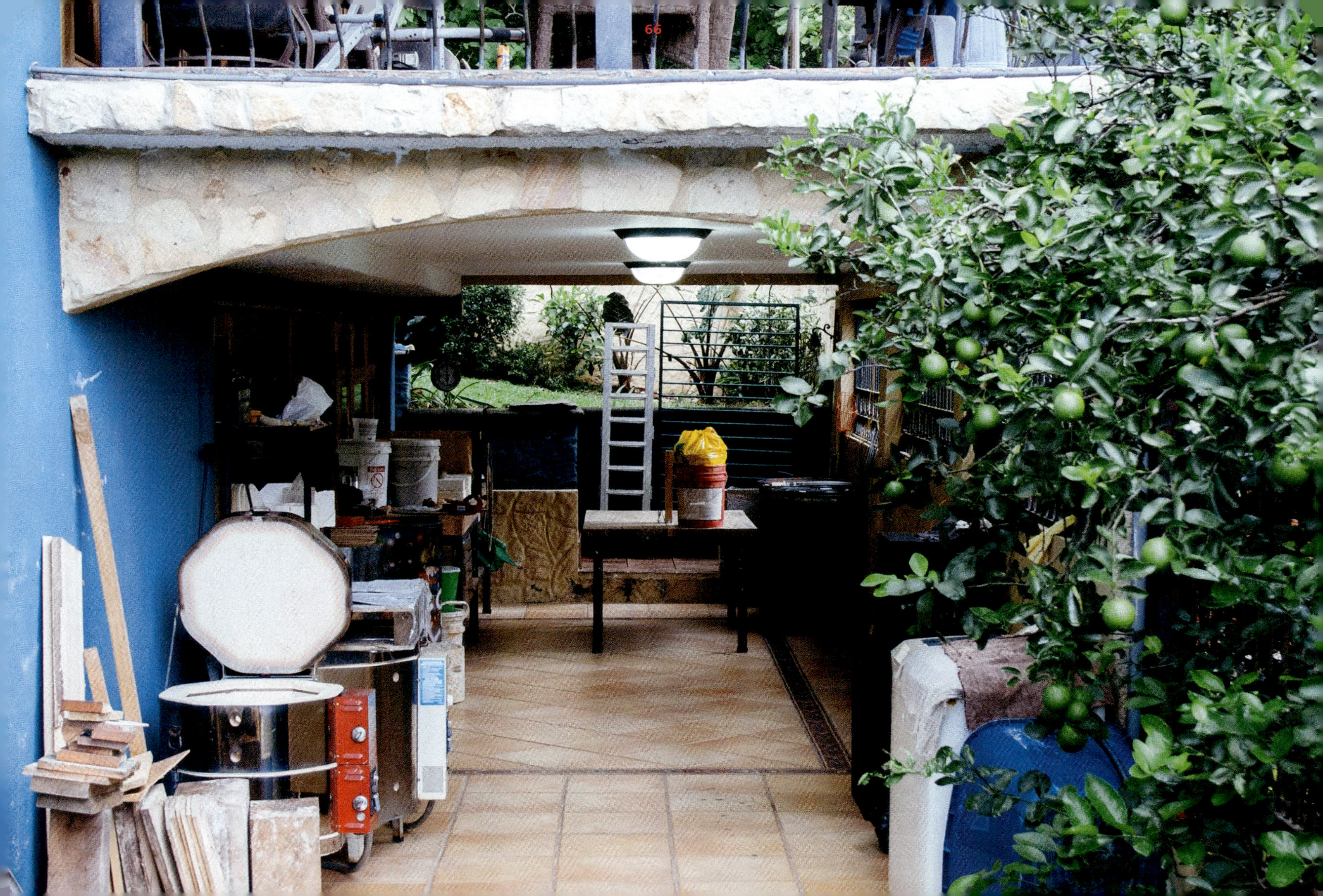

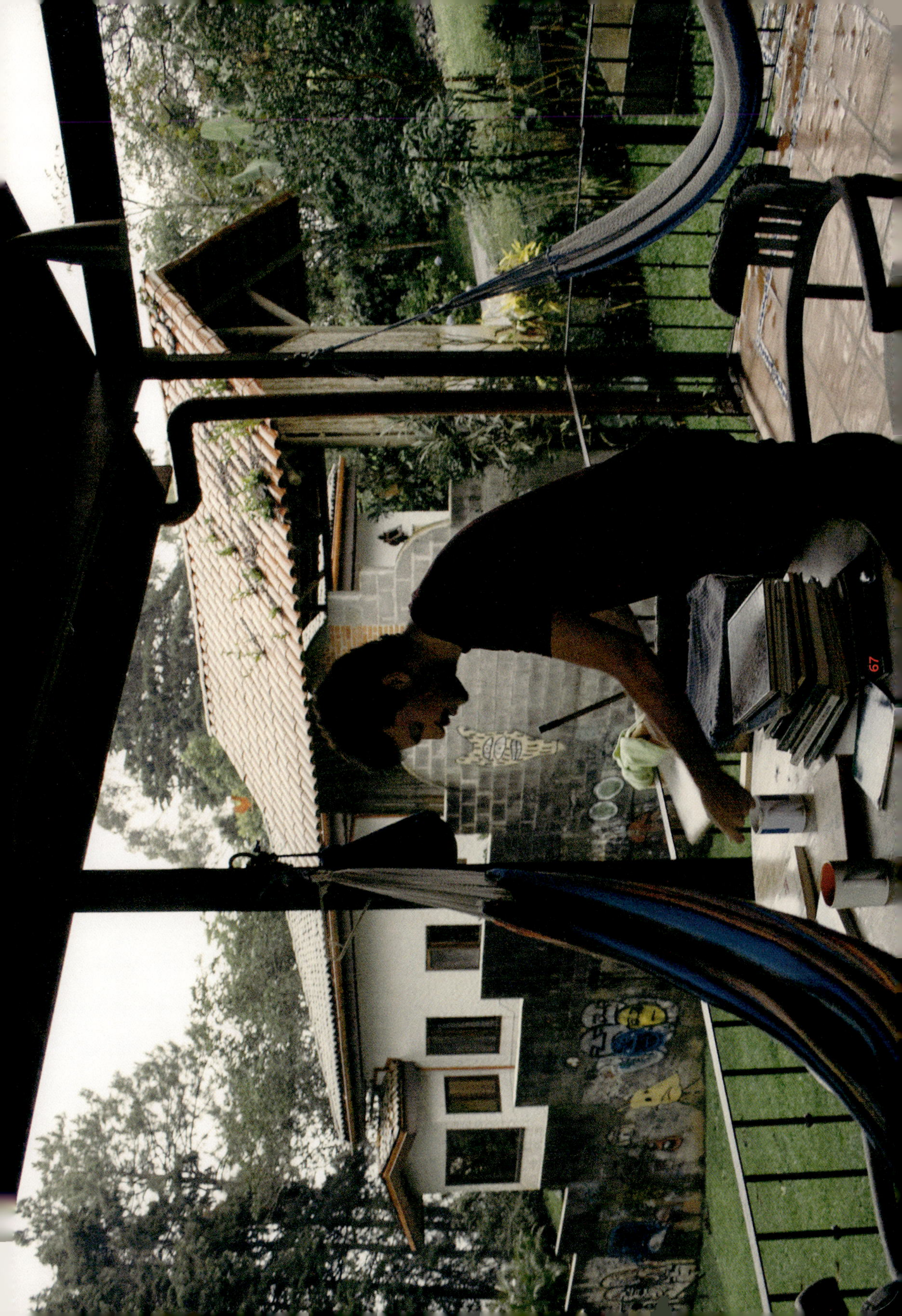

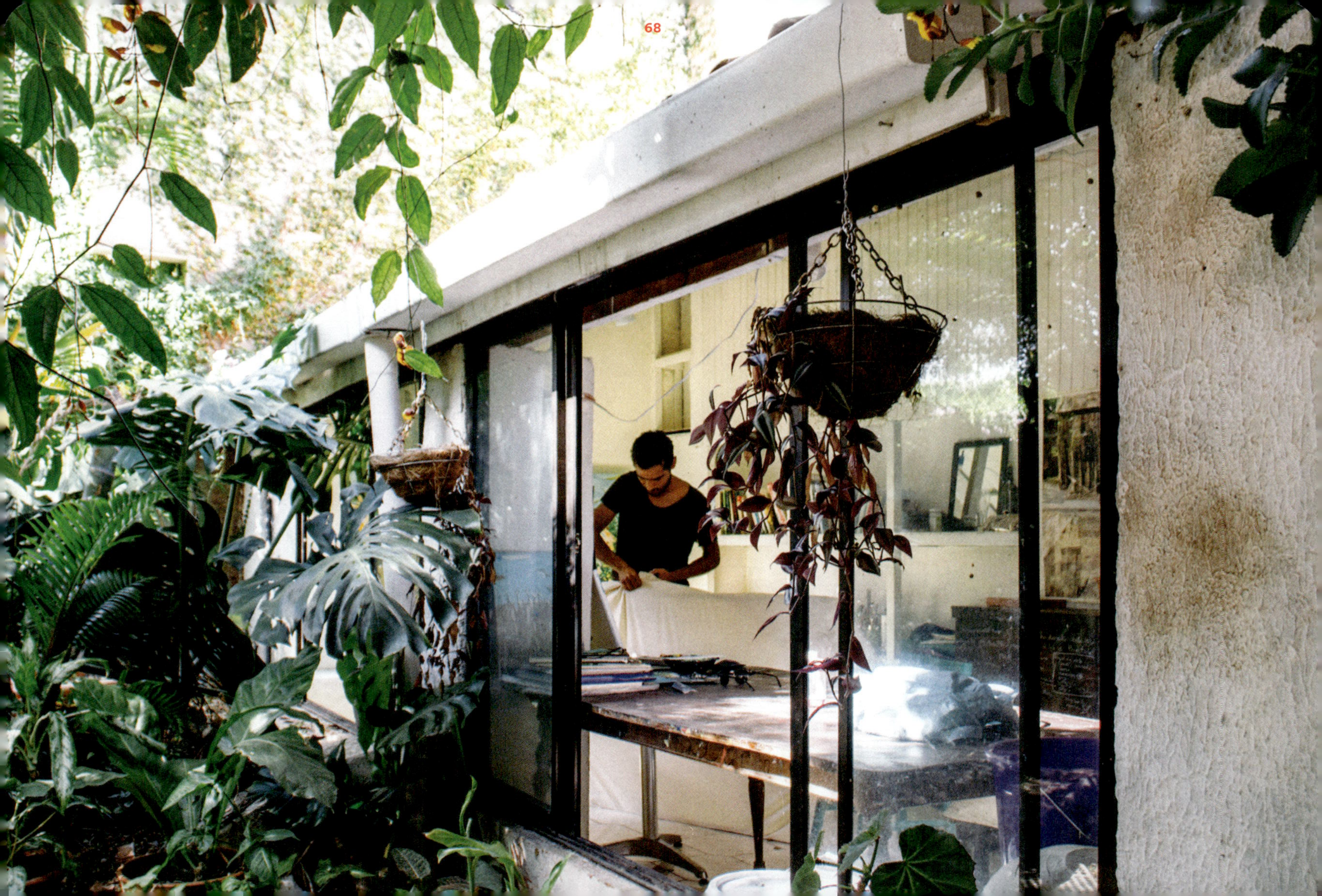

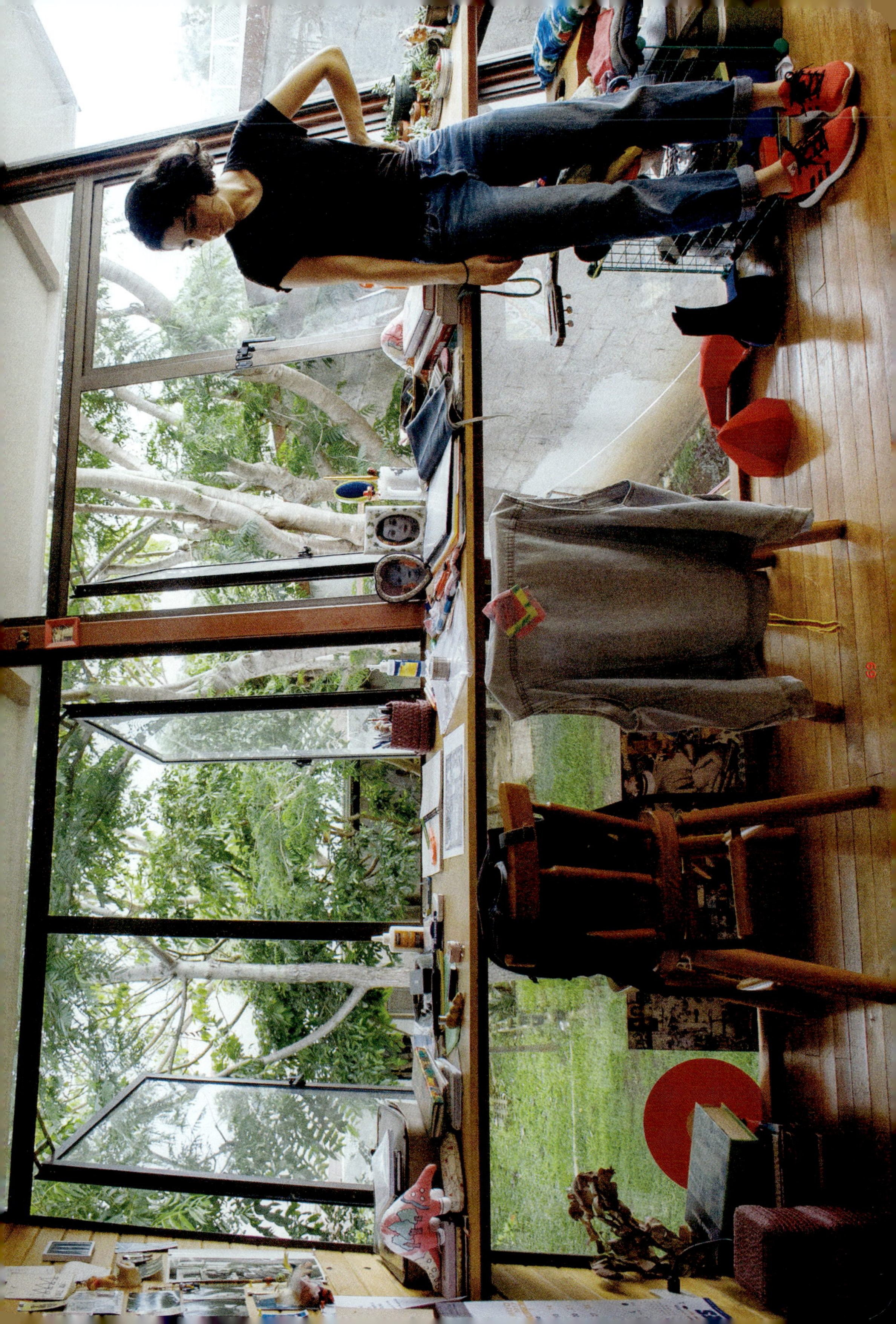

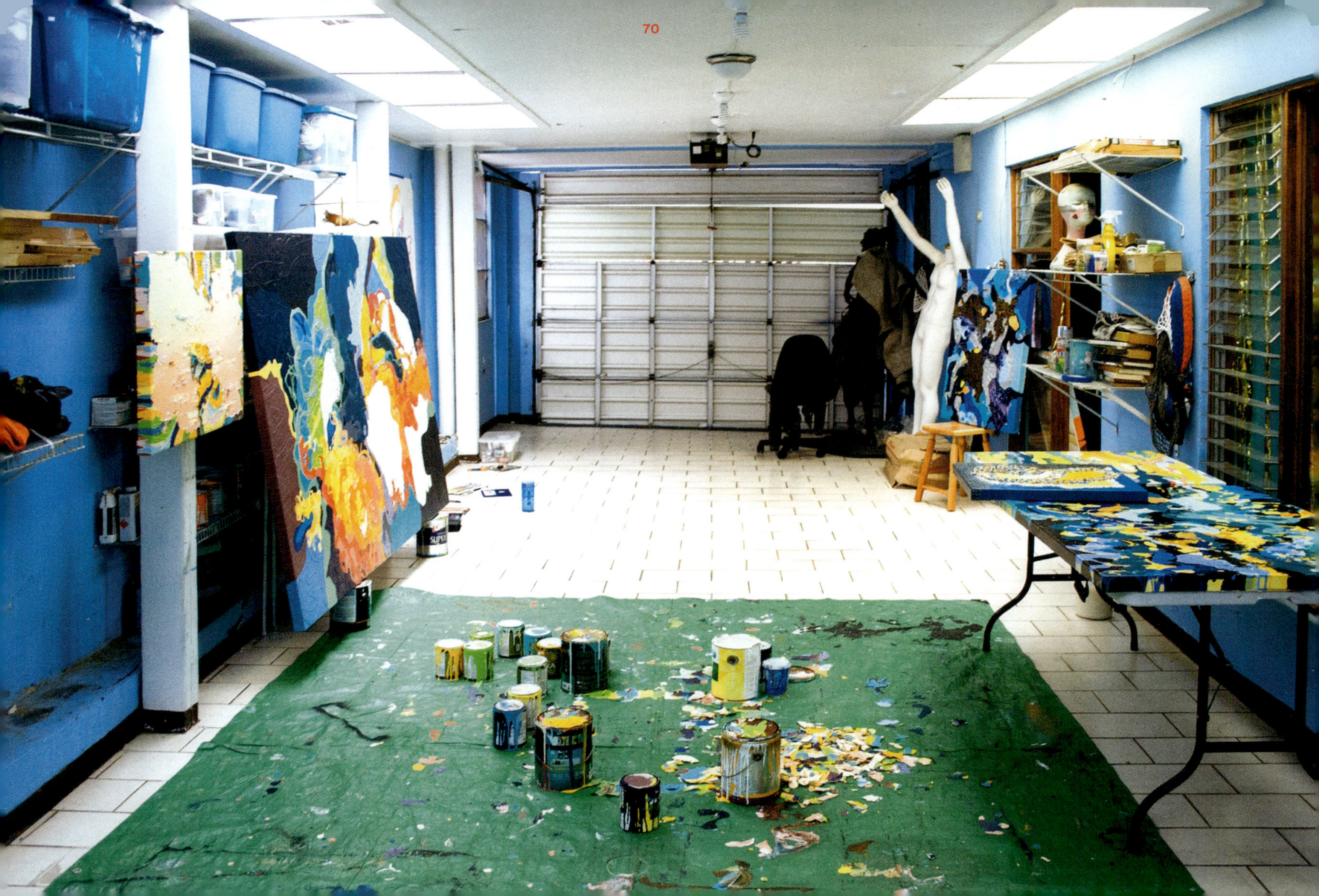

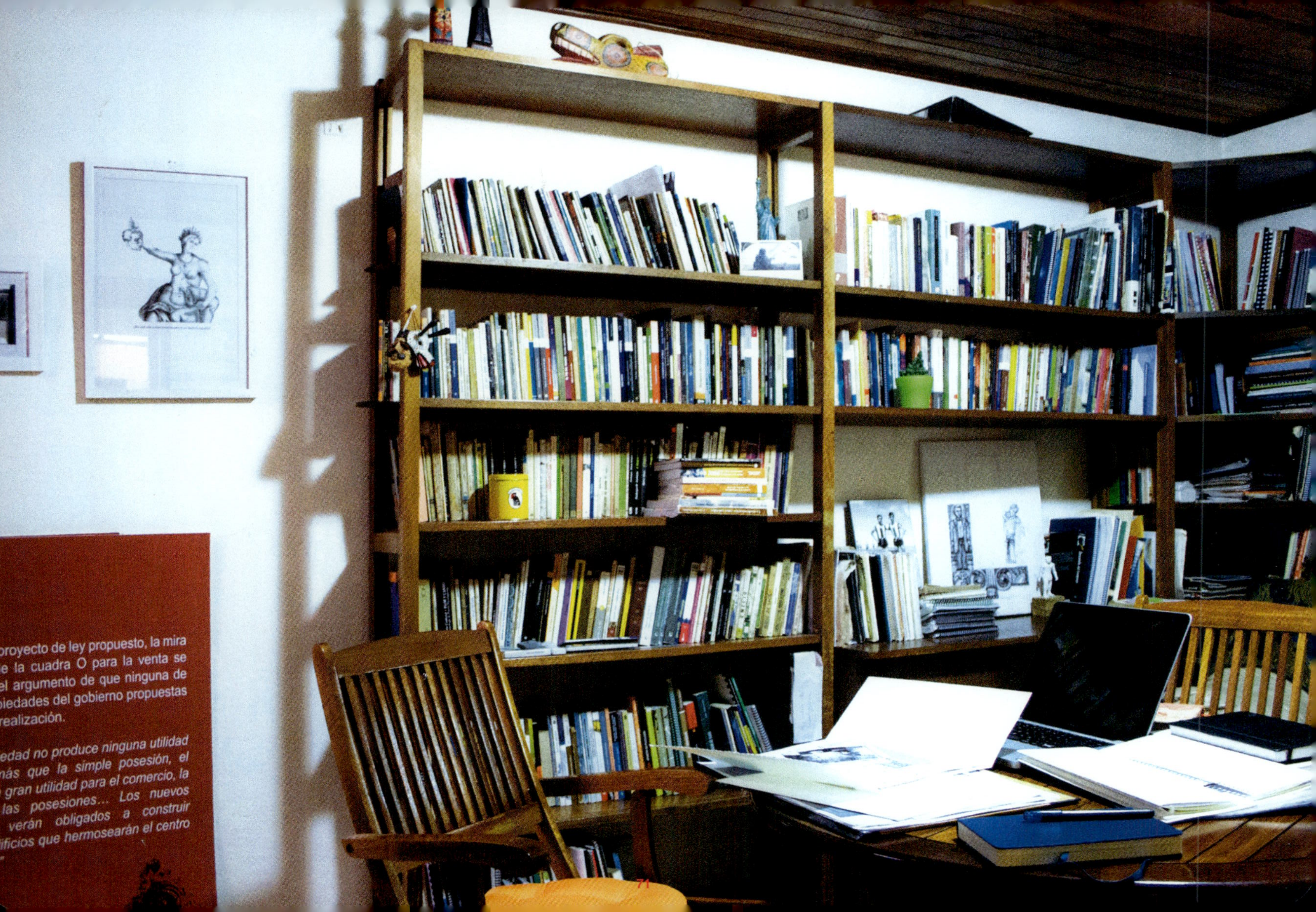
el proyecto de ley propuesto, la mira
de la cuadra O para la venta se
en el argumento de que ninguna de
propiedades del gobierno propuestas
cil realización.

opiedad no produce ninguna utilidad
más que la simple posesión, el
de gran utilidad para el comercio, la
y las posesiones… Los nuevos
e verán obligados a construir
edificios que hermosearán el centro
al."

71

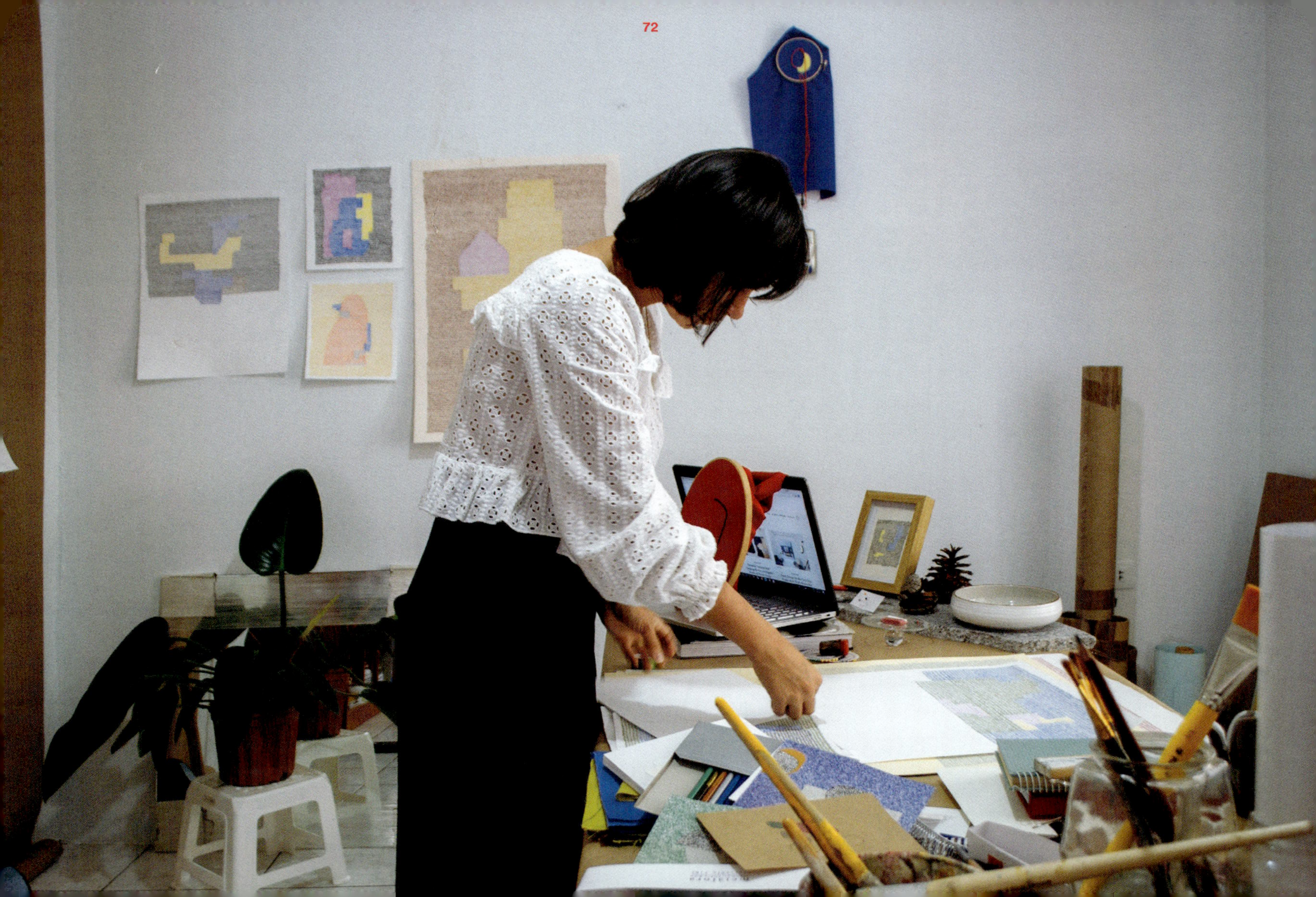

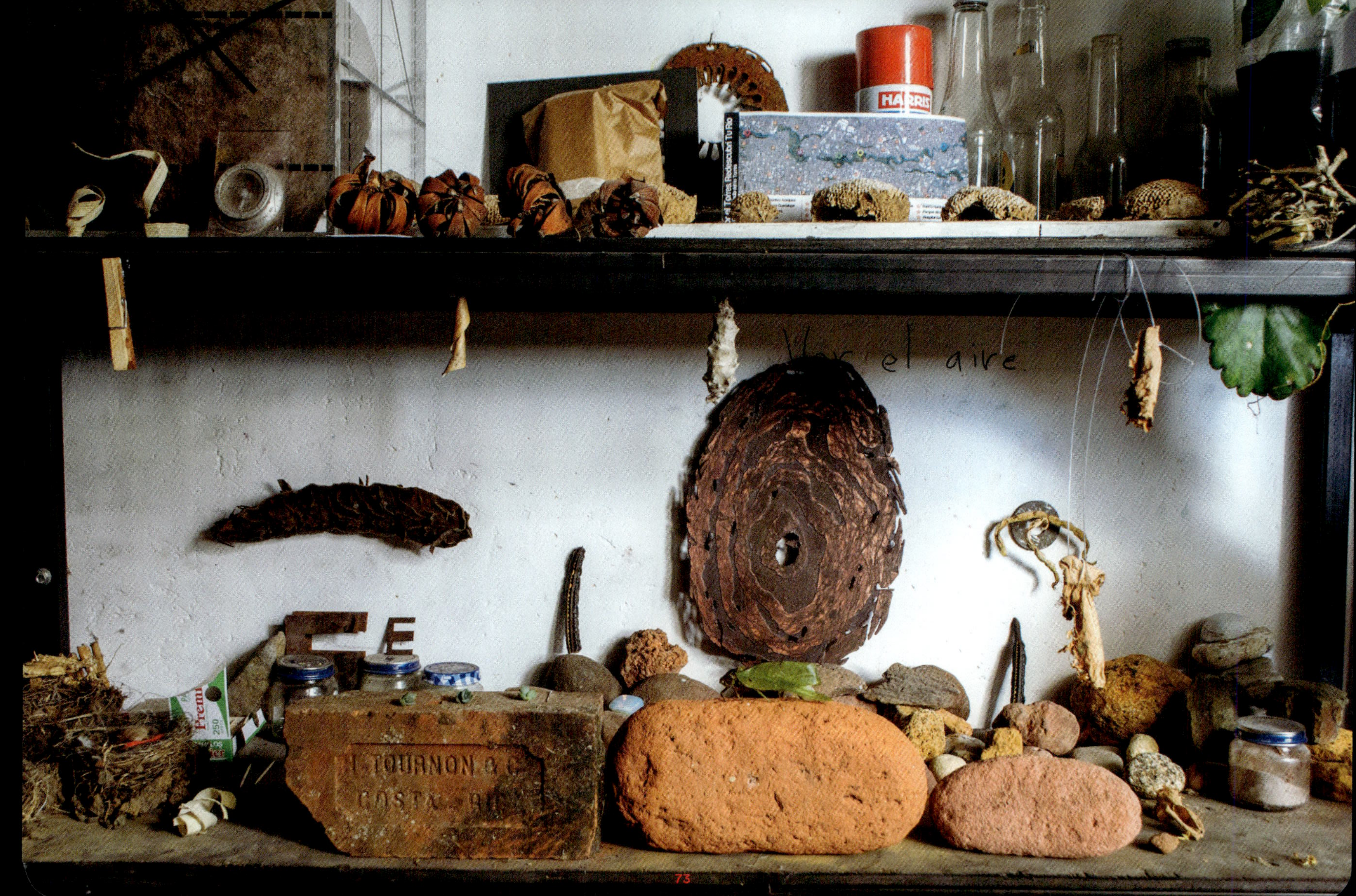
Vivir el aire.
HARRIS
H. TOURNON & C
COSTA RIC

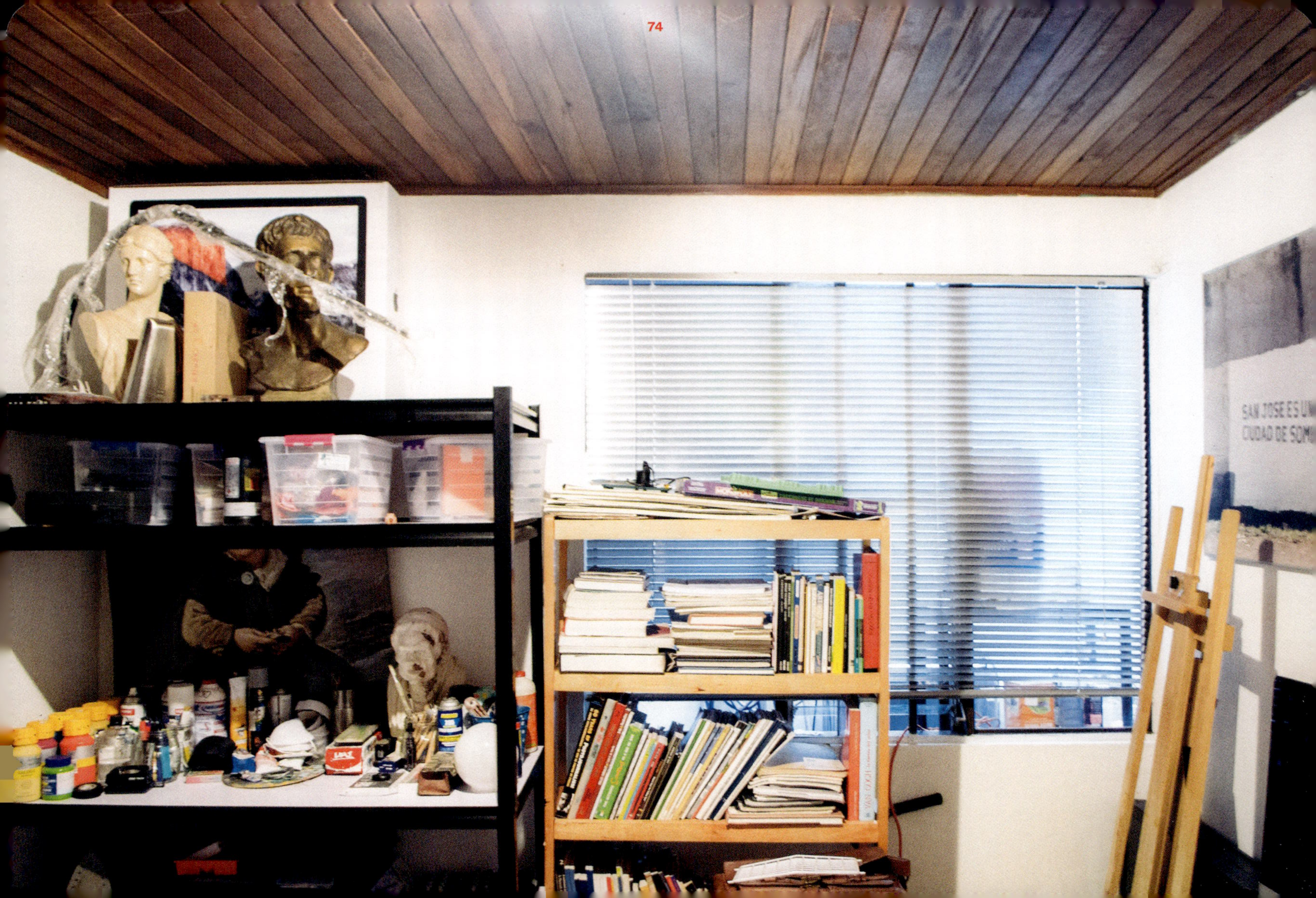
SAN JOSE ES U
CIUDAD DE SOM

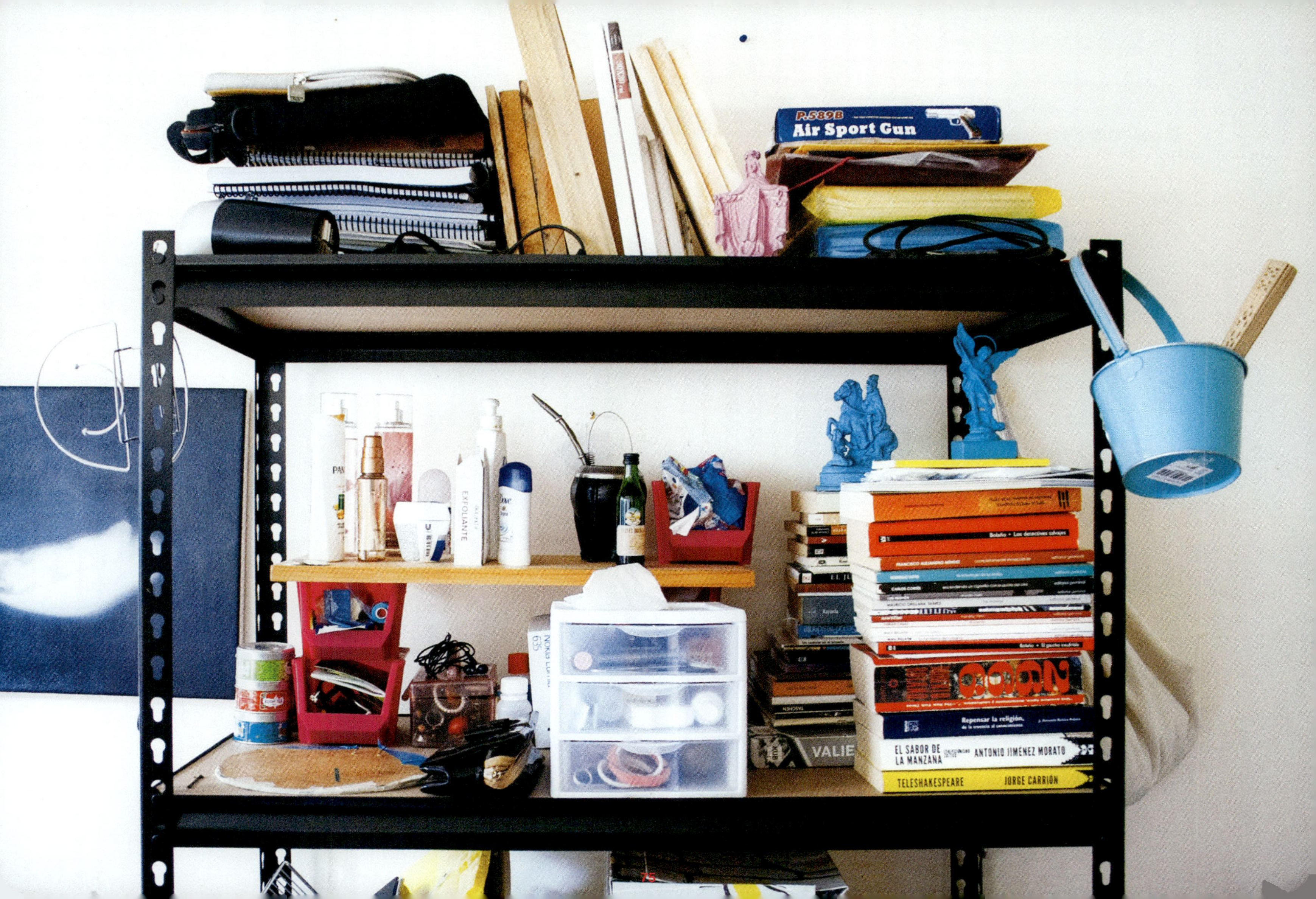

P.589B
Air Sport Gun
EXFOLIANTE
Nokia Lumia 635
Bolaño · Los detectives salvajes
Repensar la religión,
de la creencia al conocimiento
EL SABOR DE
LA MANZANA
ANTONIO JIMENEZ MORATO
TELESHAKESPEARE
JORGE CARRIÓN
VALIE

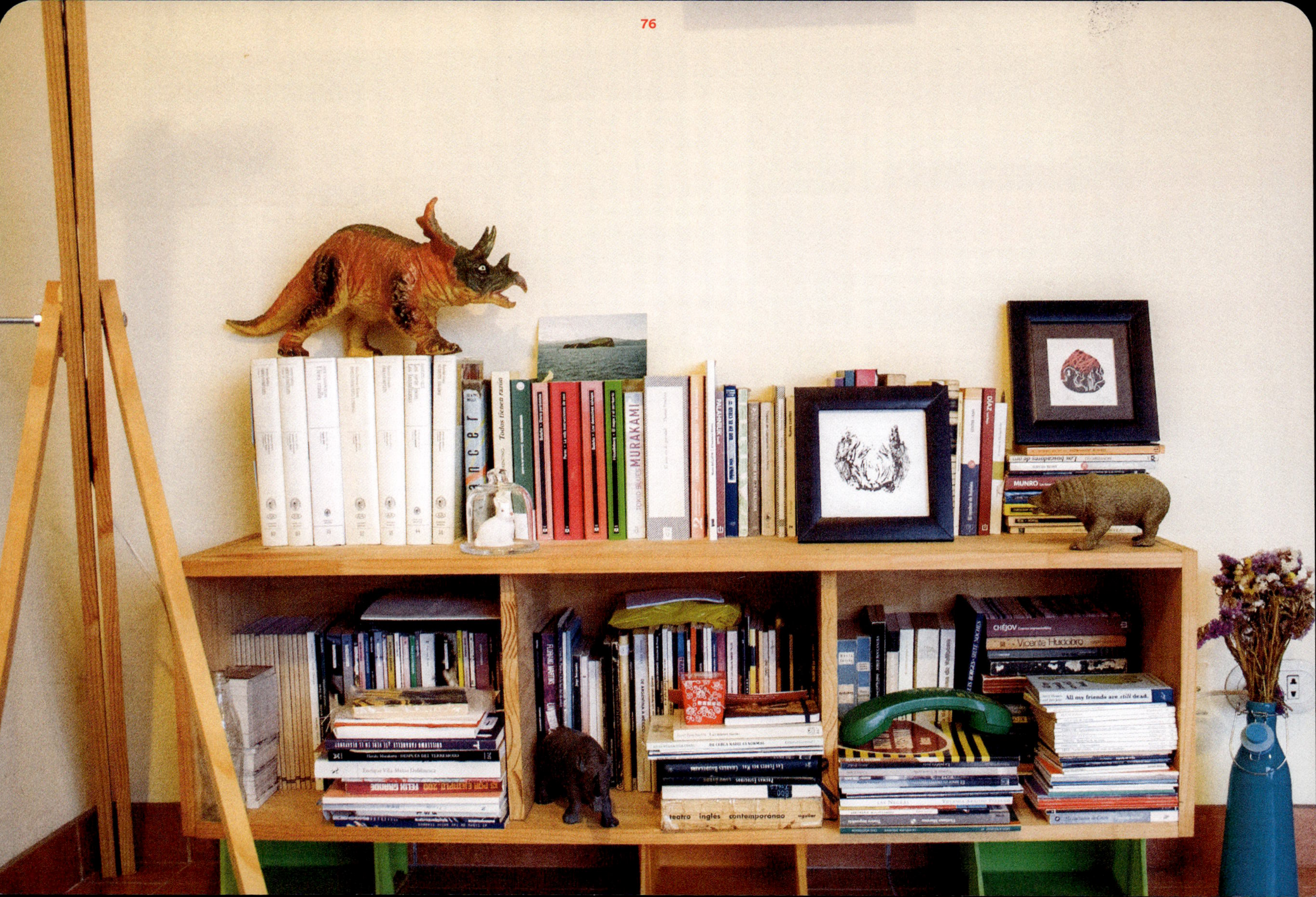

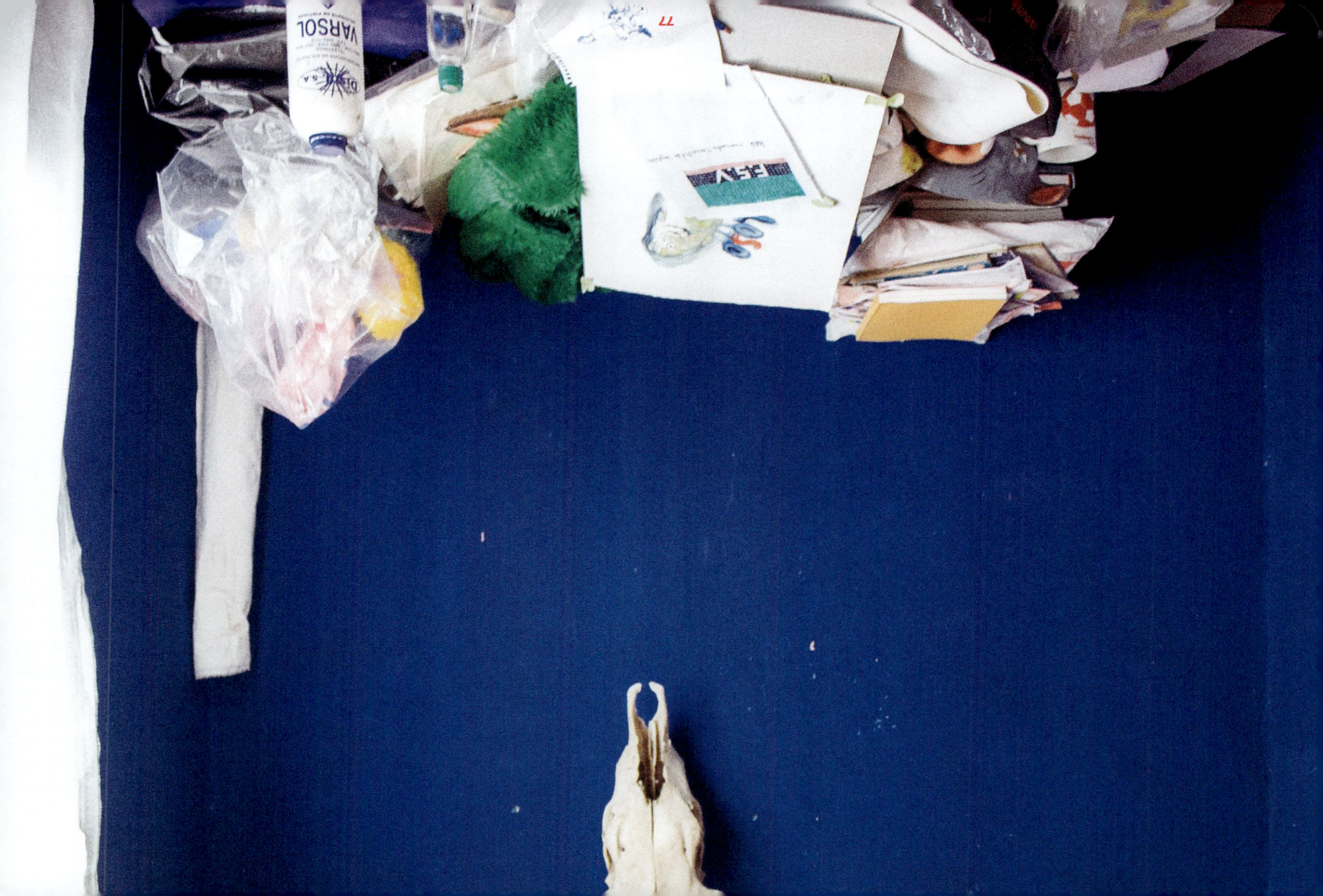
VARSOL
77

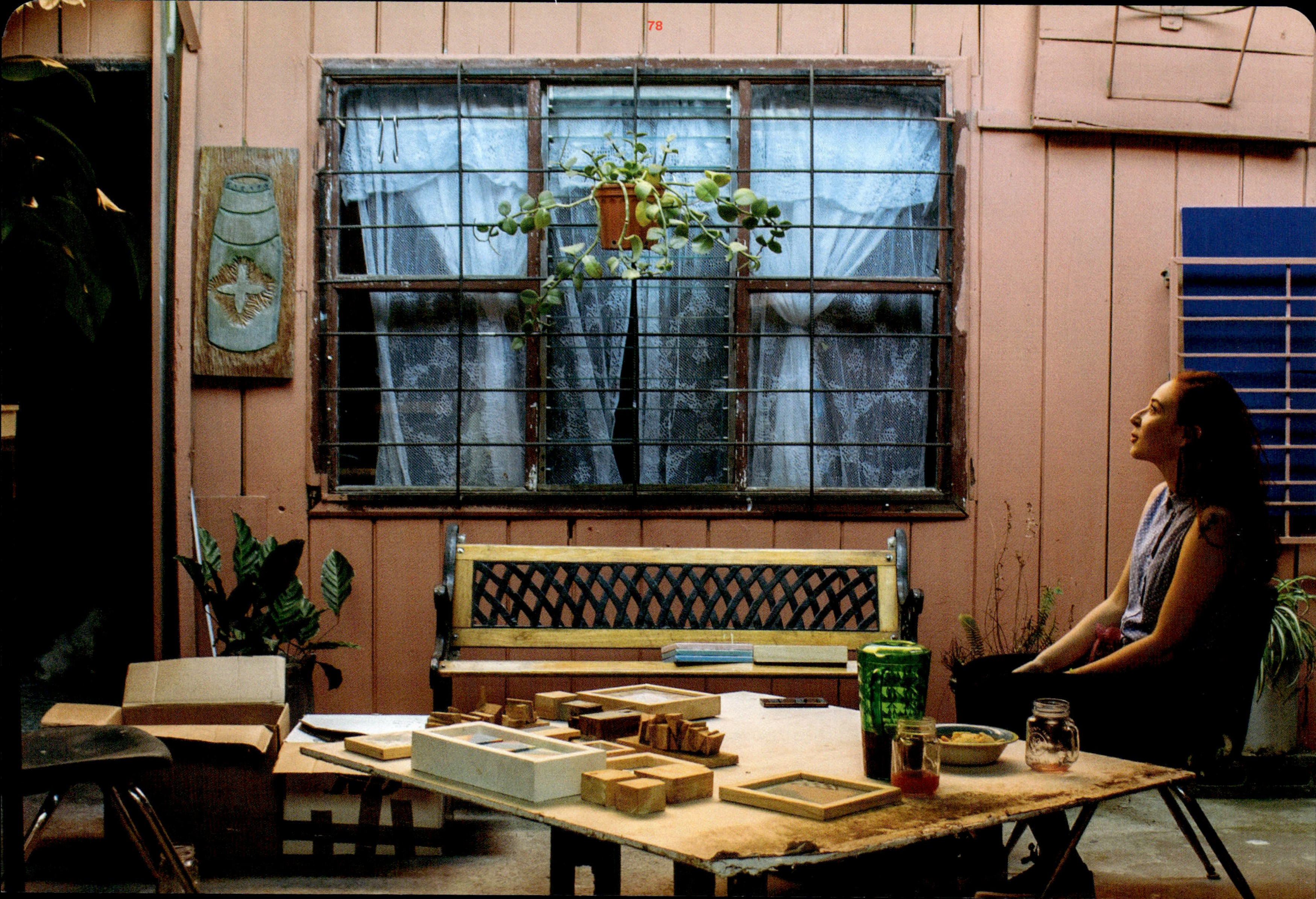

The Void as We Fill It
Sandino Scheidegger

Historically, galleries and museums have been responsible for making art accessible to the public. But as art is increasingly discovered in mediated forms online, this task has been taken over by digital platforms that leave institutions hanging in uncertain roles. For some time now, this shift, combined with the blurring of divisions in genre and practice across art of all kinds, has led institutions to rethink how they can meaningfully play a role in art today.

This question takes on a particular relevance within the context of Despacio and more largely the Central American artistic landscape. Indeed, despite the region's rich output, it has a relative absence of art institutions. With less support—or constraints—from institutional walls, the practices of the many talented artists who work here often spill over into public spaces and everyday practices. At the same time, international visitors from the arts are rare, giving local artists little chance to be introduced to audiences beyond their close-knit local communities. Joining Despacio felt like a perfect way to help map Central America on the global stage, all while exploring a scene where art happens on its own terms, in its own time.

El vacío a medida que lo llenamos
Sandino Scheidegger

Históricamente, los museos y galerías han sido responsables de hacer el arte accesible al público. Pero mientras el arte es descubierto cada vez más en formatos online, esta tarea ha sido asumida por plataformas digitales que dejan a las instituciones colgando en roles inciertos. Por algún tiempo ya, este cambio, combinado con las divisiones borrosas entre género y práctica a través del arte de todo tipo, ha hecho a las instituciones replantearse cómo pueden jugar un papel significativo en el arte hoy en día.

Esta interrogante adquiere una relevancia peculiar en el contexto de Despacio y en mayor medida en el paisaje artístico de América Central. De hecho, sin importar la abundante producción de la región, hay una ausencia relativa de instituciones artísticas. Con menos apoyo -o con restricciones- de muros institucionales, la práctica de muchos talentosos artistas que trabajan aquí con frecuencia se derrama en espacios públicos y prácticas cotidianas. Al mismo tiempo, las visitas de artistas internacionales son escasas, dando a los artistas locales poca oportunidad de ser introducidos a audiencias más allá de sus comunidades locales cercanas. Unirse a Despacio se sintió como una manera

True to its name, Despacio invites spectators to slow down. Although this sounds simple, it requires the kind of vision, endurance, and generosity that only someone like Federico Herrero, the space's founder, could maintain over more than a decade of activities. If Despacio is unique among art institutions, it is above all because of the time it gives to art. Since its founding, the space's exhibitions have allowed for the kinds of reflection and debate that, although vital as ever, are increasingly scarce in contemporary discourse.

My aim as curator at Despacio was to pursue absence in three acts, unfolding over three years of artistic production and research that would echo the voids I came across when arriving. It began with *The Absence of Logic* (2016), followed by *The Absence of Division* (2017), and concluding with *The Absence of Art* (2018). At the end of the program, Despacio would close its doors to make way for new endeavors—not because it must but because it was time to do so, before Despacio became too heavily institutionalized and lost sight of its founding spirit.

Each act brought together exhibitions, happenings, and interventions in parallel with changing Libraries in Residence centered on the experience of absence. Each library's theme was chosen for its potential to open opportunities of continuous exchange between artists and curators in which each group's specific roles could be blurred or even abandoned. Although the libraries functioned independently, they served to echo the program's main principles.

The Absence of Logic
In 2016 Despacio plunged into an ocean of paradoxes and possibilities, freed from any injunction to make sense of the

perfecta de ayudar a colocar a América Central en el escenario global, explorando una escena donde el arte pasa bajo sus propios términos, en su propio tiempo.

Fiel a su nombre, Despacio invita a los espectadores a reducir la velocidad. Aunque suena simple, requiere de una visión, resistencia, y generosidad que solo alguien como Federico Herrero, el fundador del espacio, podría mantener por más de una década de actividades. Si Despacio es única entre las instituciones de este medio, es sobre todo por el tiempo que le da al arte. Desde su fundación, las exhibiciones del espacio han permitido todo tiempo de reflexión y debate que, aunque son siempre vitales, escasean cada vez más en el discurso contemporáneo.

Mi objetivo como curador en Despacio fue perseguir la ausencia en tres actos, desplegando más de tres años de producción artística e investigación que harían eco en los vacíos que encontré al llegar. Empezó con *La Ausencia de Lógica* (2016), seguido por *La Ausencia de División* (2017), y concluyendo con *La Ausencia de Arte* (2018). Al final del programa, Despacio cerraría sus puertas para dar espacio a nuevas iniciativas -no porque tuviera que hacerlo, si no porque era momento de hacerlo antes de que Despacio se volviera muy institucionalizada y perdiera de vista su espíritu fundador.

Cada acto reunió exhibiciones, happenings, e intervenciones en paralelo con el cambio de Bibliotecas en residencia centrado en la experiencia de la ausencia. La temática de cada biblioteca era escogida por su potencial para abrir oportunidades de intercambio constante entre artistas y curadores en el que el rol específico de cada grupo podía ser

world. Bringing together works of art, correspondence, and traces of actions and happenings, the art space left convention behind and let itself be guided by the invigorating swell of free thought.

Although conceptual thinking often occurs at the forefront of artistic practice and reception, this opening section of the program was intended to explore corners of the art world that were less concerned with making sense and more with breaking it. How can absence function as a creative generator in the practice of art? And to what extent can this practice access truth without passing through conventional logic? In many ways, art builds its own forms of reasoning, finding truth in feeling, difference, and plurality rather than linear demonstrations or rational argumentation.

Art does not *make* sense, but opens it up to us. It is this unbound logic, this meaning in absence, that Despacio sought to explore alongside local and international artists of all kinds over the course of 2016. One experiment went so far as to send artists deep into the Costa Rican jungle to an isolated indigenous community where art has no context, no set meaning, not even a name in the local language. Freed from the demands of reference to any projected artistic role, those present were pushed to question their convictions and reimagine new horizons for their practices, drawing from ideas and experiences that, though seemingly far removed from the arts, would lead all the more deeply back into them.

The Absence of Division
For its second act, Despacio opened its doors to a wide variety of backgrounds and practices, exploring the idea that

borroso o incluso abandonado. Aunque las bibliotecas funcionaban independientemente, sirvieron para hacer eco de los principios centrales del programa.

La Ausencia de Lógica
En 2016, Despacio se sumergió en un océano de paradojas y posibilidades, libres de cualquier mandato para hacer sentido del mundo. Uniendo trabajos de arte, correspondencia y rastros de acciones y happenings, el espacio de arte dejó la convención atrás y se permitió ser guiada por el estimulante empuje del libre pensamiento.

Aunque el pensamiento conceptual ocurre con frecuencia en la vanguardia de la práctica artística y su recepción, esta sesión inaugural del programa tenía la intención de explorar rincones del mundo artístico que estaban menos involucrados en hacer sentido y más en romperlo. ¿Cómo la ausencia puede funcionar como un generador creativo en la práctica artística? ¿Y en qué medida puede esta práctica acceder a la verdad sin pasar a través de la lógica convencional? En muchas maneras, el arte construye su propia forma de razonar, encontrando verdad en sentir, en diferencias y pluralidades más que en demostraciones lineales o argumentación racional.

El arte no tiene sentido, pero nos lo abre a nosotros. Es esta lógica sin consolidar, este significado en ausencia, el que Despacio buscó explorar junto a artistas locales e internacionales de todo tipo durante el transcurso de 2016. Un experimento que fue tan lejos como para llevar a artistas a la jungla profunda de Costa Rica a una comunidad indígena aislada donde el arte no tiene contexto, significado, ni siquiera un nombre en el idioma local. Libres de las exigencias de referencia de cualquier rol artístico

art is strongest when it defies categorization within a single genre, medium, or other set of socially defined barriers. From fishmongers to agronomists, drag queens to press photographers, designers to singers, anyone was liable to stop by and make an appearance, or a statement, at Despacio in 2017.

As Robert Rauschenberg said, "You can't make either life or art, you have to work in the hole in between, which is undefined." It is this undefined space that the program's second act embraced, piercing through divisions of fiction and reality, private and public space, personal and collective experience. In this absence of divisions, Despacio sought to actively blur, break, and reconfigure the mental and physical barriers of its visitors, making it impossible to establish with certainty where, or when, art begins and ends.

For three months, Despacio was taken over and turned into an artist-run space called *Karaoke todos los dias (Karaoke Every Day)* by local artists, including a dancer, a poet, and an illustrator. Guided by the intimate knowledge of what artists need to develop their work and share it with an audience, Despacio became an alternate version of itself, made by and for those whose pieces it was exhibiting, and announcing what was to come after its doors closed.

The Absence of Art
In this final act, Despacio ceased to be an art space. It became something social, generative, urging viewers to look for art beyond the institutions they typically find it in. Freed from the art it showed—and the need to show it—Despacio tested the limits of an art space's existence. Could it continue to thrive without hosting physical exhibitions, or would it steadily lose

previsto, los presentes fueron forzados a cuestionar sus convicciones y a reimaginar nuevos horizontes para sus prácticas, partiendo de ideas y experiencias que, aunque estuvieran en apariencia alejadas del arte, los condujo más profundamente de regreso a ellas.

La ausencia de división
Para su segundo acto, Despacio abrió sus puertas a una amplia variedad de experiencias y prácticas, explorando la idea de que el arte es más fuerte cuando desafía la categorización dentro de un mismo género, medio u otro conjunto de restricciones socialmente definidas. Desde vendedores de pescado hasta agrónomos, desde drag queens hasta fotoperiodistas, desde diseñadores hasta cantantes, cualquier persona fue invitada a detenerse y hacer una aparición o declaración en Despacio 2017.

Como dijo Robert Rauschenberg "No podés hacer solo vida o arte, tenés que trabajar en el hueco que hay en medio, que es indefinido". Precisamente este espacio indefinido fue acogido por el programa del segundo acto, perforando las divisiones entre ficción y realidad, espacio público y espacio privado, experiencia personal y colectiva. En esta ausencia de divisiones, Despacio buscó desdibujar, quebrar y reconfigurar las barreras físicas y mentales de sus visitantes, haciendo imposible establecer con certeza dónde o cuándo el arte empieza y termina.

Durante tres meses, Despacio fue tomado y transformado en un espacio autogestionado por artistas locales, llamado *"Karaoke todos los días"*. Entre los artistas hubo una bailarina, una poeta y una ilustradora. Guiado por el conocimiento íntimo de lo que cada artista necesitaba para desarrollar su trabajo y compartirlo con la audiencia,

the drive, and substance, that gave it life in the first place?

Artists were invited because they made art outside of institutions, focusing on the beauty and generative power nestled in everyday spaces or interactions. As each of their interventions took shape, artists and audiences worked together to rethink the function of an art space within the local community, exploring both their own roles in the creative process and the space's significance in the production and reception of art. Over the course of 2018, Despacio sought to empower individuals—artists and non-artists alike—to act, think, and make art beyond its walls, in various locations around San José. The city's chaotic streets became an open, unpredictable host to a range of surprising interventions, including a soccer game between artists and curators, a police film festival, and performances in bars and public parks.

Once again Despacio became an artist-run space, hosting eight studios and giving artists free rein over its curatorial program. This time its focus was on building precisely what the digital world can't: collective experience, shared memory, and unexpected encounters. In this final iteration, Despacio gave art not only the time it needed to grow but also the energy to do so, focusing on the kinds of human exchanges that can't be refracted through bits and bytes.

In the end Despacio itself was to vanish, closing its doors to make way for new endeavors. What will become of its absence? Perhaps, as the great Argentinian poet Antonio Porchia wrote, we will only "become aware of the void as we fill it."

Despacio se convirtió en una visión alternativa de sí mismo, hecho por y para aquellas personas cuyas piezas estaban siendo exhibidas, anunciando lo que estaba por venir detrás de sus puertas cerradas.

La ausencia de arte
En su acto final, Despacio dejó de ser un espacio artístico. Se convirtió en algo social, generativo, urgido de espectadores que buscaran arte más allá de las instituciones donde usualmente este se encuentra. Liberado del concepto de muestra de arte -y de la necesidad misma de mostrar-, Despacio puso a prueba los límites para la existencia de un espacio artístico. ¿Podría este prosperar sin albergar exposiciones físicas o perdería su fuerza y sustancia, las que le dieron vida en primera instancia?

Los artistas fueron invitados por el arte que ya practicaban fuera de las instituciones, enfocado en la belleza y en el poder generativo propio de los espacios y las interacciones de la vida diaria. A medida que las intervenciones iban tomando forma, artistas y audiencia trabajaron juntos para repensar la función del espacio artístico dentro de la comunidad local, explorando al mismo tiempo sus propios roles en el proceso creativo y la significación del espacio en la producción y la recepción del arte. En el transcurso de 2018, Despacio buscó empoderar a los individuos -artistas y no artistas por igual- para actuar, pensar y hacer arte más allá de sus paredes, en diferentes emplazamientos de San José. Las caóticas calles de la ciudad se abrieron y se convirtieron en hospederas impredecibles de una cantidad de intervenciones sorprendentes, incluyendo un partido de fútbol entre artistas y curadores, un festival de cine de policías y perfor-

mances en bares y parques públicos. Una vez más Despacio se convirtió en un espacio autogestionado por artistas, albergando ocho estudios y dando a estos artistas vía libre para su programa curatorial. Esta vez el foco estuvo centrado en construir precisamente aquello que el mundo digital no puede: experiencia colectiva, memoria compartida y encuentros inesperados. En esta iteración final, Despacio dio al arte no solo el tiempo que necesitaba para crecer, sino la energía para hacerlo, centrándose en los tipos de intercambio humano que no pueden reproducirse entre bits y bytes.

Al final, Despacio mismo tenía que desaparecer, cerrando sus puertas para concentrarse en nuevos esfuerzos. ¿En qué se convertirá su ausencia? Como dijo el gran poeta argentino, Antonio Porchia, quizás solo es posible darnos "cuenta del vacío cuando lo llenamos".

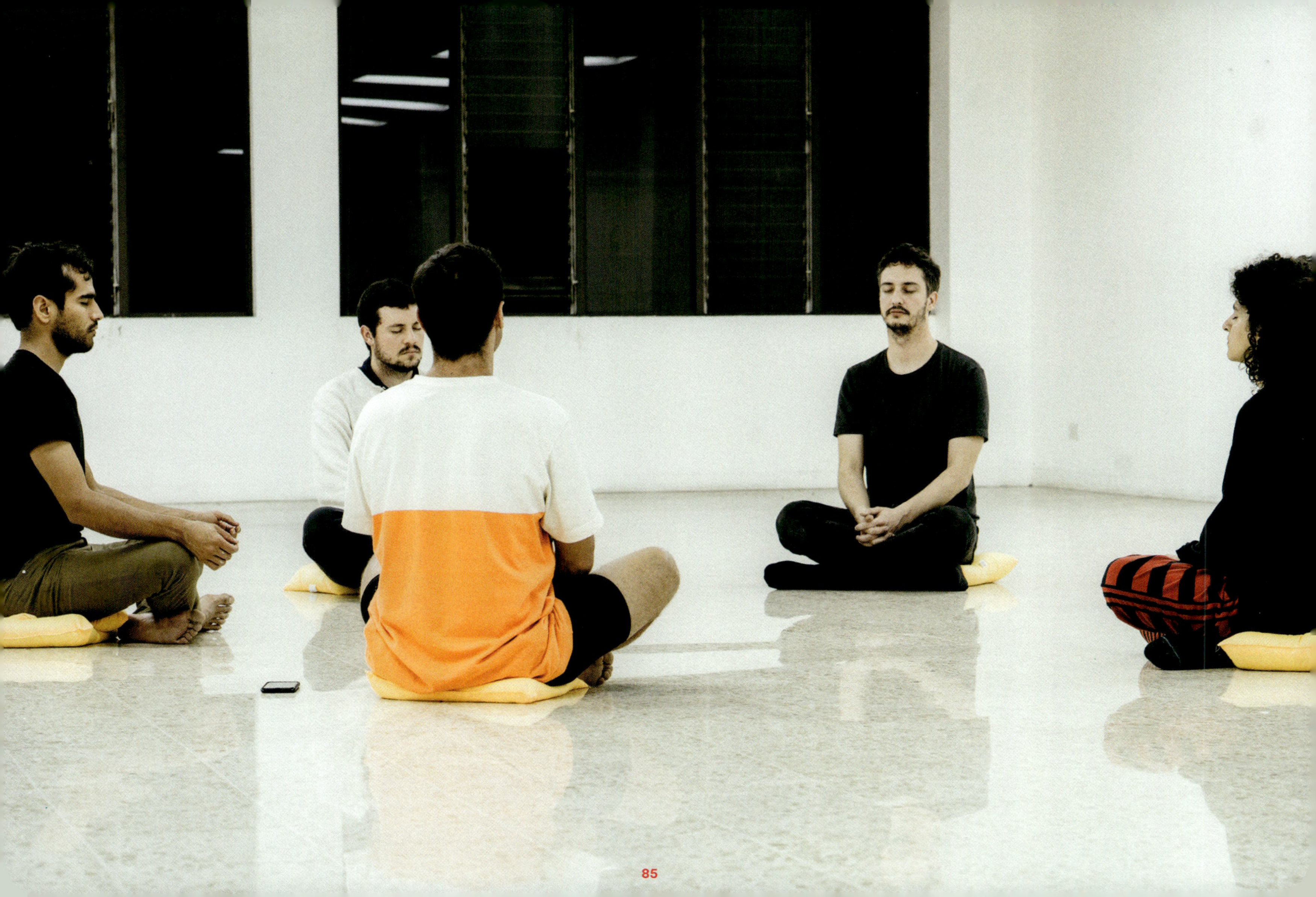

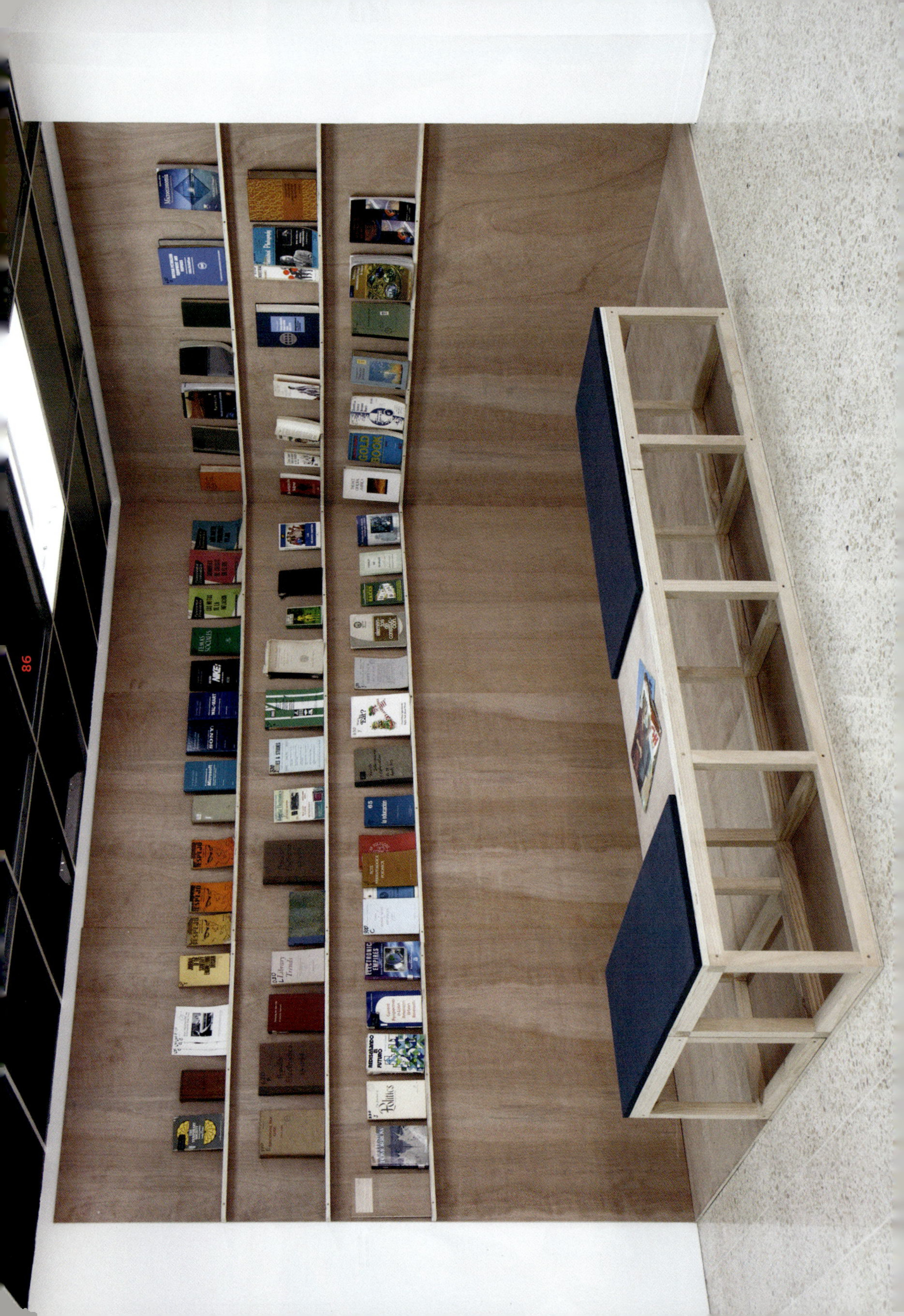

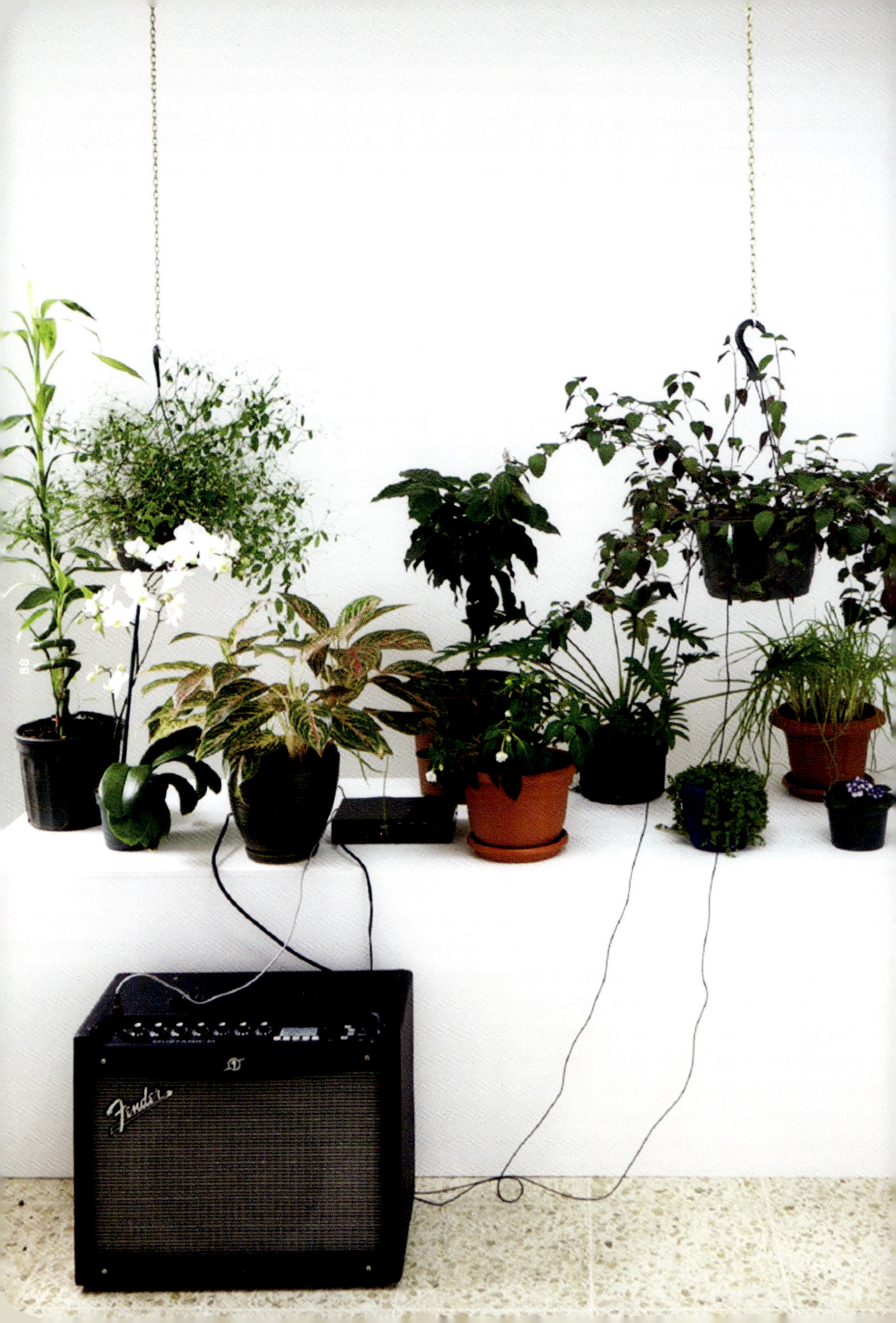
Fender

Florence Jung deliberately
refrains from publishing
any visual documentation
of her work.

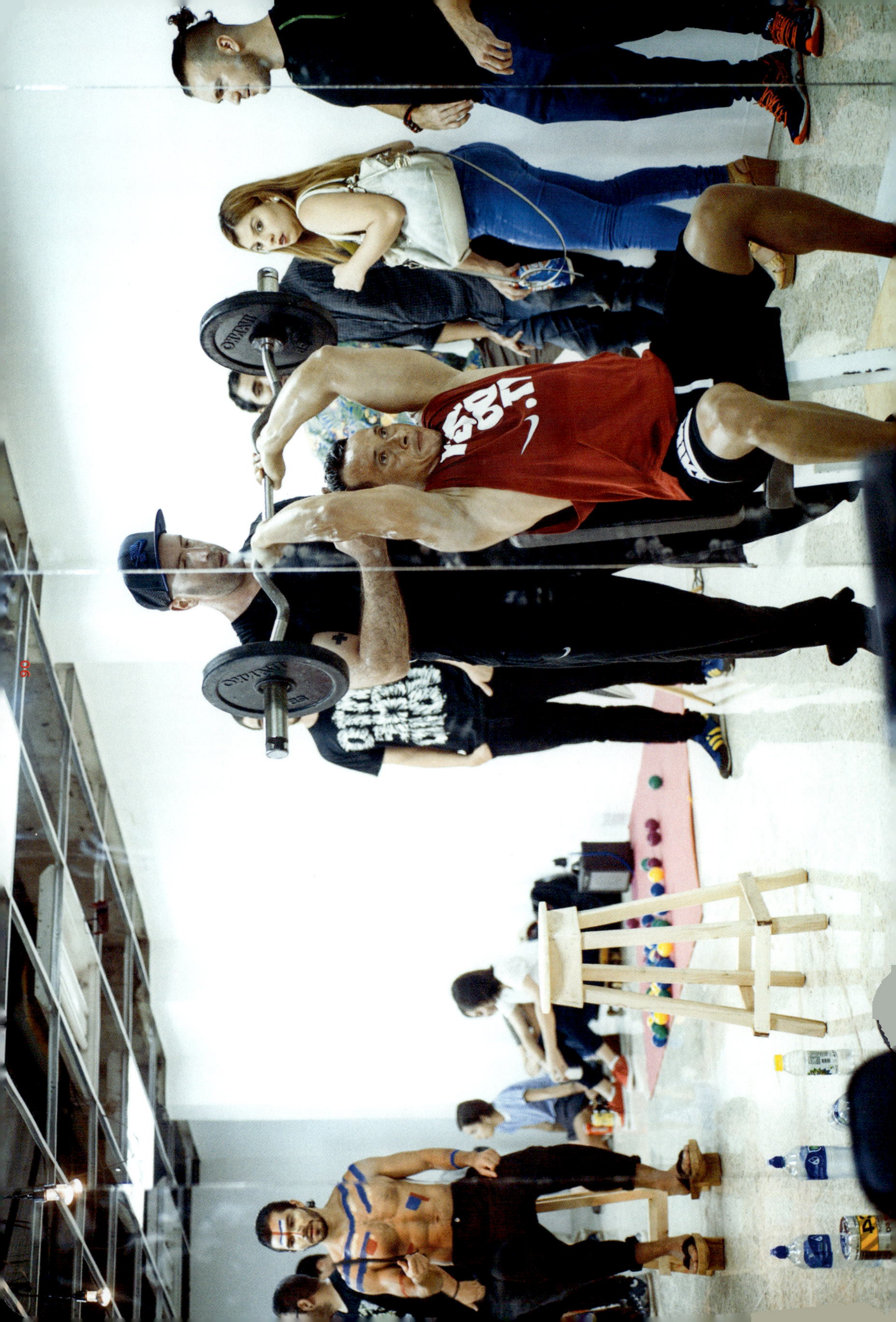

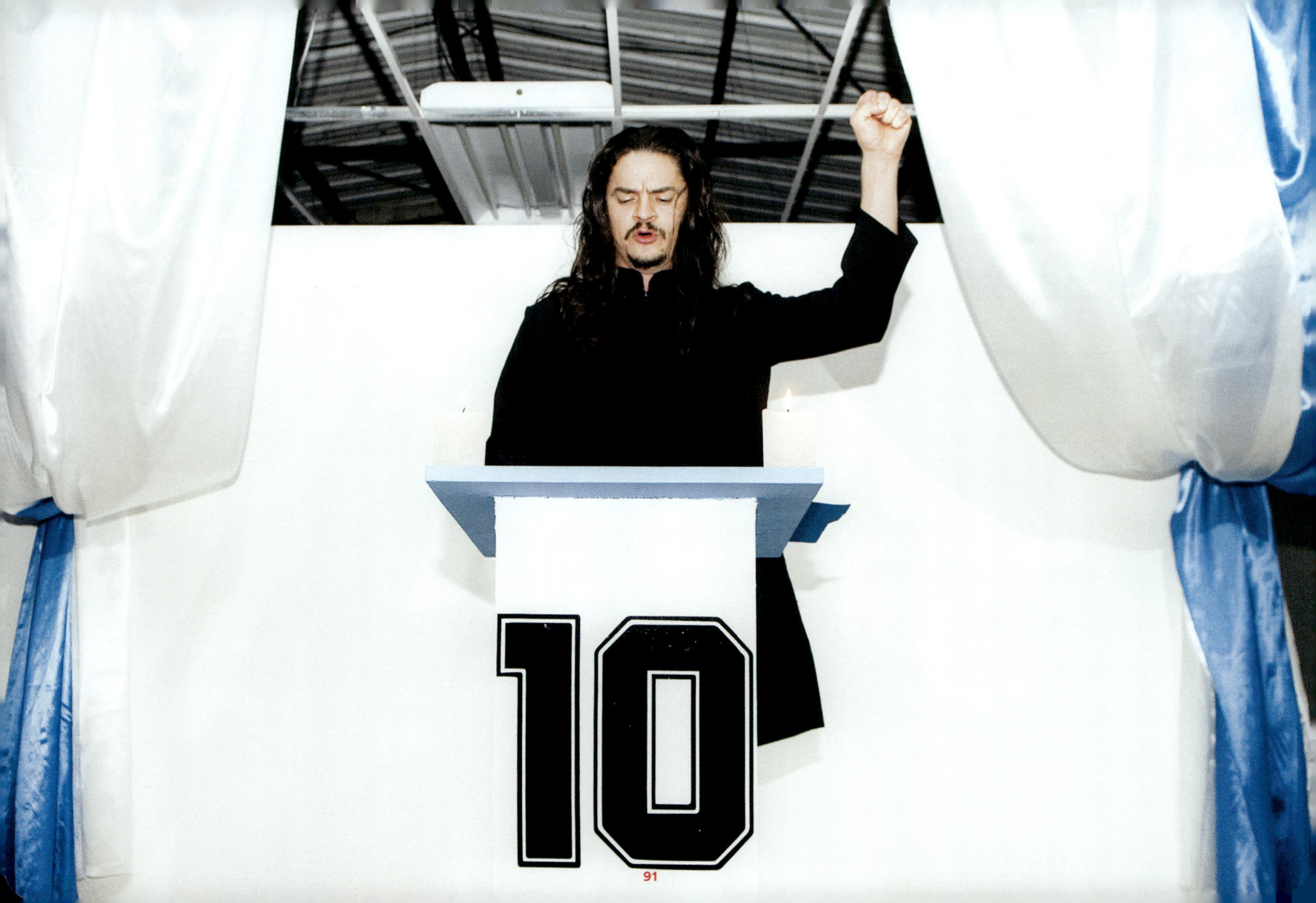
10

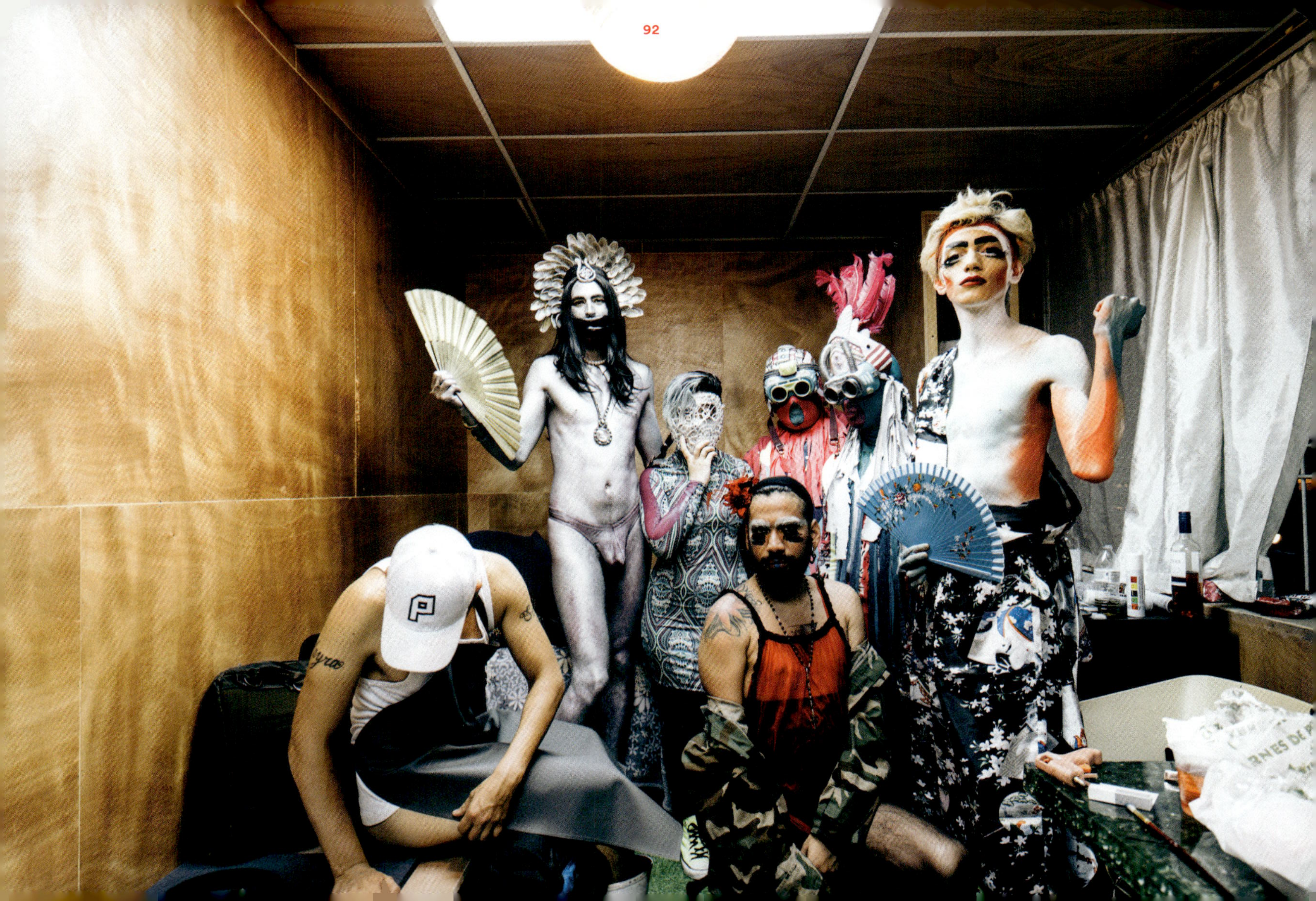

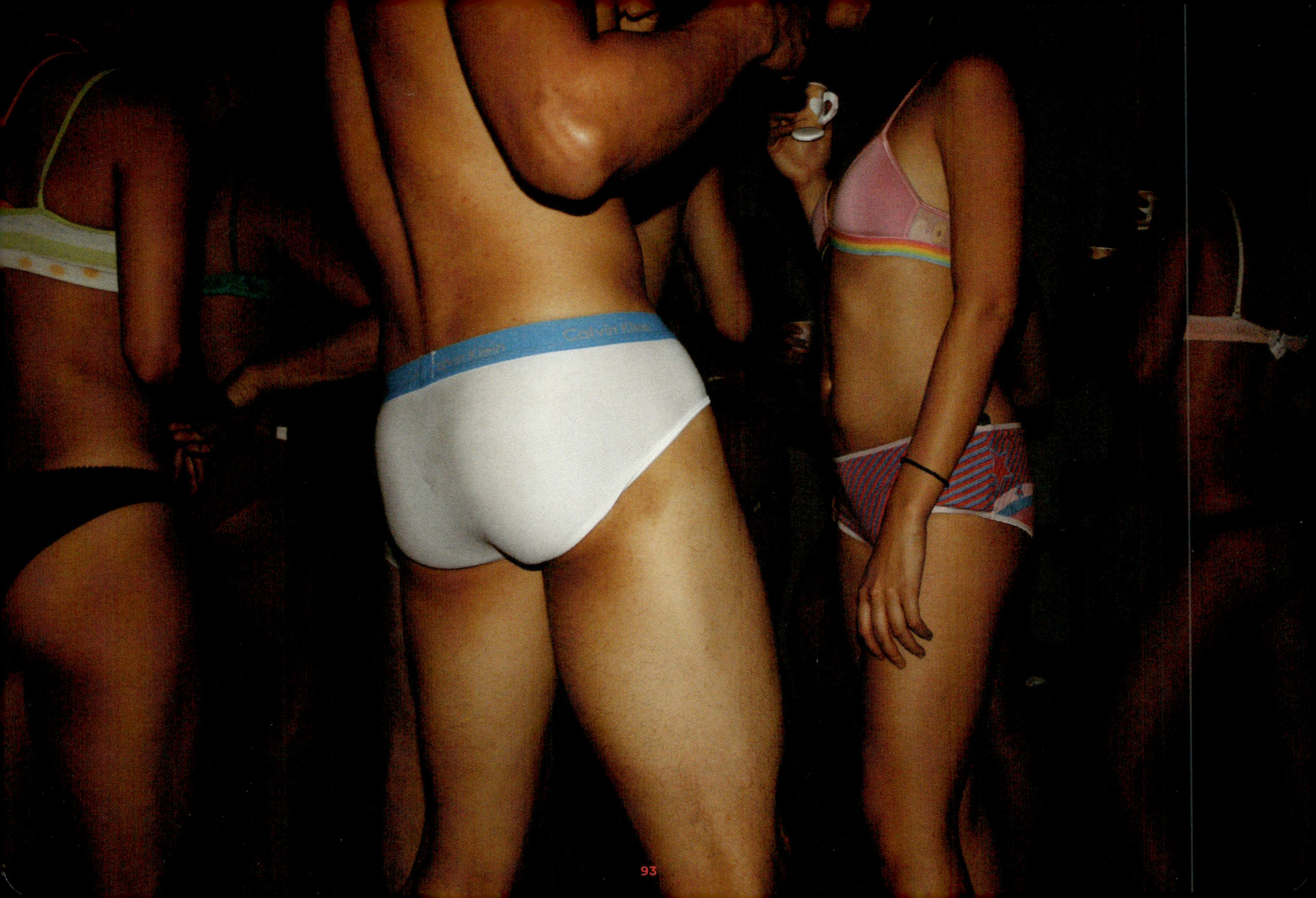

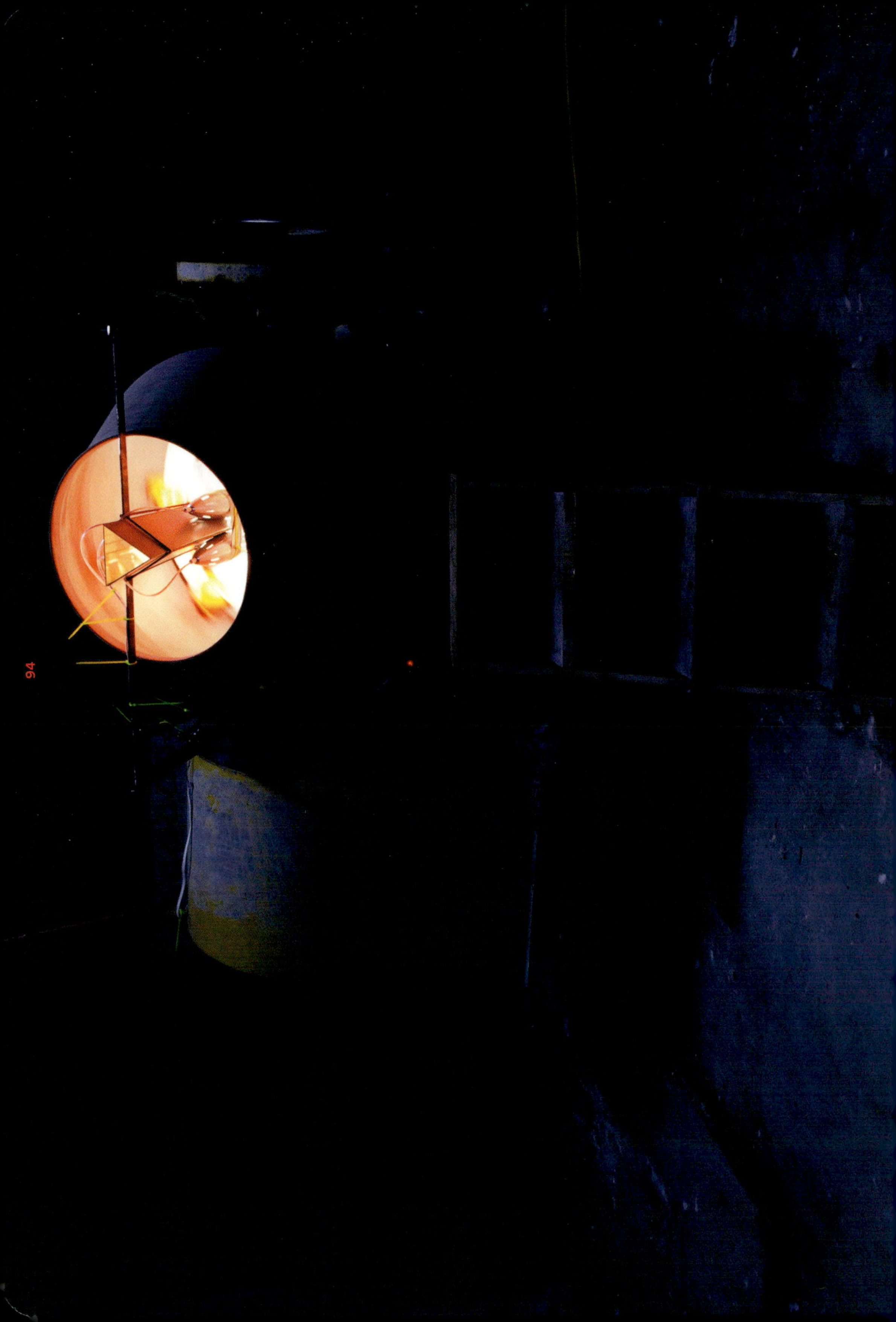

Point Out on Map
Pablo León de la Barra in Conversation
with Erno Hilarion and Cristina Ramírez

Puntualizando en el mapa
Entrevista con Pablo León de la Barra
por Erno Hilarion y Cristina Ramírez

Erno Hilarion and Cristina Ramírez:
Central America is habitually neglected
in the art world, beyond being
considered a juncture between northern
and southern artistic centers. In the
regional curatorial research you've
developed in the past few years, what
do you consider the force that pushes for
a connection between the essence
of Central American art and the rest of
the world, and why do you think it is
overlooked?

Pablo León de la Barra: If we consider
Latin America as a region and Central
America as part of this region, I can
understand your question as to why
Central America has been absent from
both the Latin American art realm
and the art world in general. It has been
overlooked, to be sure, but I do think
that over the past twenty years there
has been a gradual presence, slowly
growing. What I mean is, it's not black
or white; there's *some* Central American
artistic presence in Latin America and
the greater world. Maybe it has been a
smaller or random presence, sometimes
isolated, lacking broader opportunities,
but I wouldn't say it's invisible.

Erno Hilarion y Cristina Ramírez:
En parámetros regionales, Centroamérica ha estado rutinariamente
olvidada en el mapa del arte, más allá
de ser un puente que conecta ambos
centros artísticos (norte y sur). Dentro
de las investigaciones curatoriales que
usted ha desarrollado en los últimos
años de la región, ¿cuál es el motor
que impulsa a conectar la esencia del
arte centroamericano con el mundo
y por qué a su vez pasa desapercibida?

Pablo León de la Barra: Si consideramos
que Latinoamérica es una región y que
Centroamérica es parte de esa región,
entiendo tu pregunta de por qué Centroamérica ha estado ausente en el mapa de
arte de Latinoamérica y porqué también
ha estado ausente del mapa más grande.
Creo que, por un lado, es muy categórico
afirmar que ha estado olvidada; creo que
sí podemos pensar que en los últimos 20
años ha habido una mayor pero paulatina
presencia, o sea creo que no podemos
hablar de que todo es blanco y negro o
que no existe presencia centroamericana
en el resto de América Latina o del mapa
mundial, quizá sí ha sido una presencia
menor y esporádica, a veces puntual,
con falta de oportunidades pero tampo-

Why this random presence or lack of opportunities? I think there are multiple reasons—for instance its geographical, political, and economic situations. It's a very small region, divided into five or six countries, not counting Panama. If we also consider Belize—which we should, because Belize is definitely absent, it's the great invisible—then we would be talking about seven countries. We can also point out the political divisions, after independence. According to historians, land barriers have to do precisely with territoriality. The search for the famous canal's crossing provoked a lot of political influence from different sectors. There's also the vast history of civil wars within the region along the different periods, a reason for the lack of contact with the rest of the world and sometimes even internally within the region. We should also consider the absence of a regional economy, which would contribute to the development of local scenes within each of these countries, allowing contact among them, and between them and the rest of the world.

This doesn't mean that efforts haven't been made. One clearly being TEOR/éTica (fearing the cliché of mentioning them), which has been present for more than twenty years, and somewhat led by Virginia Pérez-Ratton since its foundation. TEOR/éTica looked to bring about an answer to this question of how to provide visibility, how to create connections in spite of Central American conflicts, and even how to relate Central America with the Caribbean. That's another region that somehow suffers from a lack of interaction or lack of visibility, but with a more complex scene due to intercultural differences and the presence of different languages.

So, yes, we experienced this first movement when Virginia tried to make

co diría que Centroamérica es invisible, que es lo que quizá la pregunta indica. ¿Por qué estas presencias esporádicas, esas faltas de oportunidades? Pues hay muchas razones, una de ellas digamos geográfica, política y económica que tiene que ver con que es una región bastante pequeña dividida en cinco o seis países, si no incluyera a Panamá, y que sería de siete si incluimos a Belice; país que deberíamos incluir dado que es la gran ausencia, la gran invisible. Y bueno, también está presente la división política, que se explica a partir de la independencia. Los límites creados en el territorio responden a lo que de acuerdo a algunos historiadores tiene que ver con la territorialidad, la búsqueda de paso, el paso famoso por el canal, esto explica por qué se tomó control político por diferentes áreas. Luego está la historia de guerras civiles a lo largo del territorio en diferentes momentos, situación que no permitió que hubiera contacto con el resto del mundo e inclusive muchas veces entre regiones. A eso súmale la falta de una economía regional que permita contribuir al desarrollo de las escenas locales de cada país de Centroamérica, que permita contacto entre ellas y el contacto de ellas fuera del país.

Ahora, esto no quiere decir que no haya habido impulsos; con miedo de caer en el cliché de mencionar a Teorética, que ha estado presente desde hace 20 años y que de alguna manera ha estado desde su fundación y con Virginia al mando, se buscó resolver la respuesta a esa pregunta, cómo dar visibilidad, cómo relacionar la escena, cómo crear conexiones a pesar del conflicto en Centroamérica e inclusive cómo relacionarse con el Caribe, que es otra escena que de alguna manera sufre un problema similar: la falta de interacción o falta de visibilidad, con

Central American art production visible, working from Costa Rica—same place as Despacio—in order to create a theoretical artistic frame. This produced certain results, for example in 2001 when Harald Szeemann invited Priscila Monge, Federico Herrero, and Aníbal López to take part in the Venice Biennale, and when Regina José Galindo won the Golden Lion in 2005. Different efforts were made from Costa Rica, regarding central issues. We also have the Central American Biennial, which in itself doesn't provoke a lot of echo beyond the region but allows artists to get to know one another's work. So at various moments dialogue has taken place inside the community, and some sort of visibility has been given to Central American art, asserting that we exist.

Something that Virginia was always saying, and here I'm speaking as if I was Central American, was that the first step is acquiring visibility. We should ask ourselves, what has happened with TEOR/éTica during these past twenty years? We would have to analyze what the real effect of TEOR/éTica's intervention in the Costa Rican art scene has been, and how it has aided the development of good artists and critical thinking.

I think that during the last three or four years, under the framework of a shared direction, where Miguel López has been involved, the relationship with Central America has been strengthened. Books that needed to be published have been published. What I'm trying to get at is that we shouldn't have this vision of not being visible or having no contact— we should be thinking about what's working and what isn't. I don't know if you remember the book published four or five years ago by Luis Fuentes, which in some way also contributed and gave visibility to a whole new generation of

una complejidad mayor que son los diversos idiomas del caribe y las diferencias interculturales. Entonces, sí hubo un primer momento donde a través de Virginia se intentó al menos desde Costa Rica, que es donde también se encuentra Despacio, haciendo esfuerzos desde Costa Rica, lograr esa visibilidad, crear un marco teórico artístico. Creo que hubo ciertos resultados, en el 2001 cuando Harald Szeemann invitó a Priscilla Monge, Federico Herrero y a Aníbal López a participar en la Bienal de Venecia, cuando Regina Galindo gana el León de Oro en 2005, y hubo ciertos esfuerzos también desde Costa Rica con Temas Centrales. Además existe la Bienal Centroamericana que si bien no crea muchos ecos fuera de la región, por mucho tiempo estuvo creando conexiones y permitiendo que los artistas se vieran los unos a los otros, conociendo sus trabajos al menos entre ellos. Bueno, sí hay una serie de momentos de diálogo y de visibilidad de Centroamérica, de decir "aquí estamos" y también de diálogo en la comunidad misma.

Una cosa que Virginia decía mucho, bueno y aquí estoy hablando como si fuera centroamericano, es que el primer paso era darnos visibilidad. Y la pregunta aquí es qué fue lo que sucedió en 20 años con TEOR/éTica, habría que hacer una especie de recuento de cuál ha sido el efecto real de TEOR/éTica en la escena costarricense y de ver cómo o no ha fomentado el desarrollo de buenos artistas, de pensamiento crítico.

Creo que en los últimos 3 o 4 años con respecto a la dirección, ahora compartida, en la que está involucrado Miguel López, la relación con Centroamérica se ha reforzado, se han publicado libros que hacían falta acerca de textos que

Costa Rican artists (who were active at that moment) and their different modes of collaboration. Visibility exists; the question is how to reinforce it, how to make it wider or to understand what is being made visible.

EH & CR: What could be done within different scopes of action, whether related to resources, strategies, or structures, to provide more visibility or presence to Central American art production in international contemporary art circles?

PLB: How can we work to continue this drive? Here we should also analyze Despacio's role. I feel that Despacio differs from TEOR/éTica in the sense that TEOR/éTica created an outward visibility, a connection with the region, while Despacio worked inwardly. Especially before Sandino Scheidegger's appearance, Despacio focused more on local artists, creating space for exploration and experience, for working. That was the importance of Despacio these past ten years.

We would think about where this need for connecting with the world is coming from, and how to achieve it. Here we could mention two different moments —one, where Costa Rica was the most important field of action for Despacio, and another, where this field shifted toward Central America. Also, if the concern circles around visibility and presence, I believe the lack of visibility has a lot to do with the lack of knowledge among outside buyers and collectors regarding what's going on. So, we have to think on how to continue making these practices visible.

Another approach is trying to make visible the actions that both TEOR/éTica and Despacio are generating and inviting

ya existían en la región; entonces a lo que voy es que no deberíamos tener esa visión de que no hay visibilidad, de que no hay contacto. Sí hay aunque está bien que pensemos en qué ha funcionado y qué no. No sé si te acuerdas de ese libro que se publicó quizá hace 4 o 5 años, de Luisa Fuentes Guasa que de alguna manera también contribuyó y dio visibilidad sobre todo a una nueva generación de artistas que estaban activos en su momento en Costa Rica y de diferentes formas de colaboración. Creo que sí ha existido, bueno, la pregunta es cómo reforzar, cómo ampliar o dónde está esa visibilidad.

EH & CR: ¿Qué falta por hacer, desde diversos ámbitos, ya sea con recursos, estrategias o estructura, para que el arte que se produce desde Centroamérica tenga una mayor visibilidad o presencia en los circuitos del arte contemporáneo internacional? ¿Considera usted que esto es algo que le ocurre a la región?

PLB: ¿Cómo podemos trabajar para seguir impulsando?, ahí también hay que analizar cuál es el trabajo de Despacio, ahí siento que Despacio se diferencia de TEOR/éTica, se diferencia en un mirar hacia adentro, que si TEOR/éTica muchas veces creó esa visibilidad hacia afuera o esa conexión con la región, Despacio -y sobre todo en el periodo de antes de la llegada de Sandino- tuvo un periodo mucho más de artistas locales, un espacio de explorar, de experimentación, donde trabajar, entonces creo que esa ha sido la importancia de un espacio como Despacio que cuenta ya con 11 años desde que inició.

Habría que pensar de dónde viene esa preocupación por conectar con el mundo, un cómo lograrla. Ahí podemos hablar de dos momentos, uno es Costa Rica, que fue el ámbito de acción más

people to follow up on these actions, something that both institutions have been trying to do. The research and travel grant of the Fundación Cisneros is another example of this outreach; for more or less the past seven years it has allowed researchers to travel around Central America for a whole year. I was awarded the grant in 2011, and used it to connect with the different art scenes. Some people go to Costa Rica because TEOR/éTica is there; others who are a little more venturesome will go to Guatemala because it is traditionally renowned for its strong art scene and historical artists. Very little is known about what happens in Honduras, Nicaragua, El Salvador, or Panama. In order for a researcher to get to know the different scenes, he or she has to do a lot of traveling, and trying to get from one place to another is sometimes very complicated. In order to travel to and from some cities in Guatemala or Honduras I've had to go all the way to Miami first. And we would come up with different ways in which artistic actors from Central America could bring in people from international settings. Initiatives like Fundación Cisneros, Y.ES in El Salvador, and TEOR/éTica sometimes invite international actors. The Central American Biennial has tried to have international guests through their jury and academic events.

EH & CR: Referring specifically to the Central American region, well known for its strong inclination toward political art, but at the same time fragmented regarding economic, political, social, and cultural issues, how do you think Costa Rica is distinct with regard to its artistic production?

PLB: Again, speaking from an outsider's point of view, Costa Rica has distinguished itself from the rest of Central

directo de Despacio y del ámbito centroamericano. Así mismo, si la preocupación es cómo visibilizar y cómo dar presencia pues creo que la falta de visibilidad tiene que ver con la falta de conocimiento de compradores, coleccionistas -desde lo que pasa afuera-. Entonces hay que pensar cómo seguir haciendo visibles estas prácticas. Luego, creo que hay ciertos esfuerzos desde TEOR/éTica o Despacio que han intentado visibilizar por medio de invitaciones a gente para dar seguimiento a lo que sucede. Otro ejemplo es la beca de investigación y viaje de la Fundación Cisneros que ha permitido por más o menos de 7 años que un investigador por año viaje por Centroamérica. En mi caso, yo la obtuve en el 2011, la utilicé para conectar con las diferentes escenas de arte. La gente va a Costa Rica un poco porque está TEOR/éTica, algunos valientes van a Guatemala porque tradicionalmente siempre ha sido una escena fuerte donde hay artistas históricamente hasta ahora, pero se sabe muy poco de lo que pasa en Honduras, en Nicaragua, El Salvador o Panamá. Bueno, si te pones a pensar, para que un investigador sepa lo que pasa en la escena tiene que visitar los lugares y son muchos viajes y conectar entre un lugar y otro muchas veces se complica; para viajar de ciudades como en Guate y Honduras, yo he tenido que ir hasta Miami. Habrá que buscar cómo actores o ciertas personas de Centroamérica pueden contribuir a que gente de afuera venga a conocer: hay iniciativas como las Cisneros, la de Y.ES en Salvador, creo que está enfocado solamente en El Salvador y TEOR/éTica que de vez en cuando invita gente de afuera. La Bienal Centroamericana de alguna manera intentaba con sus eventos teóricos y de jurado de invitar algunas personas pero, bueno, como decías tú, quizá no ha sido lo mismo.

America. It's the most politically and economically stable country, and it's had longer periods of peace. This immediately marks a difference from the neighboring countries, especially El Salvador, Honduras, and Nicaragua—particularly Nicaragua, where art has always been more political in response to the extremely violent past and present history. What is currently happening in Nicaragua is proof of the continuation of this violence. This makes some people envision Costa Rican art production not necessarily as more shallow or superficial, but as definitely lacking political commitment. Precisely, some Costa Rican artists create an image through their work of a democratic, pacific, united, and pale-skinned Costa Rica. Costa Rica is the only country in Central America that has a museum that actually works, and has a good collection: the Museo de Arte y Diseño Contemporáneo (MADC). The museum understands that its mission surpasses the showing of Costa Rican art; it shows art from all different parts of the region.

So, maybe it's due to this constant stability that Costa Rica has become a center of credibility, able to provide exhibition spaces for the region. More so, I would say it's an acquired responsibility with itself and its neighboring countries. This is where I believe Despacio's, TEOR/éTica's, and the museum's work is extremely important, and a drive we need to strengthen. The problem is, perhaps, the lack of organization within Central America in order to establish this connection.

A lot has been accomplished through these institutions, but how could we support the labor they are carrying out? Another issue deals with civil society. If we are able to recognize a certain economic stability in Costa Rica, how

EH & CR: Concretamente en la región centroamericana, conocida por un fuerte estímulo en el arte político y a la misma vez tan fragmentada en términos económicos, políticos, sociales y culturales, ¿cómo se distingue Costa Rica de su producción artística al resto de la región centroamericana?

PLB: Costa Rica, y otra vez estoy hablando desde afuera, por alguna razón se ha diferenciado del resto de Centroamérica, de sus vecinos, por ser el país que más estabilidad política y económica, que más periodos de paz continua ha tenido. Esto desde el principio lo diferencia de los vecinos como El Salvador, Honduras y Nicaragua sobre todo, donde el arte es mucho más político y donde responde a la historia pasada y reciente que ha sido mucho más violenta y continúa siendo violenta. Lo que sucede hoy en día en Nicaragua demuestra que esta historia se sigue dando; entonces muchas veces la gente de afuera piensa que el arte en Costa Rica no es que sea más light o superficial sino que no tiene esa presencia de compromiso político que tiene que ver mucho con la historia; sí hay algunos artistas que justamente a partir de su trabajo muestran a Costa Rica no sólo como un país democrático, pacífico, unitario e inclusive blanco -o que se quiere blanquear más, ser menos indígena- que el resto de sus vecinos y, bueno, sí se ha dado históricamente. La otra es que, independientemente de TEOR/éTica y Despacio, lo que ha sido increíble es que Costa Rica es el único lugar donde hay un museo que funciona, que tiene una colección, un museo que sí ha entendido que su misión va más allá de exhibir o enseñar arte costarricense, un museo que entiende que su misión es también exhibir obra del resto de la región.

Entonces quizá esa paz y esa estabilidad continua han permitido que Costa Rica

is it that its well-off civilians are not supporting the arts? Possibly this is why an institution like Despacio is closing its operations after ten years of activity. How could we create commitment within this civil society, promote an understanding of the importance of having these spaces for creation, free thought, and critical thinking? And going back to the responsibility mentioned before, how is it that there still isn't a gallery in Costa Rica capable of driving all of this impetus in order to show—at an international level—many of these great artists who definitely have diverse possibilities?

A project that comes to mind is Proyectos Ultravioleta in Guatemala City. If we understand that different actors within the art world are like gears that contribute to the creation of an ecosystem, we have been lacking these particular actors. We have to think about different ways of living for artists beyond an exhibition here and there. How to provide continuity for their production?

EH & CR: Some independent art spaces have taken part in financing artists and promoting art production, an endeavor that government institutions haven't covered in the past few years. What's your perspective on independent art spaces in Central America and their impact outside the institutional frame? And how do you perceive Despacio's work in this context?

PLB: This is precisely what we've been talking about—independent art spaces such as Ultravioleta in Guatemala. They started as an artists' space, but then went out commercially, participating in fairs, to provide outside visibility for Guatemalan artists. Despacio also began as a space of this sort, where Federico Herrero was trying to provide Costa

se convierta en ese centro de credibilidad y que da espacios para la región; es más, esa responsabilidad que tiene consigo misma y con los vecinos, ahí es donde creo que es importante la labor de ustedes, como Despacio, TEOR/éTica y el MADC, ahí es donde hay que reforzar el estímulo. Ahora, la pregunta es la falta de una –digamos- organización en Centroamérica que conecte.

Mucho se ha hecho a través de esas instituciones, la pregunta es cómo poder apoyar la labor que estos centros hacen y de ahí viene también la labor de la sociedad civil, o sea, que si hay una cierta economía en en Costa Rica, por qué muchas de estas personas de la sociedad civil no han apoyado la causa; quizá es también esa la razón por la que la institución después de estos 10 años deja de existir. Es decir, cómo lograr un compromiso de la sociedad civil de conocer la importancia de los espacios de creación de pensamiento libre y crítico pero también de esto que hablamos: de la responsabilidad con el resto de la región como centro donde confluyen todas esas fuerzas y lugar para dar visibilidad para el exterior, por qué es que no ha surgido en Costa Rica también una galería que potencie estas fuerzas, que pueda mostrar a los artistas que vienen de una serie de posibilidades internacionales, una labor que por ejemplo se ha dado con Proyectos Ultravioleta. Entonces, por ejemplo, si pensamos que los diferentes actores del mundo del arte son como engranajes que contribuyen a formar un ecosistema, un elemento que ha faltado es ese y no por decir que el mercado ha estado mal pero, bueno, hay que pensar cómo es que los artistas de la región van a vivir y continuar su trabajo más allá de hacer una exposición.

EH & CR: Algunos espacios de arte independientes han asumido roles que

Rican artists with a platform in which they could design, experiment, and start conversations with international voices. We can also mention other examples of the type, such as Simón Vega in El Salvador, who's developing an art residency called Art&Surf, where he invites artists to coexist and converse with the coast as they develop their artwork; much of their work has been murals, which in various ways spark a public conversation. The Tunca Foundation, created by the artist Camila Sol, invites artists to develop projects in residency programs in El Salvador. The Fire Theory started as an arts collaborative aiming to give visibility to a whole generation of artists. Honduras and Panama have their own groups of organized artists. La Espora in Nicaragua is more concerned with artistic education, and Malagana is a group of artists who organize exhibitions with Nicaraguan artists.

The reality points to a lack of government and individual support. Most of the efforts previously mentioned have been looking for ways of opening spaces where artists can show their work and create some sort of dialogue with their own contexts as well as internationally. The question is how to continue to propel this movement or find different means of support for the new generation of artists, especially now that Despacio is not going to be around. We should definitely celebrate the work Federico has carried out in Costa Rica, as well as the connection with its immediate context, Central America, and globally. We hope this is a partial withdrawal, which will maybe allow him to take a step back and rethink different ways he can support the Costa Rican art scene.

One thing we haven't yet mentioned is Despacio's name, which is rather interesting. When Despacio started it didn't even have a name, it was a bunch of dots

van desde la producción y financiamiento para artistas que las instituciones gubernamentales no han cubierto en los últimos años. ¿Cómo ve el panorama de los espacios de arte independientes en Centroamérica y su impacto como espacios de arte desarrollándose fuera de la Institución? ¿En ese contexto, cómo observa la labor de Despacio?

PLB: Bueno, es de lo que estábamos hablando, de los espacios de arte independiente, Ultravioleta en Guatemala que empezó como un espacio de artistas, pero que buscó la salida comercial, participar en ferias, dar visibilidad a los artistas de Guatemala afuera. Despacio también empezó como un espacio de Federico Herrero que buscó que los artistas de Costa Rica pudieran tener un espacio donde diseñar, donde experimentar y donde tener ciertos diálogos internacionales. Si piensas en El Salvador, Simón Vega está desarrollando una residencia Arte & Surf donde invita a artistas a dialogar con la costa y a hacer obras de arte, muchas veces murales que de alguna forma son un diálogo público. La Tunca Fundación de Camila Sol que empezó como artista preocupada por invitar a artistas a que hagan residencias y proyectos en El Salvador. The Fire Theory también empezó como un colaborativo de artistas buscando dar visibilidad a una generación y a un grupo de trabajo. Honduras tiene un grupo de artistas y en Panamá también, en Nicaragua recientemente La Espora que está preocupada por la educación y más reciente MALAGANA, un grupo de artistas que tiene un espacio donde hacen exposiciones y trabajan alrededor de artistas de Nicaragua.

La realidad es esa, que a falta de apoyos de gobierno y de individuos, gran parte de estos esfuerzos de artistas han buscado la manera de como crear espacios

written in some sort of Morse code. This had to do with this need to create a space, but one that corresponded with another conception of time, a space for production and for thought around the artistic work being produced. This is one of Despacio's biggest assets and contributions. How to imagine the creation of other spaces, in Costa Rica and Central America, also with notions of time for production that are quite different from the global market standards that worry you all so much?

There's a lot of concern around ways of connecting ourselves with the outside world or the international market, and I refer not only to the economic market, but also to the cultural market. Let's turn the question around and think about what it is about Costa Rica that enables us to think of artistic creation from another standpoint, a different notion of time, another temporality. Costa Rica has been as an oasis that allows artistic practices from the region to become visible regionally and internationally. That's a key contribution we should promote.

EH & CR: Do you have a notion or a concrete idea within your future plans for incorporating or promoting Costa Rican artistic production?

PLB: In my curatorial practice, I'm resistant to this idea of "national." I'm a little skeptical about national identity concepts. I do try, within my possible means, to incorporate and provide visibility to Central America, but I prefer to think of the whole region rather than one country. I also try to ensure a continuous flow between the different artistic scenes of Central America. The different exhibitions I've done over the past fifteen years have always tried to incorporate the work of Central American artists,

para exhibir y crear diálogos, con su contexto inmediato, pero también hacia afuera. Virginia fue una de esas artistas que creó TEOR/éTica con el mismo objetivo. Felizmente nos gustaría que el panorama fuera otro, pero no creo que vaya a cambiar, la pregunta es cómo seguir impulsando o cómo encontrar otras formas de apoyo sobre todo ahora con la muerte de Despacio. Por su labor en Costa Rica y esta conexión con su contexto inmediato –Centroamérica– y el contexto global, hay que celebrar el trabajo que hizo Federico Herrero, y esperar que esto no sea una retirada total, pensemos que quizás sea un espacio que le permita repensar cómo seguir apoyando la escena de arte costarricense de otra manera.

Algo que no se ha mencionado es que el nombre de Despacio es algo interesante, cuando empezó ni siquiera tenía nombre tal cual, tenía un nombre que eran unos puntos escritos como clave morse, ahí hay algo que tiene que ver con esa necesidad de crear un espacio pero de crear otro tiempo para la producción y otro tiempo de pensamiento para el arte que se está produciendo y creo que es algo súper importante; para mí es una de las grandes contribuciones que ha hecho Despacio, esta creación de un espacio con un tiempo diferente. Entonces, de qué manera se podría pensar desde Costa Rica y Centroamérica la creación de otros espacios y tiempo para la producción que no son aquellos del mercado global que tanto les preocupa a ustedes.

Hay mucha preocupación de cómo conectarnos con el mundo de afuera y con el mercado internacional, al mercado, y no solo me refiero a lo económico sino al mercado cultural, pero creo que también hay que volcar un poco la pregunta: ¿qué es lo que

understanding that this will also provide visibility to the different art scenes in the region.

Recently I was involved in a five-year project around Ernesto Cardenal, a Nicaraguan writer, artist, priest, and revolutionary who in the 1960s and 1970s created a utopic community that looked to change and transform reality through art, mostly painting, by means of a *modus vivendi*. The project ended with an exhibition at New York University, and another at the Museo Jumex in Mexico City.

This brings me to Mexico. A country like Mexico is highly responsible. They have a strong and potent art scene, and one can't help but question why they're not establishing wider connections with their neighboring countries to the south, for example Colombia. This is something we should be looking for—a way of establishing and stimulating broader connections instead of focusing on the big global metropolises. It's a dual effort, then: strengthening the art scenes from within and creating broader intra-regional connections.

EH & CR: After Despacio closes its doors, leaving behind an empty space for the artistic community, how do you think the artistic profession can be motivated to propel different modes of production and encourage careers? And how can cultural agents re-create similar spaces, facing the difficulties we previously mentioned concerning the lack of government, civic, and economic supports?

PLB: I think that's the big question you will have to answer. I hope the artistic and social community feels the absence of Despacio, such that they stop and think of other different possible spaces

tiene Costa Rica? Y entonces trabajar desde San José, un lugar que permite pensar la creación artística en otro tiempo y desde otra temporalidad. También, pensar en una de las contribuciones que se puede hacer desde Costa Rica a lo regional y lo internacional; si de alguna manera Costa Rica ha cumplido esa función para el resto de la región, es esta especie de oasis que permite visibilizar el resto las prácticas artísticas de la región, esa es la contribución que habría que potenciar.

EH & CR: ¿Tiene usted alguna noción o idea concreta en sus planes de trabajo a futuro de incorporar o impulsar la producción de los artistas costarricenses?

PLB: De nuevo acá diría que en las prácticas curatoriales intento no trabajar con esa idea de lo nacional, no me preocupa, soy un poco temeroso de conceptos de nacionalidad identitaria, sí intento trabajar y dar visibilidad e incorporar en lo posible a Centroamérica, que prefiero pensar como una región más amplia que pensar específicamente en un país. Pero a la vez intento mantener un flujo continuo con las diferentes escenas artísticas de Centroamérica, creo que en diferentes expos que he hecho en más de 15 años siempre he intentado, dentro de lo posible, incorporar el trabajo de artistas centroamericanos, sabiendo que eso de alguna manera va a dar visibilidad a las diferentes escenas de la región.

Más recientemente, el último proyecto que hice estaba enfocado específicamente en un momento histórico de Nicaragua, tenía que ver con el proyecto artístico político de Ernesto Cardenal, escritor, artista, padre, revolucionario, que, en la década del sesenta y setenta, desde Nicaragua creó una comunidad utópica pero una comunidad también práctica que a través del arte -y

that could emerge, as well as cultural agents who could support these new creations.

Another great absence in the Costa Rican and Central American scene has to do with the lack of curators. One of the most important commitments should be the creation and cultivation of a whole new generation of curators who could provide visibility to artists in Central America and abroad. Curators establish conversations with artists, and in this way are able to start a dialogue between the artists and society. We have a few important voices here, and we must find ways of supporting and amplifying them, so they can continue to provide visibility.

This is somewhat similar to what we mentioned about the role of local artists. We haven't had a new generation of curators continue the work that Virginia was carrying out, supporting new generations of artists. This concerns me, and we should all be thinking about where to find the necessary support and allies. We have a lot of artistic potential in the region.

If we can mention one thing that *hasn't* failed within this ecosystem or apparatus, it's precisely the artists. They're the ones who continue producing and working, and even sometimes covering this institutional deficiency we've mentioned. We need to involve other actors of society in this matter.

sobretodo de la pintura- buscó cómo transformar la realidad, cómo crear un modus vivendi, fue un proyecto al que estuve dedicado casi 5 años o más, y que culminó con una exposición que sucedió en New York NYU, luego estuvo en el museo Jumex.

Es interesante porque México tiene mucha responsabilidad, es una escena de arte fuerte y potente al mirar a sus vecinos inmediatos del sur, ahí habría que preguntar por qué no están sucediendo conexiones entre México y Colombia, por qué no han sabido relacionarse bien con sus vecinos inmediatos, y creo que es algo que habrá que buscar también, cómo estimular esas conexiones, no solo estar enfocado en la atención de estas metrópolis, sino también cómo fortalecer desde dentro las propias escenas, es una labor doble.

EH & CR: Luego de que Despacio cierre sus puertas dejando un visible espacio vacío en la comunidad artística, ¿de qué manera se puede estimular el gremio artístico para buscar y encontrar distintas formas desde su producción artística e impulsar sus carreras, y en el caso de los y las gestoras culturales cómo formar espacios similares, asumiendo la gran problemática de la falta de apoyo artístico y económico?

PLB: Creo que esa es la gran pregunta que les va a quedar a ustedes en Costa Rica y espero que la sociedad y la comunidad artística sientan la ausencia de Despacio para que luego se piense en qué otros modelos de espacio se pueden crear o puedan surgir desde la escena artística.

Otra cosa que ha faltado tanto en la escena de Costa Rica como en el resto de Centroamérica tiene que ver en la falta de curadores en la región, esa es

una de las grandes tareas: cómo formar una nueva generación de curadores que den visibilidad a los artistas, con estas conexiones tanto en Centroamérica como afuera y que sirvan con esa labor que dialogue con los artistas. Si ves, son muy pocos los curadores que han surgido en la región, hay algunas voces, sería bueno que se encontraran maneras de apoyarlas para poder seguir realizando estos trabajos.

No solo es cómo dar visibilidad a las prácticas artísticas, sino cómo crear este micro sistema, un poco lo que hablábamos de los engranajes que ha sido la figura de los artistas locales, no ha habido una nueva generación que tome y potencie y que siga haciendo la labor que Virginia hizo.

Sí que hay algo grave y se debe pensar cómo hacer que eso suceda desde dentro y dónde encontrar los apoyos y aliados para que esto se pueda hacer, yo creo que hay mucho potencial en los artistas de la región centroamericana, algo que no ha fallado en ese ecosistema son los artistas, son los que sigue produciendo y trabajando y muchas veces supliendo aquellas carencias institucionales que mencioné antes, es necesario que otros actores de la sociedad puedan involucrarse.

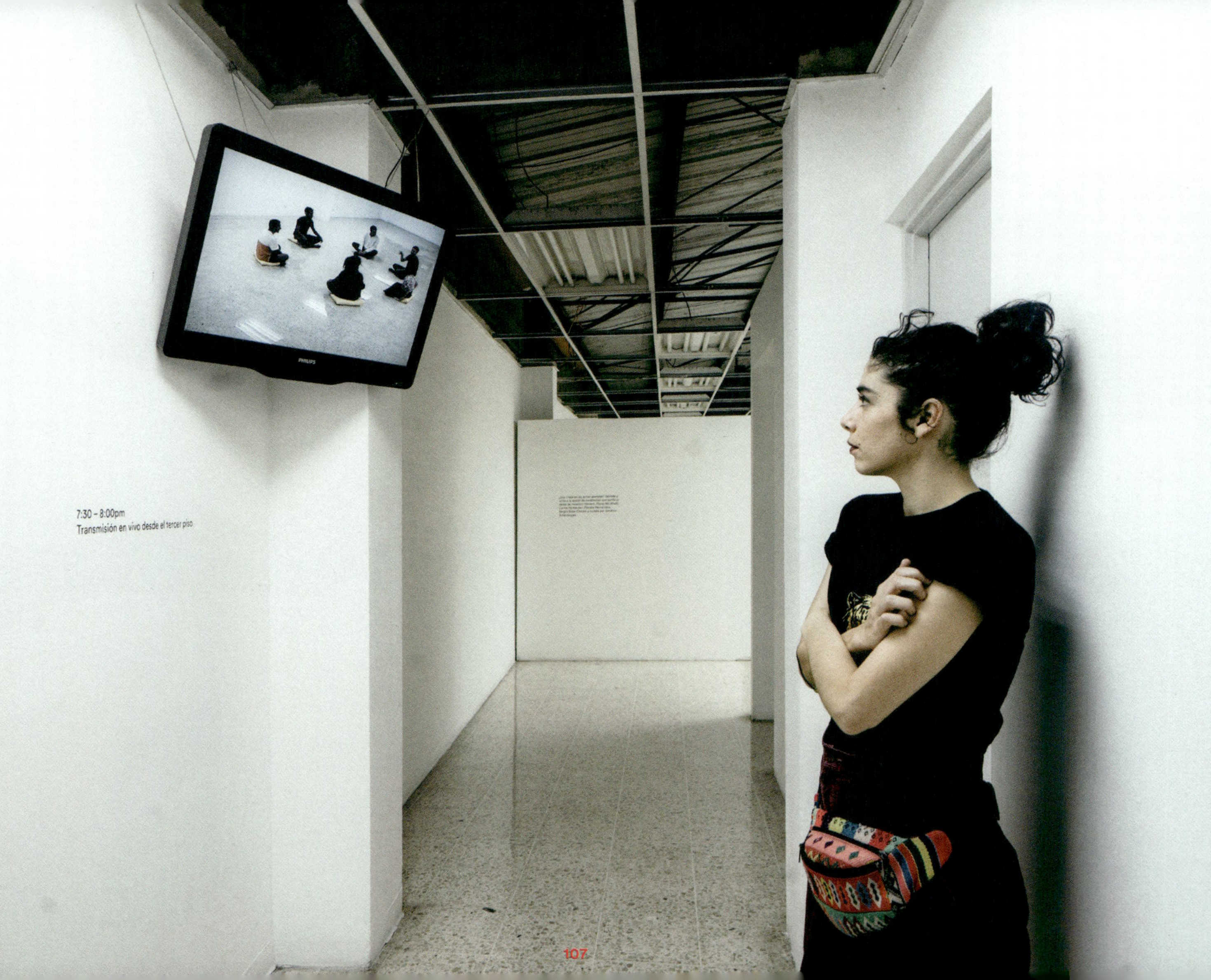

7:30 – 8:00pm
Transmisión en vivo desde el tercer piso

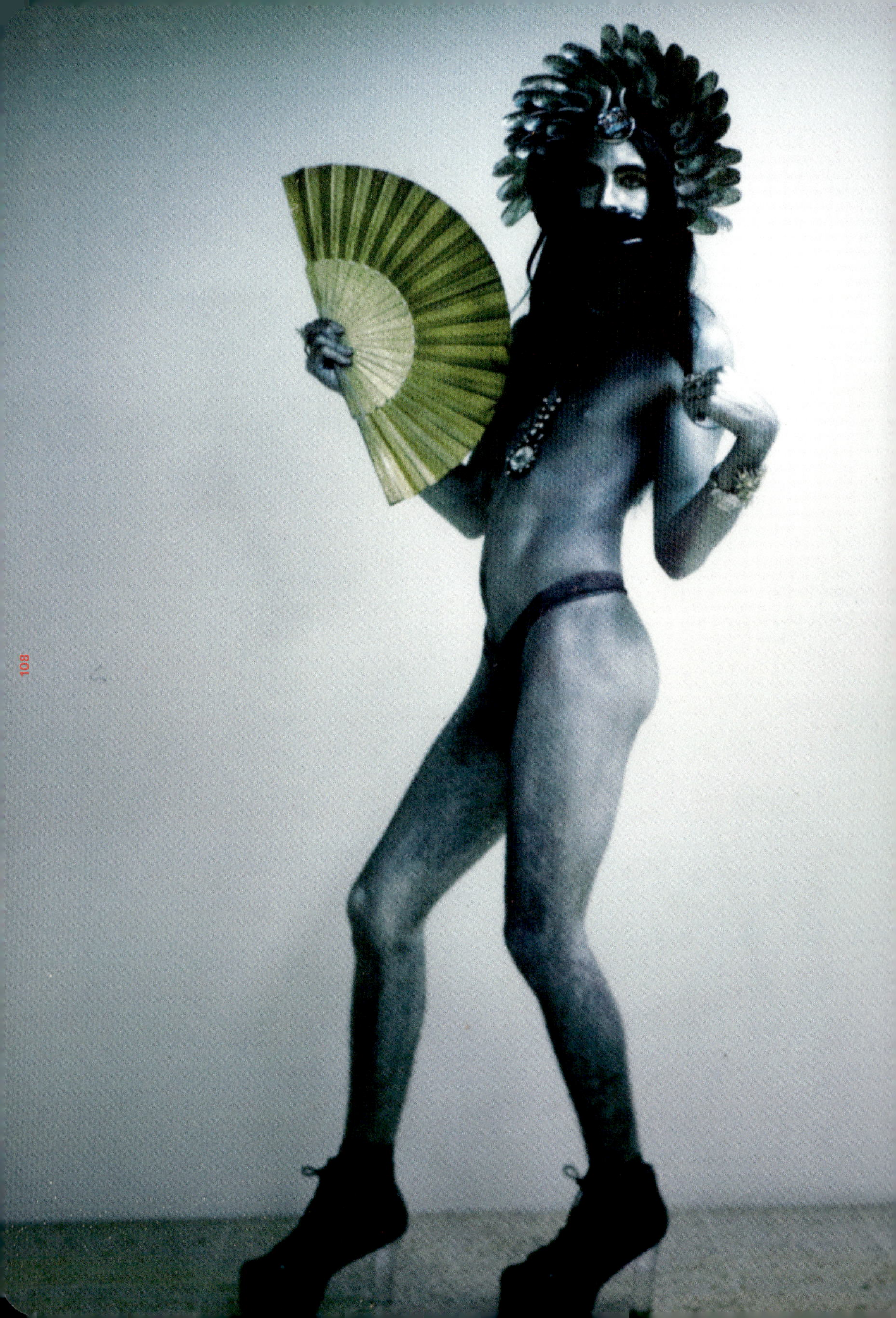

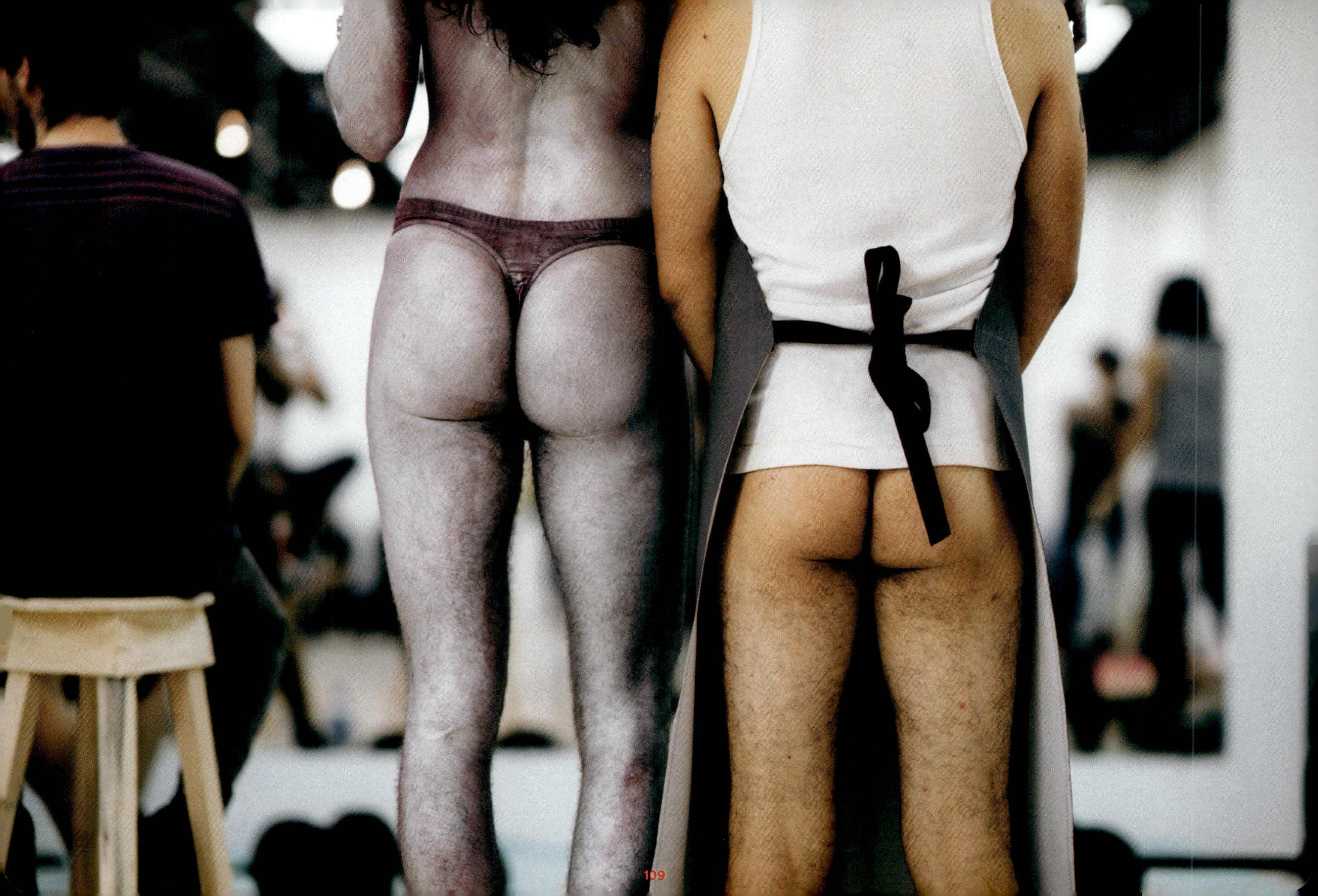

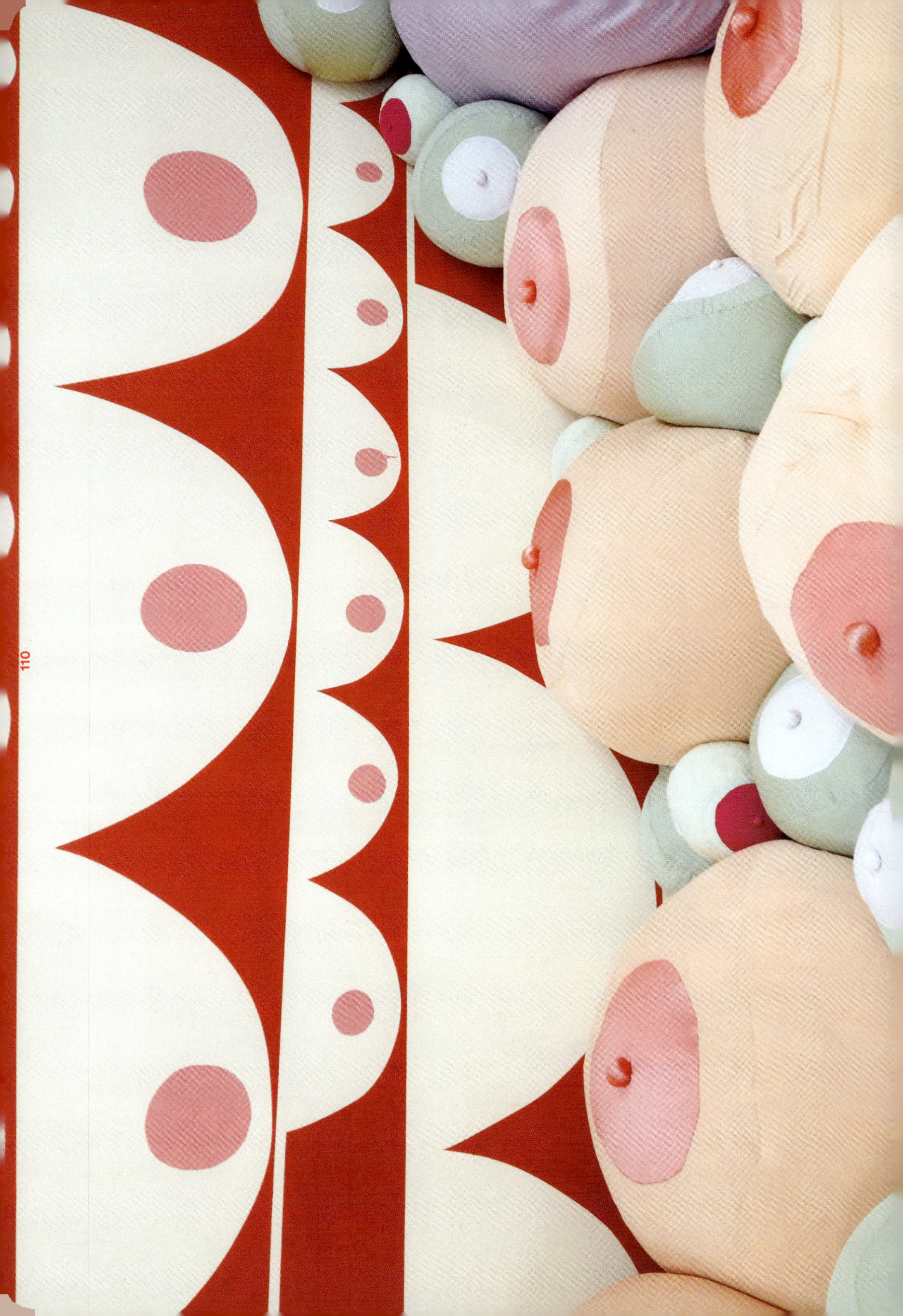

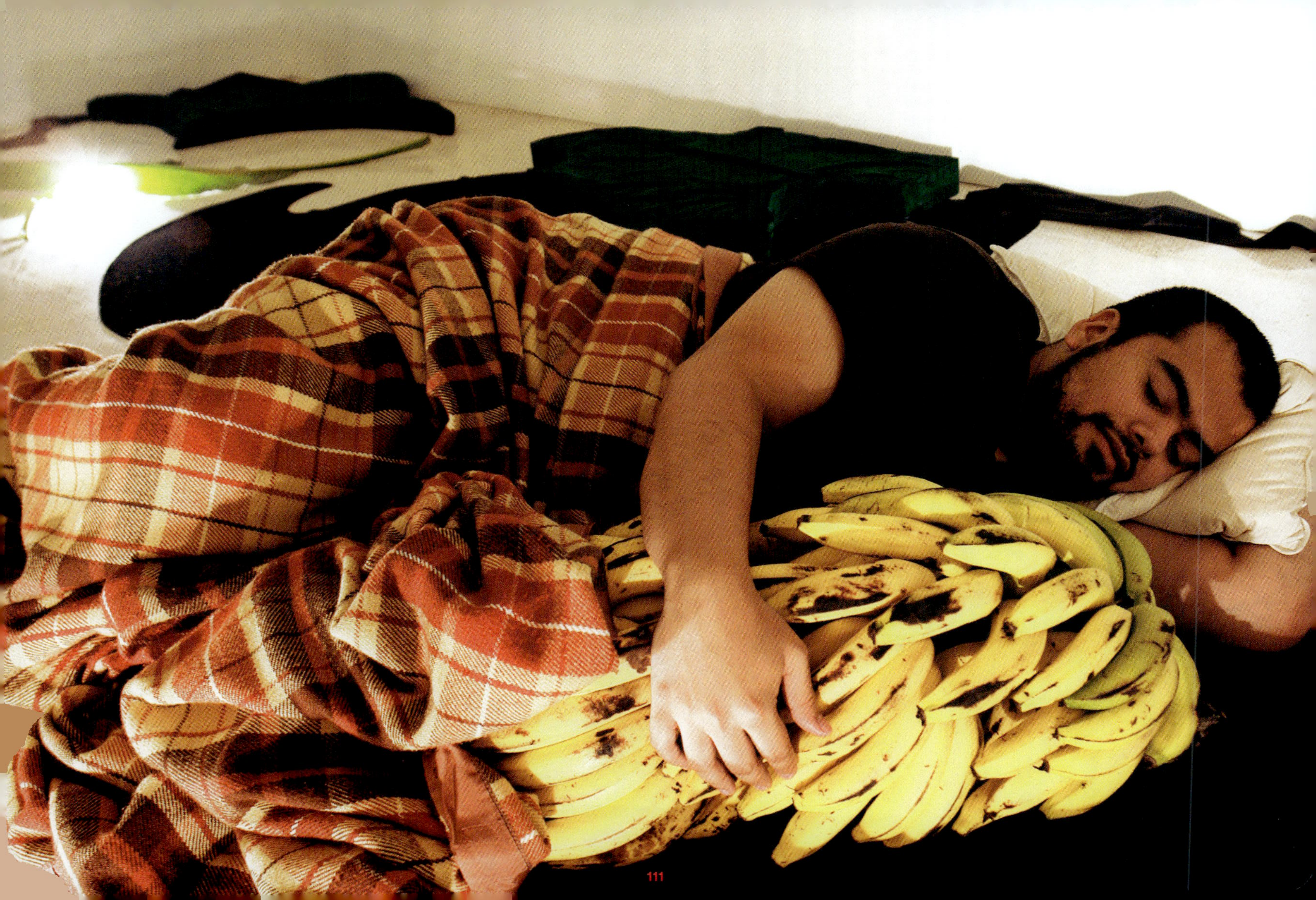

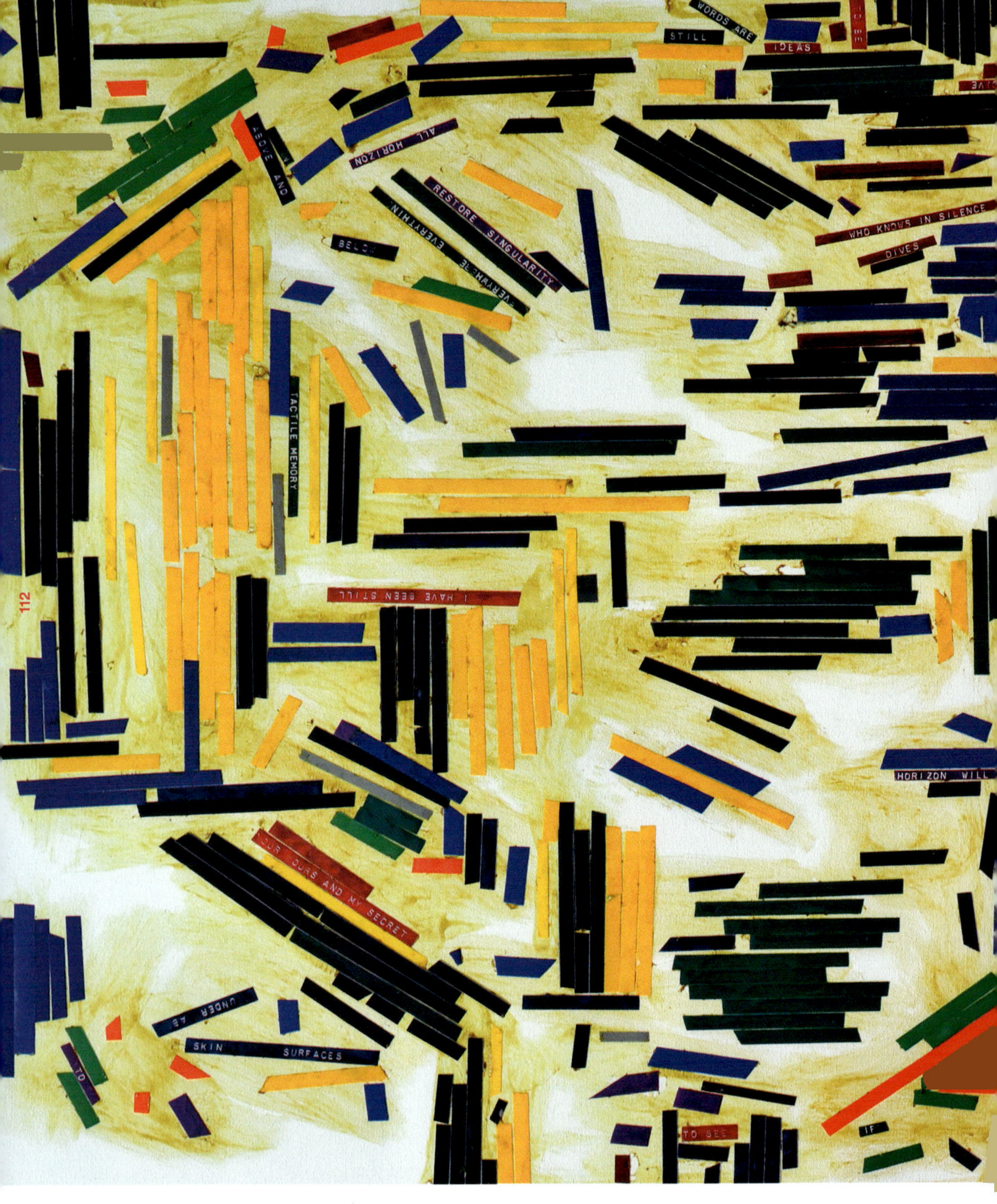

WORDS ARE
STILL
IDEAS
ALL HORIZON
ABOVE AND
RESTORE SINGULARITY
EVERYTHING EVERYWHERE
BELOW
WHO KNOWS IN SILENCE
DIVES
TACTILE MEMORY
I HAVE BEEN STILL
OUR OURS AND MY SECRET
HORIZON WILL
UNDER AS
SKIN SURFACES
TO
TO SEE
IF

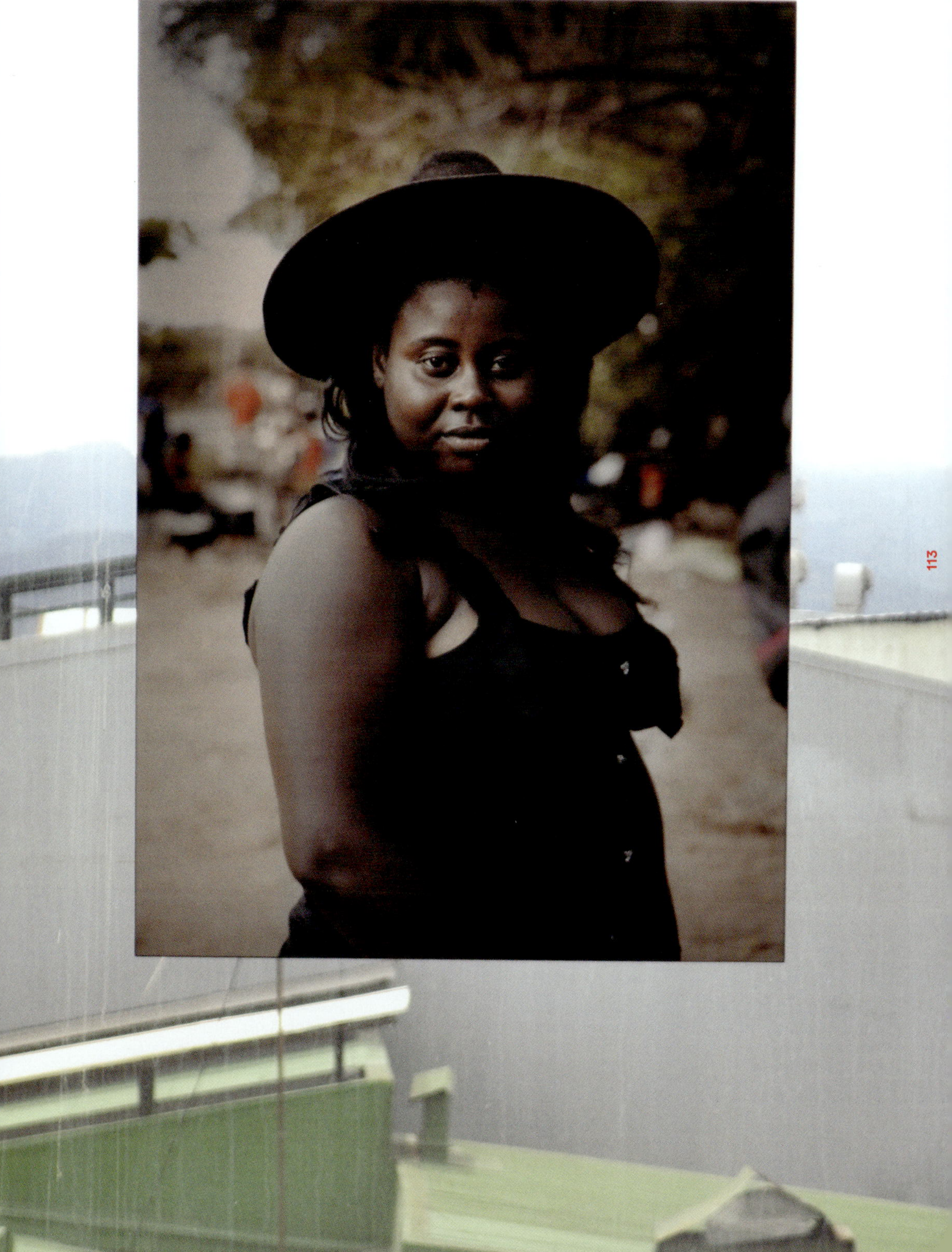

Artists/Artistas	born in/nacido en	works and lives/vive y trabaja en
A		
Verónica Alfaro	1993, San José, Costa Rica	San José, Costa Rica
Jonathan Alfaro Alfaro	1983, San José, Costa Rica	San José, Costa Rica
Marcela Araya	1985, San José, Costa Rica	San José, Costa Rica
Marco E. Arce	1981, San José, Costa Rica	San José, Costa Rica
Diego Arias	1988, San José Costa Rica	Amsterdam, Netherlands/Holanda
Adriana Arroyo	1981, San José, Costa Rica	Berlin/Berlín & Londres/Londres
Ayami Awazuhara	1985, Osaka, Japan/Japón	Berlin/Berlín, Germany/Alemania
B		
Alejandro Bonilla	1992, San José, Costa Rica	San José, Costa Rica
Héctor Búrke	1955, San José, Costa Rica	San José, Costa Rica
C		
Javier Calvo	1981, San José, Costa Rica	San José, Costa Rica
Fabiola Carranza	1983, San José, Costa Rica	San Diego, USA
Eder Castillo	1977, Ciudad de México/Mexico City, México	Mexico City/Ciudad de México, México
Julian Charrière	1987, Morges, Switzerland/Suiza	Berlin/Berlín, Germany/Alemania
Stephanie Chaves	1990, San José, Costa Rica	San José, Costa Rica
Pablo Cianca	1994, San José, Costa Rica	San José, Costa Rica
Rocío Con	1978, San José, Costa Rica	San José, Costa Rica
Donna Conlon	1966, Georgia, USA	Panama City/Ciudad de Panamá
& Jonathan Harker	1975, Ecuador	Panama City/Ciudad de Panamá
Kenneth Coronado	1991, San José, Costa Rica	San José, Costa Rica
Sussan Corrales	1991, Grecia, Costa Rica	Grecia, Costa Rica
F		
Carlos Fernández	1986, San José, Costa Rica	San José, Costa Rica
Óscar Figueroa	1986, San José, Costa Rica	Heredia, Costa Rica
Frederico Filippi	1983, São Carlos, Brasil	São Paulo, Brasil
G		
Julian Gallese	1992, San José, Costa Rica	San José, Costa Rica & Toronto
Thomas Geiger	1983, Loerrach, Germany/Alemania	Vienna/Viena, Austria
Priscila Gómez	1990, San José, Costa Rica	San José, Costa Rica
Andrés Gudiño	1989, San José, Costa Rica	San José, Costa Rica
Orlando Guier	1981, San José, Costa Rica	San José, Costa Rica
H		
Francisco Herrero	1953, San José, Costa Rica	San José, Costa Rica
Mimian Hsu	1980, San José, Costa Rica	San José, Costa Rica
J		
Miguel Jara	1983, Bogotá, Colombia	Bogotá, Colombia
Vinicio Jiménez	1982, San José, Costa Rica	San José, Costa Rica
Aimee Joaristi	1957, Cuba	San José, Costa Rica
María José Gavilán	1981, San José, Costa Rica	San José, Costa Rica
Florence Jung	1988, Cayenne, France/Francia	Amsterdam, Netherlands/Holanda
K		
San Keller	1971, Zurich, Switzerland/Suiza	Zurich, Switzerland/Suiza
L		
Nick Laessing	1973, London/Londres	Berlin/Berlín & London/Londres
Catalina León	1981, Buenos Aires, Argentina	Buenos Aires, Argentina
Erina Libertad	1986, San José, Costa Rica	San José, Costa Rica
Aníbal López	1964–2014, Guatemala City/Ciudad de Guatemala	

M

Lucía Madriz	1973, San José, Costa Rica	Ettlingen, Germany/Alemania
Priscilla Monge	1968, San José, Costa Rica	San José, Costa Rica
Thomas Moor	1988, Zurich, Switzerland/Suiza	Geneva, Switzerland/Ginebra, Suiza
Eric Mora Cole	1970, San José, Costa Rica	San José, Costa Rica

P

Allegra Pacheco	1986, San José, Costa Rica	San José, Costa Rica
Jenifer Papararo	1966, Chelmsford, UK/GB	Winnipeg, Canada
Yamil de la Paz	1978, San José, Costa Rica	San José, Costa Rica
Virginia Pérez-Ratton	1950–2010, San José, Costa Rica	
Esteban Piedra	1978, San José, Costa Rica	San José, Costa Rica
Paula Piedra	1976, San José, Costa Rica	San José, Costa Rica
Ángel Poyón	1976, Comalapa, Guatemala	Comalapa, Guatemala

R

Alejandro Ramírez	1978, San José, Costa Rica	San José, Costa Rica
Cristina Ramírez	1986, San José, Costa Rica	San José, Costa Rica
Naufus Ramírez Figueroa	1978, Guatemala City/Ciudad de Guatemala	Berlin/Berlín & Guatemala City/Ciudad de Guatemala
Alejandra Ramírez León	1994, Cartago, Costa Rica	Cartago, Costa Rica
Andy Retana	1990, San José, Costa Rica	San José, Costa Rica
Abigail Reyes	1984, San Salvador, El Salvador	La Libertad, El Salvador
Maya Rochat	1985, Morges, Switzerland/Suiza	Lausanne/Lausana, Switzerland/Suiza
Sergio Rojas Chaves	1992, Venezuela	San José, Costa Rica

S

Christian Salablanca	1990, San José, Costa Rica	San José, Costa Rica
Ernesto Salmerón	1977, Managua, Nicaragua	Managua, Nicaragua
Flavia Sánchez	1986, Heredia, Costa Rica	Heredia, Costa Rica
Johanna Schaible	1984, Bern, Switzerland/Suiza	Bern, Switzerland/Suiza
Cinthya Soto	1969, San José, Costa Rica	San José, Costa Rica
Konstantina Stamatiadis	1989, San José, Costa Rica	San José, Costa Rica
Urs August Steiner	1980, Zurich, Switzerland/Suiza	Zurich, Switzerland/Suiza

T

Angélica Teuta	1985, Medellín, Colombia	New York, USA
Guillermo Tovar	1977, San José, Costa Rica	San José, Costa Rica
Charwei Tsai	1980, Taipei, Taiwan	Taipei, Taiwan

U

Paz Ulloa	1986, San José, Costa Rica	San José, Costa Rica
Dino Urpí	1990, San José, Costa Rica	San José, Costa Rica

V

Alessandro Valerio	1992, San José, Costa Rica	Heredia & San José, Costa Rica
Eric van Hove	1978, Algeria/Argelia	Morocco/Marruecos
Guillermo Vargas Jiménez (Habacuc)	1975, San José, Costa Rica	San José, Costa Rica

W

Marlena Waldthausen	1987, Stuttgart, Germany/Alemania	Amsterdam, Netherlands/Holanda
Stephanie Williams	1987, San José, Costa Rica	San José, Costa Rica

Y

Yuli Yamagata	1989, São Paulo, Brasil	São Paulo, Brasil
Ivanna Yujimets	1993, Kiev, Ukraine/Ukrania	San José, Costa Rica

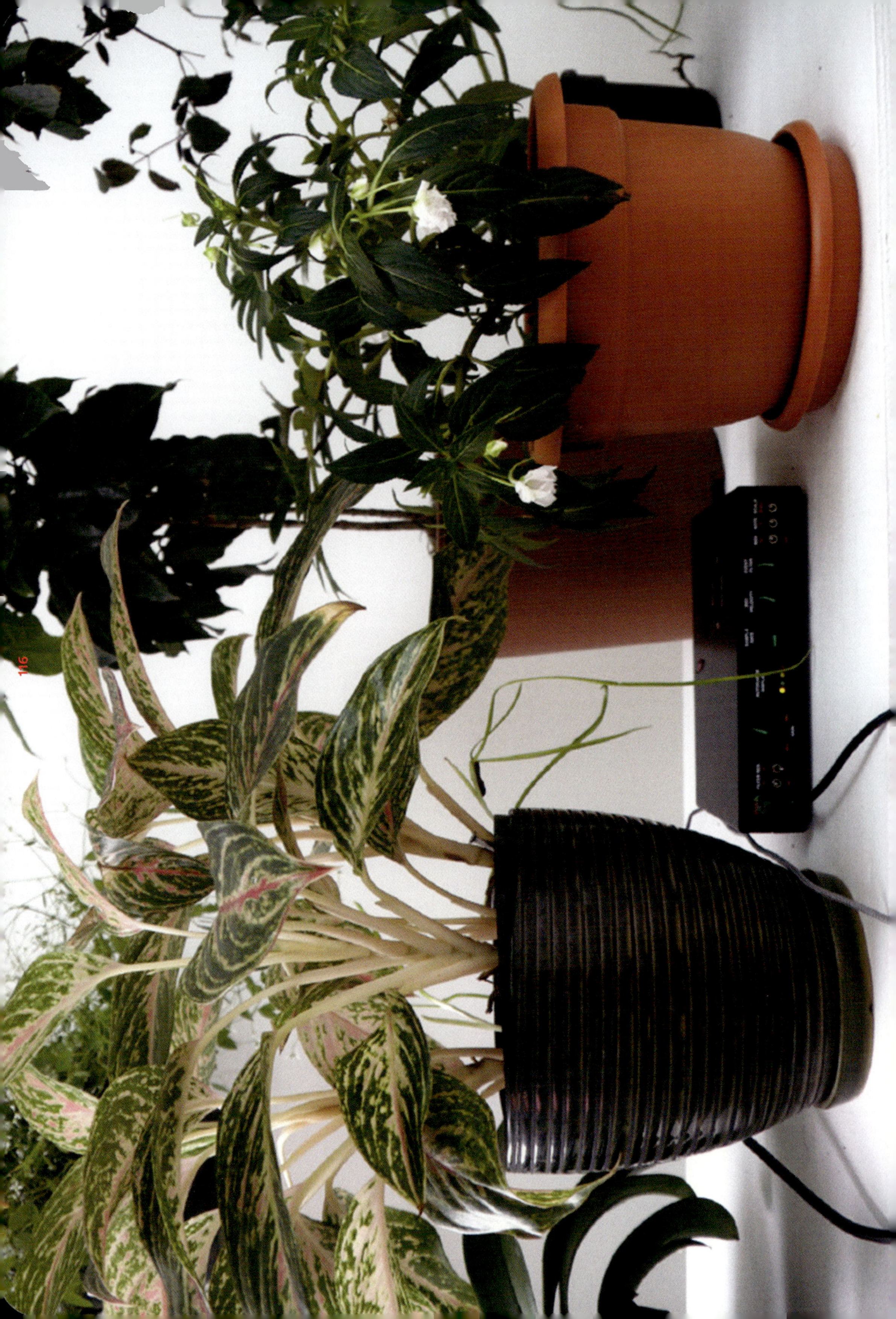

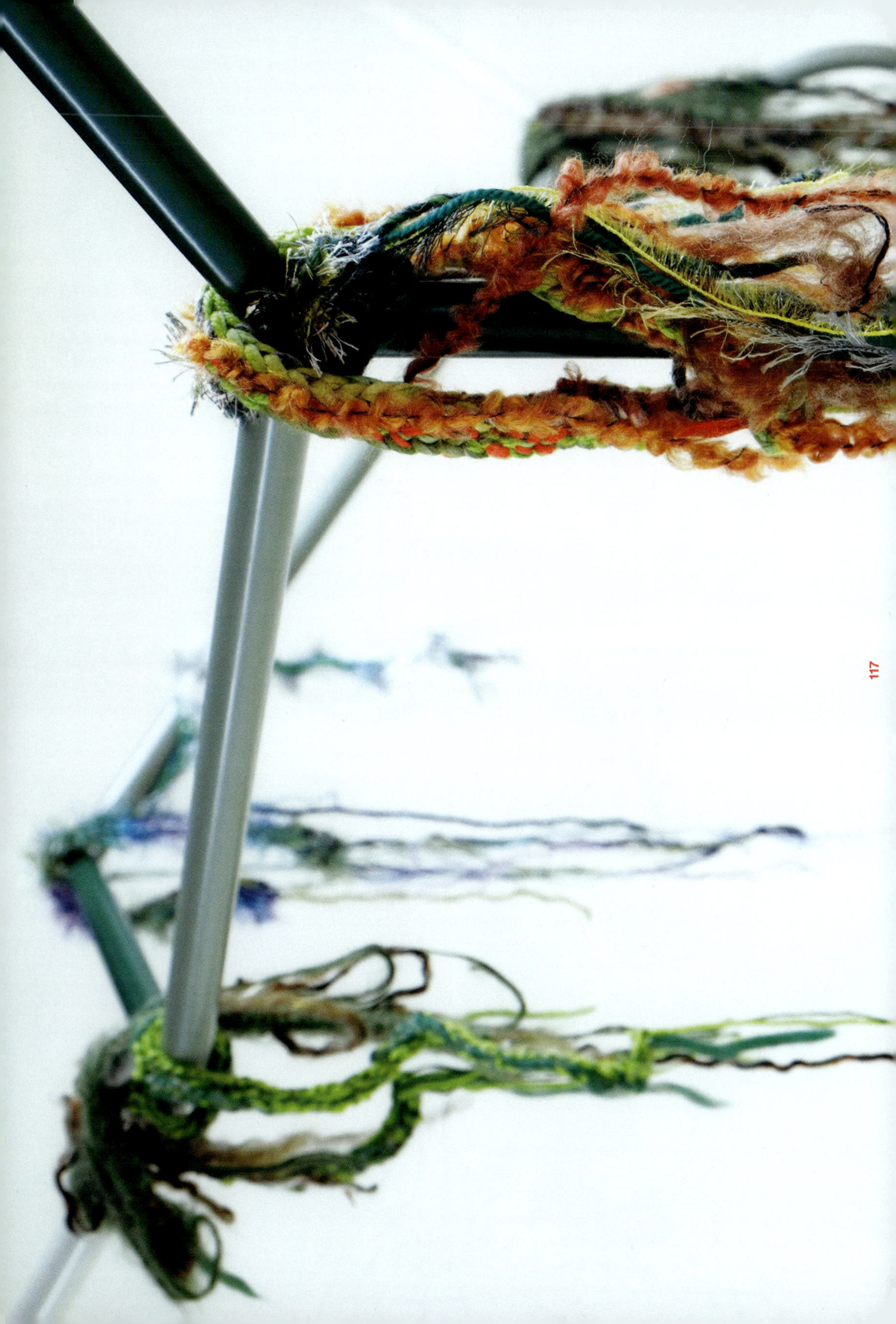

Paseos de 5 minutos

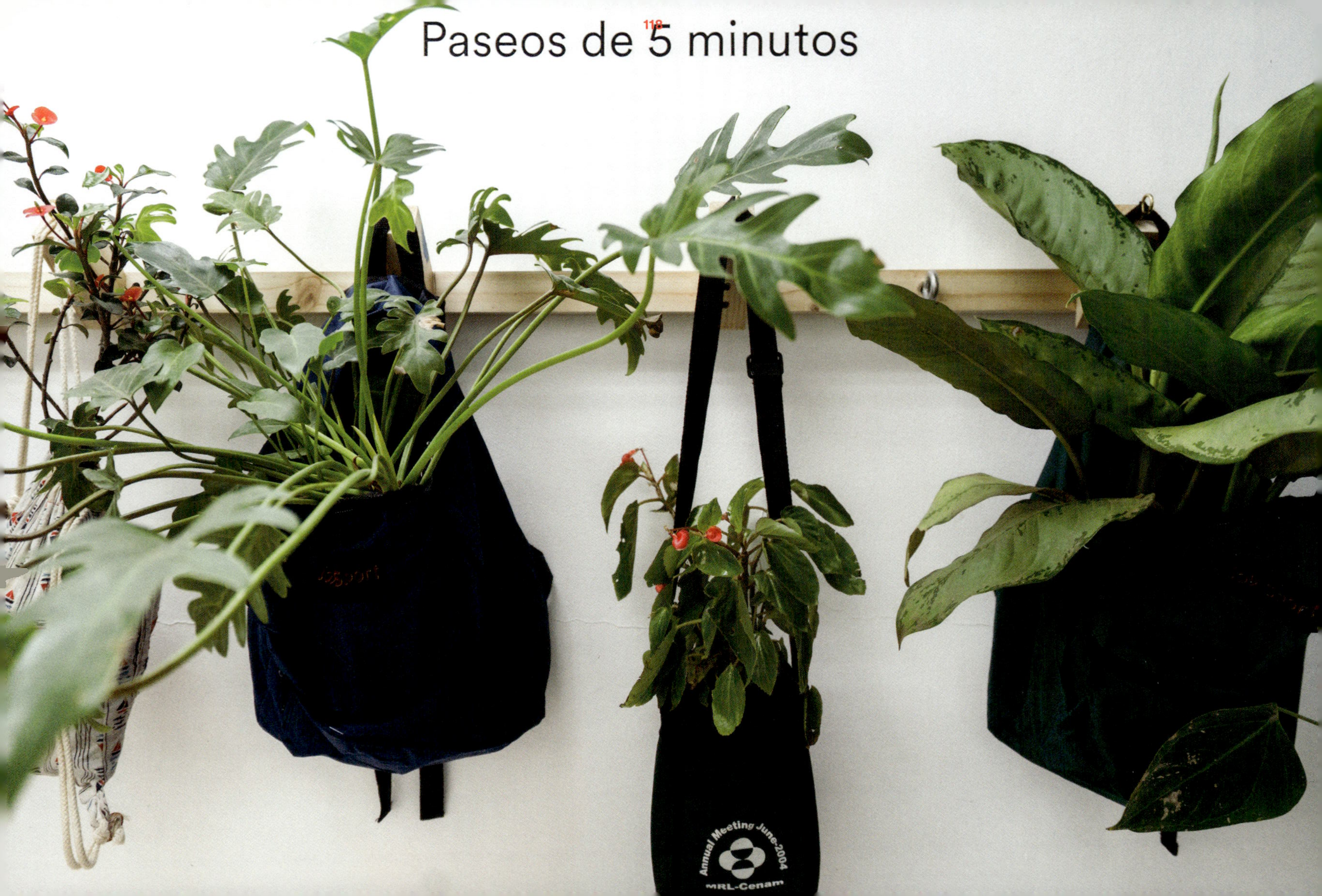

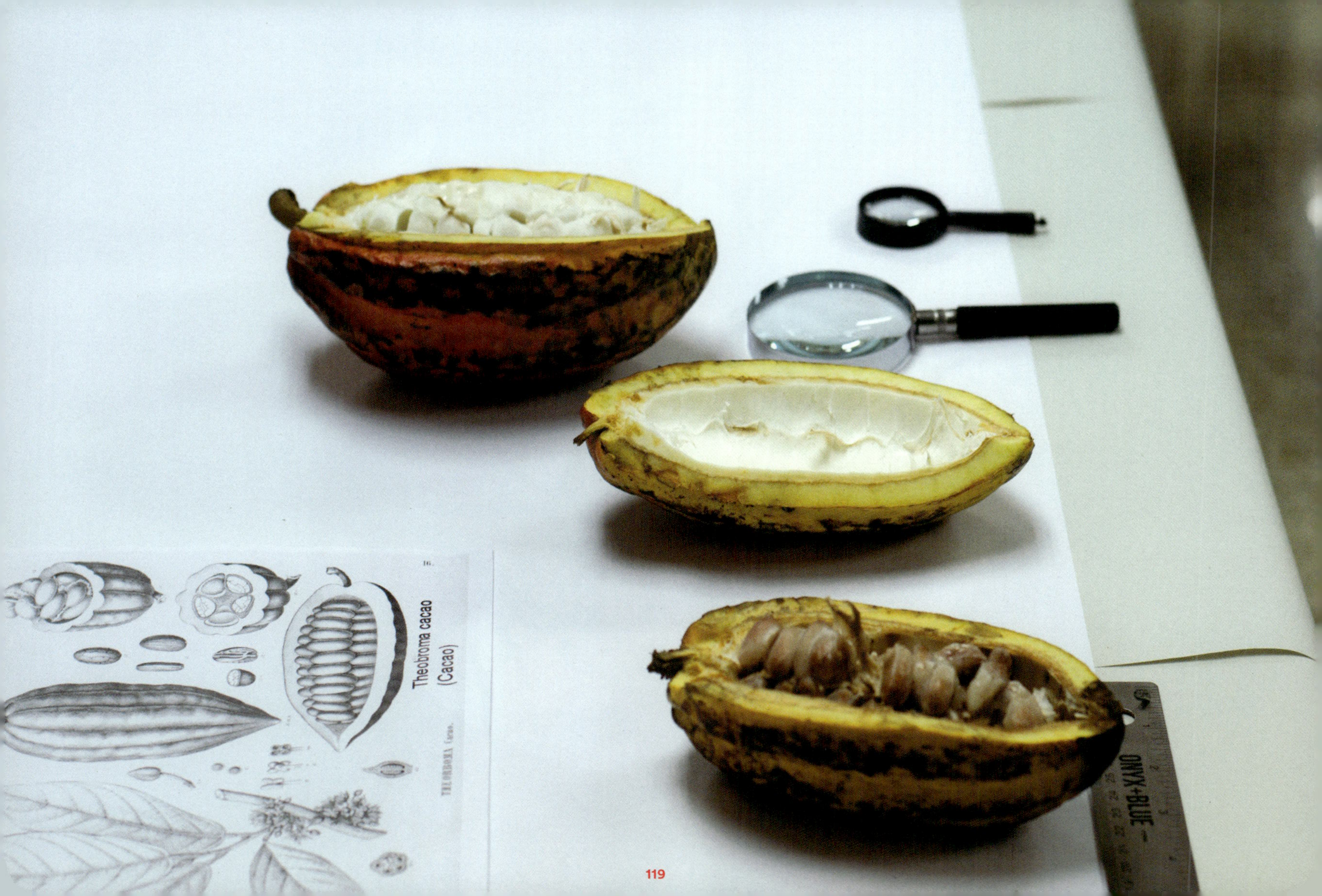
Theobroma cacao
(Cacao)

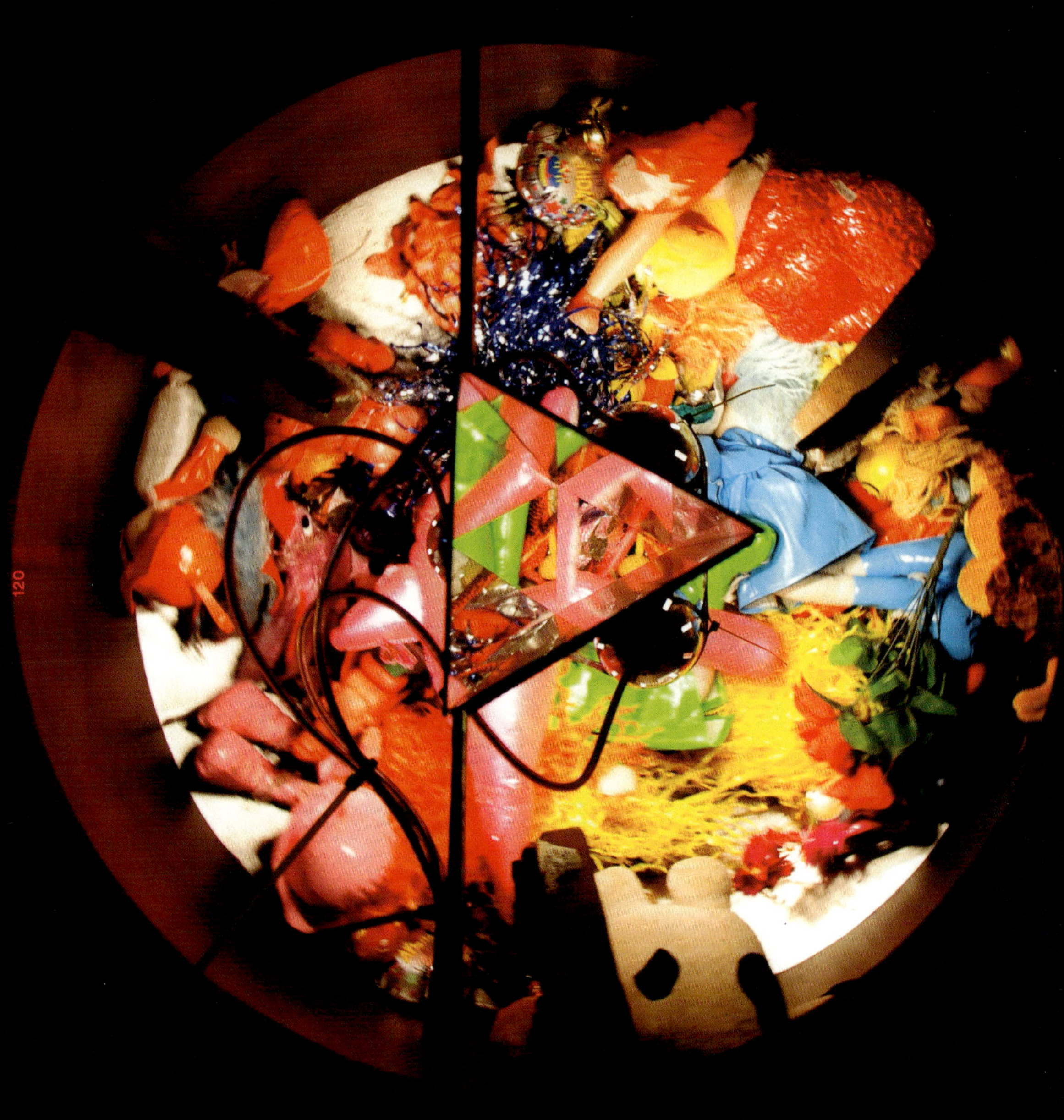

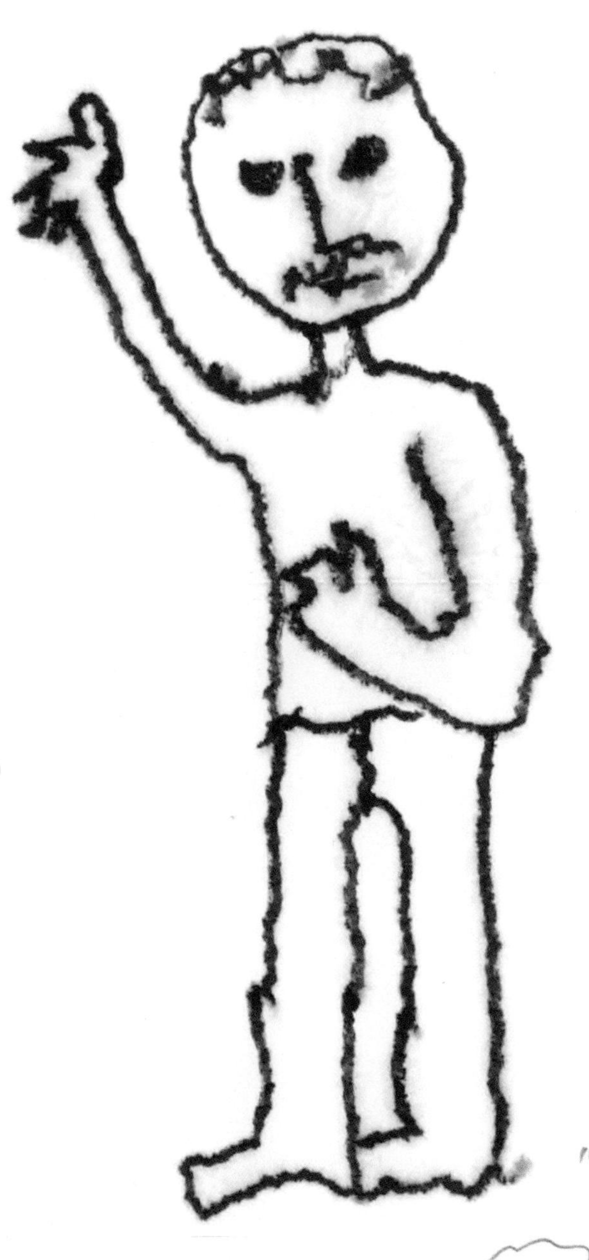

"Hola"

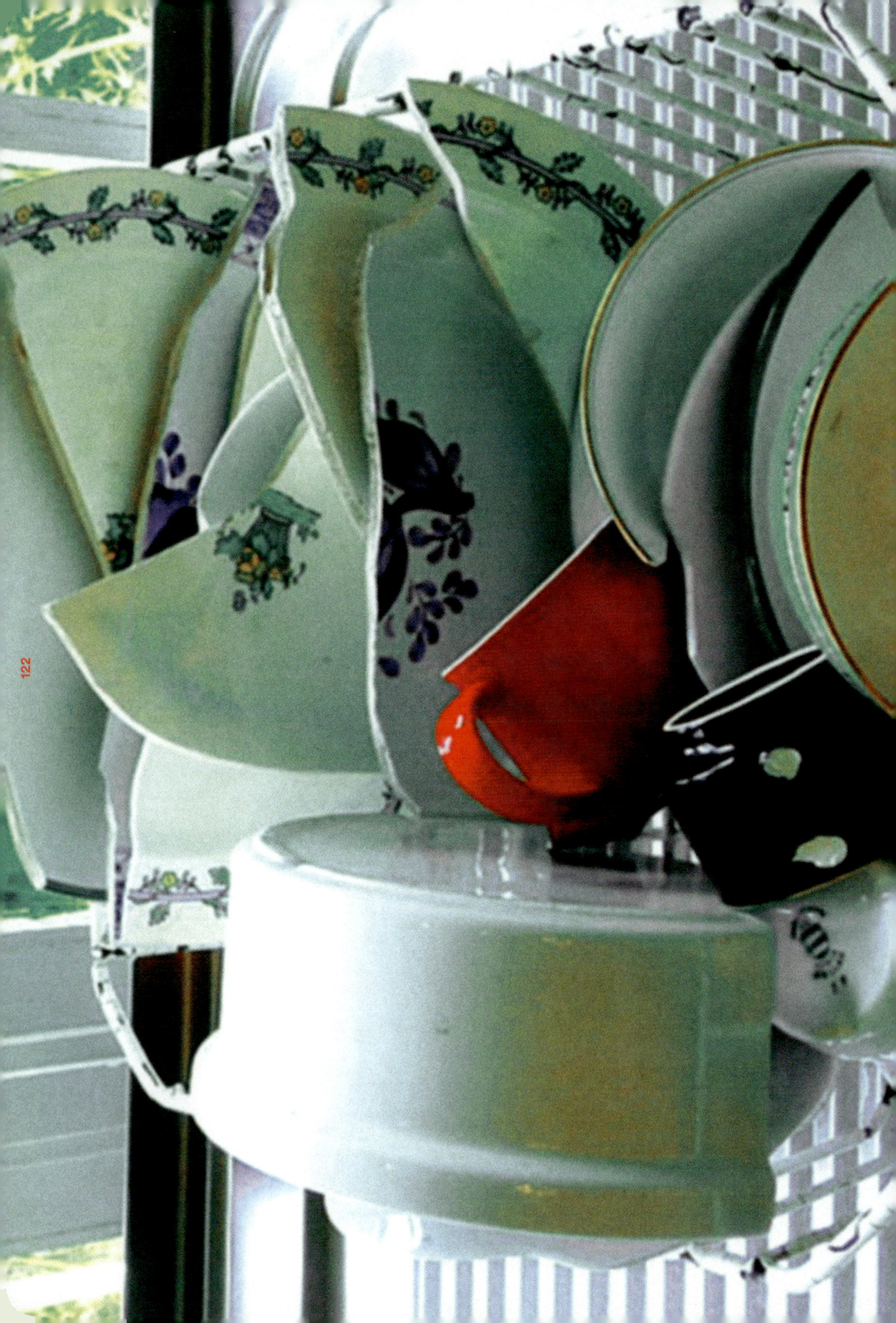

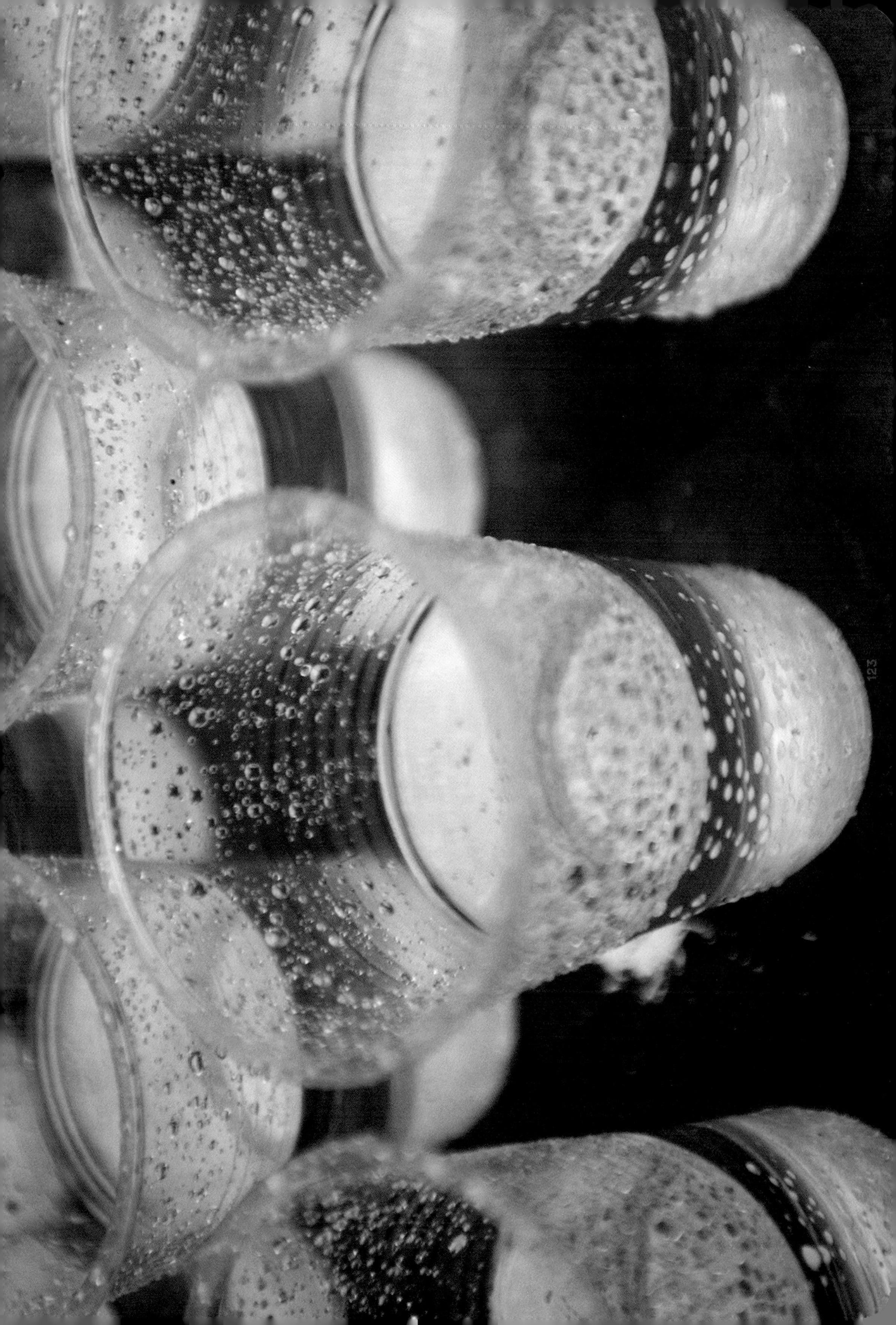

*No One Belongs
Here More Than
You (Nadie
pertenece aquí
tanto como vos)*
03 03 2016

Works by the forty artists playfully interpret moments in time. Sometimes they focus on the absence of something during a significant moment; other times they suggest that the moment is indicative of something greater. In varied ways, each artist activates the viewer's imagination by breathing new life into a handful of moments that will continue to inform what happens next. Ultimately, we interpret and revisit artworks in the context of time, reminding us that great works of art are living things and exceptionally timeless.

Todos los trabajos expuestos en *Nadie pertenece aquí tanto como vos* interpretaban momentos en el tiempo de forma lúdica. Algunos se enfocaban en la ausencia de cierto elemento durante ese preciso instante y, otros, sugerían que el momento era un indicativo de algo mayor. Más allá de las diferencias, el trabajo de cada artista activaba la imaginación del espectador e intentaba explorar el arte dentro del contexto temporal, recordándonos que las grandes obras de arte son cosas vivas y excepcionalmente carentes de tiempo.

*First Day of Good
Weather*
Sies + Höke Gallery
13 01 2017

Art history rarely moves in a straight line. Now more than ever, when it comes to a collective notion of Latin American art, there are as many ways to approach it as there are to traverse its nineteen countries and territories. Steering clear of a generalized survey of the region, we chose a more personal path by compiling works from Latin American artists who inspired us throughout our journey over the last decade, bringing to the fore works, artists, and conversations that we couldn't possibly forget.

La historia del arte pocas veces avanza en línea recta. Ahora más que nunca, al hablar de una noción colectiva de arte de América Latina, hay tantos caminos para abordar el tema como los hay para recorrer sus diecinueve países y territorios. Apartándonos de una visión generalizada de la región, escogimos un camino más personal al reunir obras de artistas latinoamericanos que nos inspiraron en nuestra travesía por la última década, poniendo en primer plano las obras, artistas y conversaciones que jamás podríamos olvidar.

*Naked Fish Festival
(Festival del
pescado desnudo)*
23 04 2017

Pablo Marcus Bien
Javier Calvo
Charly
Oscar Ruiz Schmidt
Señorita Abril
Sin Vergüenza
Dino Urpí

The award-winning fishmonger peddles fish during the day and tours as a drag queen through the French capital's underground scene at night. Charly crossed the Atlantic to take part in the Despacio performance festival, uniting his many worlds: fresh fish, art performances, and queer appearances. From drag shows, musical contributions, and theatrical interventions to long-duration art performances—all will question the roles we tend to play in life, as well as those we tend to ignore. To transgress the rules of society and fashion is to give rise to inner creativity and break with conformity. Visitors bore witness to a real fish market, where they could buy fresh fish and see it prepared into meals on site.

El pescadero galardonado vende pescado durante el día y de noche se pasea como reina travesti por la escena nocturna de la capital francesa. Charly cruzó el Atlántico para participar en este performance en Despacio, donde unió sus diversos mundos: pescados frescos, performances de arte y presentaciones queer. Desde las presentaciones drag, las contribuciones musicales, las intervenciones teatrales, hasta los performances artísticos de larga duración, todos cuestionaron los roles que solemos jugar en la vida y aquellos que solemos ignorar. Al transgredir las reglas de la sociedad y de la moda se brinda vida a la creatividad interna y se rompe con la conformidad. Los visitantes pudieron ser parte de un verdadero mercado de pescado, donde podrían comprar pescado fresco y presenciar la preparación insitu.

*Kindred Spirits
(Almas gemelas)*
28 02 2018

In the entryway, a small screen transmitting footage from a security camera hints at the evening's inner workings: five artists and a curator, gathered one floor down in the same building, are dreaming up an exhibition. Once the spectators reach the gallery

En el corredor, una pequeña pantalla transmitía material de una cámara de seguridad que insinuaba lo que iba a suceder a lo largo de la noche: cinco artistas y un curador reunidos en un piso más abajo, en el mismo edificio, estaban ideando una exposición. Cuando los

space, they find themselves in an empty room. Cushions on the floor, arranged like those on the screen, invite them to sit down and join the meditation session taking place below them.

What happens when an exhibition is left entirely to our imagination?

It's no secret that art can exist without a canvas. Conceptual art is an old story, told and retold for years: art is an idea, and this idea exists independently of its representation. But what if we were to find new ways of telling this story, ways that didn't limit themselves to verbal or visual forms of communication? Maybe, instead of simply consuming works of art, spectators could take part in the very work that gives them life. This is the story *Kindred Spirits* tells. With the meditation session far enough away to be intangible but close enough to spark something in our imaginations, a new kind of artistic experience can take place. Spectators are invited to focus the mind for a period of time and create space within themselves for feeling, intuition, and blossoming of art.

espectadores llegaban al espacio de la galería, se encontraban al interior de una habitación vacía. Un juego de cojines acomodados en el suelo, de la misma forma en que estaban en la proyección de la pantalla, los invitaba a sentarse y unirse a la sesión de meditación y creación que se llevaba a cabo en el piso inferior.

¿Qué podría pasar cuando una exhibición queda a riendas de la imaginación?

No es secreto que el arte puede existir más allá de un lienzo. Hemos venido escuchando la historia del arte conceptual desde hace ya varios años: el arte es una idea, y la idea existe más allá de su representación. Pero ¿qué pasaría si pudiéramos encontrar nuevas configuraciones para contar esta historia, configuraciones que no se limiten a formas verbales o visuales de comunicación? Tal vez, en lugar de simplemente consumir las obras artísticas, la audiencia podría ser parte del proceso mismo de creación. Esta es la historia que nos cuenta Kindred Spirits. Con la sesión de meditación, lo suficientemente lejos para ser intangible pero lo suficientemente cerca para despertar nuestra imaginación, podría presentarse otro tipo de experiencia artística. Se invitó a la audiencia a enfocar su mente durante un periodo de tiempo y crear un espacio interior para sentir, intuir y permitir que el arte surgiera.

---

*Sin gloria,
sin historia
(No Glory,
No History)*
03 03 2018

The rules are simple. Artists play a game of soccer against art collectors. If the collectors win, they each get a work of art for free. If they lose, they each have to buy a work from an artist. A competitive game, fraught with tensions from the fragile relationship that binds artists and collectors in the same field. Two horny bedfellows who need one other but pretend like they don't. And in the distance the curators, doing their best to judge a match they've already rigged.

Las reglas eran sencillas. Los artistas jugaban un partido de fútbol contra coleccionistas de arte. Si los coleccionistas ganaban, cada uno de ellos obtenía una obra de arte gratis. Si perdían, cada uno de ellos debía comprar una obra de uno de los artistas. Un juego competitivo y estresante por la tensión de la frágil relación que ata a los artistas y a los coleccionistas en el mismo campo. Dos compañeros de cama excitados que necesitan el uno del otro, pero que pretenden lo contrario. Y, a la distancia, los curadores, quienes hacían lo mejor por juzgar un partido que desde antes, ya estaba arreglado.

Residencies/Residencias

*Residencia en
la selva (Jungle
Residency)*
Alto Telire, Limón,
Costa Rica
02 2017

Two days of walking along a winding path through the thick Costa Rican jungle brings them to one of the world's most isolated indigenous communities: the Cabécars in Alto Telire. This uniquely tailored residency program was created

Después de dos días de haber recorrido, a través de la densa selva de Costa Rica, un camino serpenteado que lleva a una de las comunidades indígenas más aisladas del mundo —los Cabécares en Alto Telire— se creó este programa de

Ayami Awazuhara
Matthias Dolder

for artists excited at the opportunity to engage with the local community in a place that has been inhabited for centuries but rarely appears on a map. If we want to establish new paths in the field of art, it is essential to seek inspiration in places far away from old, ingrained patterns of thinking. Only by questioning and rethinking established rules have artists innovated. Contemporary art has no meaning in secluded Alto Telire and the everyday lives of the Cabécars, nor is there a word for it in the local language.

residencia. Fue hecho a la medida para artistas de Despacio donde tenían la oportunidad de interactuar con la comunidad local en un lugar que ha estado habitado desde hace siglos pero que rara vez aparece en un mapa. Si queremos establecer nuevos senderos en el campo del arte, es esencial que los artistas busquen inspiración en lugares alejados de los viejos y arraigados patrones de pensamiento. Es sólo al cuestionar y replantear las reglas establecidas que los artistas han logrado la innovación a través de la historia y nos han llevado a donde estamos ahora. Al igual que muchos de los lugares más apartados del mundo, el arte contemporáneo no tiene significado alguno en Alto Telire. No hay lugar para el arte como el resto del mundo lo conoce en la vida cotidiana de los Cabécares, no hay una palabra para nombrarlo en el idioma local.

Karaoke todos los días (Karaoke Every Day)
07–09   2017

Stephanie Chaves
Erina Libertad
Cristina Ramírez
Sergio Rojas Chaves
Stephanie Williams

The artist-run space and artistic residency *Karaoke Every Day* focused mainly on the identity and importance of artistic spaces in Costa Rica—and its current dearth of them. The five selected artists are known to be attentive to new developments in the contemporary visual arts in Central America, as well as to new models of exhibition, interaction with other disciplines, and relevant themes inside and outside of art. They provided a space for debate and discussion along the two months of the residency.

Karaoke todos los días fue un espacio dirigido por artistas y una residencia artística. Principalmente, el proyecto se centró en la identidad y la importancia de los espacios artísticos en Costa Rica. Estos cinco artistas estuvieron atentos a los nuevos desarrollos en las artes visuales contemporáneas, a los nuevos modelos de exposición y de interacción con otras disciplinas, y a temas relevantes dentro y fuera del mundo artístico. Además, posibilitaron un espacio de debate y de discusión a lo largo de sus dos meses de duración.

La última (The Last)
05–07   2018

Verónica Alfaro
Pablo Cianca
Sussan Corrales
Frederico Filippi
Alejandra
   Ramírez León
Andy Retana
Christian Salablanca
Konstantina
   Stamatiadis
Alessandro Valerio

La última emerges with a different perspective—an outlook in which modes of labor turn toward a communal point of view. This general idea breaks perceptions of individuality in studios, and instead creates a collective space of information and communication exchange. The focus of the residency is to contribute contemporary theories and artistic practices that are created from dialogue, and fomenting encounters between artists and their corresponding processes.

La última se planteó bajo una perspectiva diferente en la cual los modos de trabajo se tornaban hacia lo comunal. La idea general fue romper con los esquemas de un estudio individual y crear un espacio comunal de intercambio de información y de comunicación. El interés fue contribuir a las teorías contemporáneas y a las prácticas artísticas desde un espacio de diálogo y encuentro entre los artistas y sus procesos.

La próxima
(The Next)
08–10 2018

Marcela Araya
Kenneth Coronado
Priscilla Gómez
Flavia Sánchez
Yuli Yamagata
Ivanna Yujimets

La próxima holds a similar perspective as *La última*, an outlook in which modes of labor turn toward a communal point of view, where the "work table" becomes the protagonist, a space for generating dialogue and trust. The general idea for *La próxima* is to break with individuality and create a communal space for information sharing and communication. The empathy, closeness, and even coffee breaks encourage exchanges of contemporary theories and artistic practices.

La próxima se planteó bajo una perspectiva similar a *La última*, en la cual los modos de trabajo se tornaban hacia lo comunal. El elemento "la mesa" de trabajo se tomó como un eje central, un espacio donde ocurría el diálogo y se generaba la confianza. La idea general era romper con los esquemas de un estudio individual y crear un espacio comunal de intercambio de información y de comunicación. La empatía, la cercanía, e inclusive, los cafés, propiciaba la intención de contribuir a las teorías contemporáneas y a las prácticas artísticas desde un espacio de diálogo y de encuentro entre los artistas y sus procesos.

Solo Shows/Exhibiciones individuales

Artists/Artistas

2007

20	10	*Underware*	Alejandro Ramírez

2008

28	01	*Metagramas*	Eric van Hove
03	04	*Situación espacial*	Lucía Madriz
21	06	*Para ti el banano madura al peso de tu dulce amor*	Naufus Ramírez-Figueroa
09	08	*Aprendiendo a manejar*	Priscilla Monge
09	12	*Ven y mira*	Charwei Tsai, Catalina León, Miguel Jara, Eric Mora Cole

2009

29	01	*1987*	María José Gavilán
27	02	*Plei Rum*	Yamil de la Paz
19	03	*Rima (Agrupación #1) Estructura en contra del cinematografo*	Ernesto Salmeron
28	08	*Paisaje #1*	Rocío Con
8	09	*Anulphapas*	Vinicio Jiménez, Paz Ulloa
21	11	*Pictografías*	Cinthya Soto

2011

19	04	*El hábito de estrofas*	Fabiola Carranza
20	05	*(Re)puesta en escena*	Virginia Pérez-Ratton
02	06	*Across lines invisible hands are held*	Miguel Jara
18	08	*Escenas para evitar las pesadillas*	Angelica Teuta
22	09	*Pink is love*	Julian Gallese
15	11	*Urbanismo para hormigas*	Esteban Piedra
15	12	*Untitled/Sin título*	Angel Poyon

2012

15	01	*Un claro ejemplo de distancia*	Orlando Guier, Marco E. Arce
08	02	*Sucede*	Carlos Fernández, Julian Gallese
16	02	*Cuerpo geométrico*	Naufus Ramírez-Figueroa
25	02	*Above the Surface*	Rocío Con
04	10	*Boobs*	Allegra Pacheco

2013

15	01	*Untitled/Sin título*	Francisco Herrero
20	03	*Bla bla bla:*	Naufus Ramírez-Figueroa
03	04	*Pintura abstracta*	Jonathan Alfaro Alfaro
08	08	*10000 aguas*	Mimian Hsu
22	08	*Mirada fractal*	Aimee Joaristi
13	11	*Super Flor*	Julian Gallese

2014

11	01	*The Poverty of Progress*	Óscar Figueroa
18	02	*Child of T(h)ree*, Recreación de la pieza *Child of Tree* de John Cage	Lucía Madriz
14	04	*Herramienta y método*	Esteban Piedra
16	07	*Botellas Vacías*	Donna Conlon, Jonathan Harker
09	09	*Presentación del libro seis años de sexo*	Paula Piedra
17	09	*Piña matriz*	Carlos Fernández (Ex Conel)
21	11	*Trabajos en madera*	Francisco Herrero

2015

21	02	*10000 aguas 2.0*	Mimian Hsu
11	03	*Talisman*	Dino Urpi
13	04	*Domingo 7*	Alejandro Ramírez
15	07	*Untitled/Sin título*	Nick Laessing
25	07	*Buster Six*	Urs August Steiner
28	07	*Untitled/Sin título*	Jenifer Papararo
16	09	*$400*	Diego Arias
24	09	*Ensayo Material 24.09.15*	Naufus Ramírez-Figueroa
02	12	*Índigo [Retratos y Autoretratos]*	Héctor Burke

2016

05	04	*¿Cuánta tierra necesita un hombre?*	Adriana Arroyo
28	07	*Nadie Nada Nunca*	Florence Jung
31	08	*Herencias*	Thomas Moor
20	10	*X Bienal Centroamericana*	Anibal López (X Bienal) + Recreaciones
20	10	*Siempre cuenta cuántos cuentos cuenta*	Julian Charrière
18	11	*Rostros Vivos*	Guillermo Vargas Jiménez (Habacuc)

2017

16	03	*Yo Nunca*	Andrés Gudiño
23	03	*Estación*	Carlos Fernández
23	03	*Isla de dos*	Marlena Waldthausen
25	04	*La patria su peso*	Stephanie Williams
15	06	*De noche todos los gatos son negros*	Julian Gallese, Guillermo Tovar, Alejandro Bonilla
29	07	*Black Diamond*	Eder Castillo
02	11	*Underware 2*	Alejandro Ramírez
09	11	*Paseos por los bosques ficticios*	Ayami Awazuhara
23	11	*Lección de anatomía vegetal 1: Cacao*	Naufus Ramírez-Figueroa

2018

03	03	*El río como una roca*	Maya Rochat
17	03	*Festival of Minimal Actions*	Thomas Geiger
04	07	*Late for Labor Day*	San Keller
05	07	*Vida Privada*	Johanna Schaible

Ten More Years of

Diez Años Más de

DESPACIO

More Forms of Creativity from Central America

Más formas de creatividad desde Centroamérica

Photographs/Fotografías
Pablo Cambronero

2018 ———— 2028

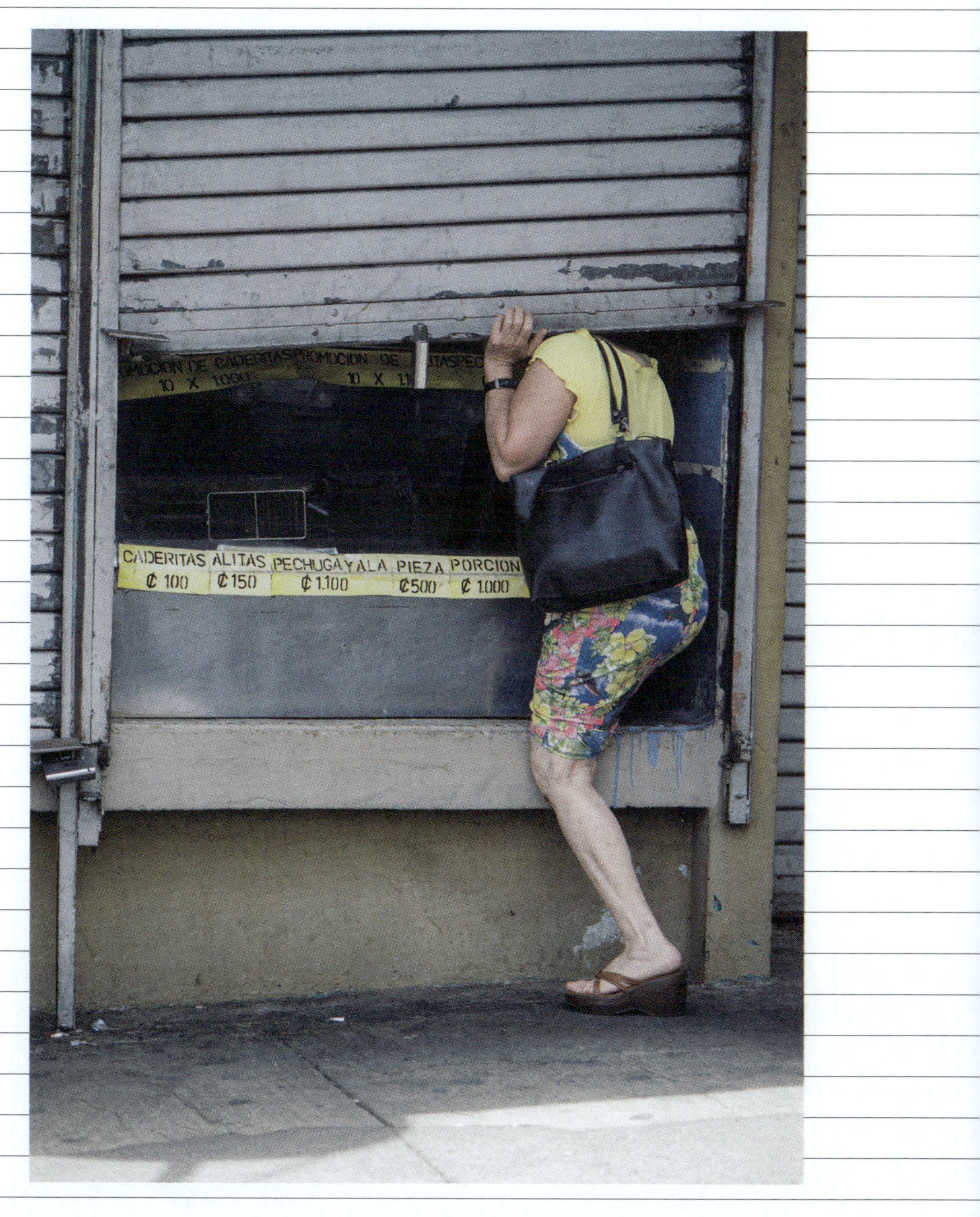
PROMOCION DE CADERITAS PROMOCION DE ALITAS PE
10 X 1.000 10 X 1.1
CADERITAS ALITAS PECHUGA Y ALA PIEZA PORCION
¢ 100 ¢ 150 ¢ 1.100 ¢ 500 ¢ 1.000

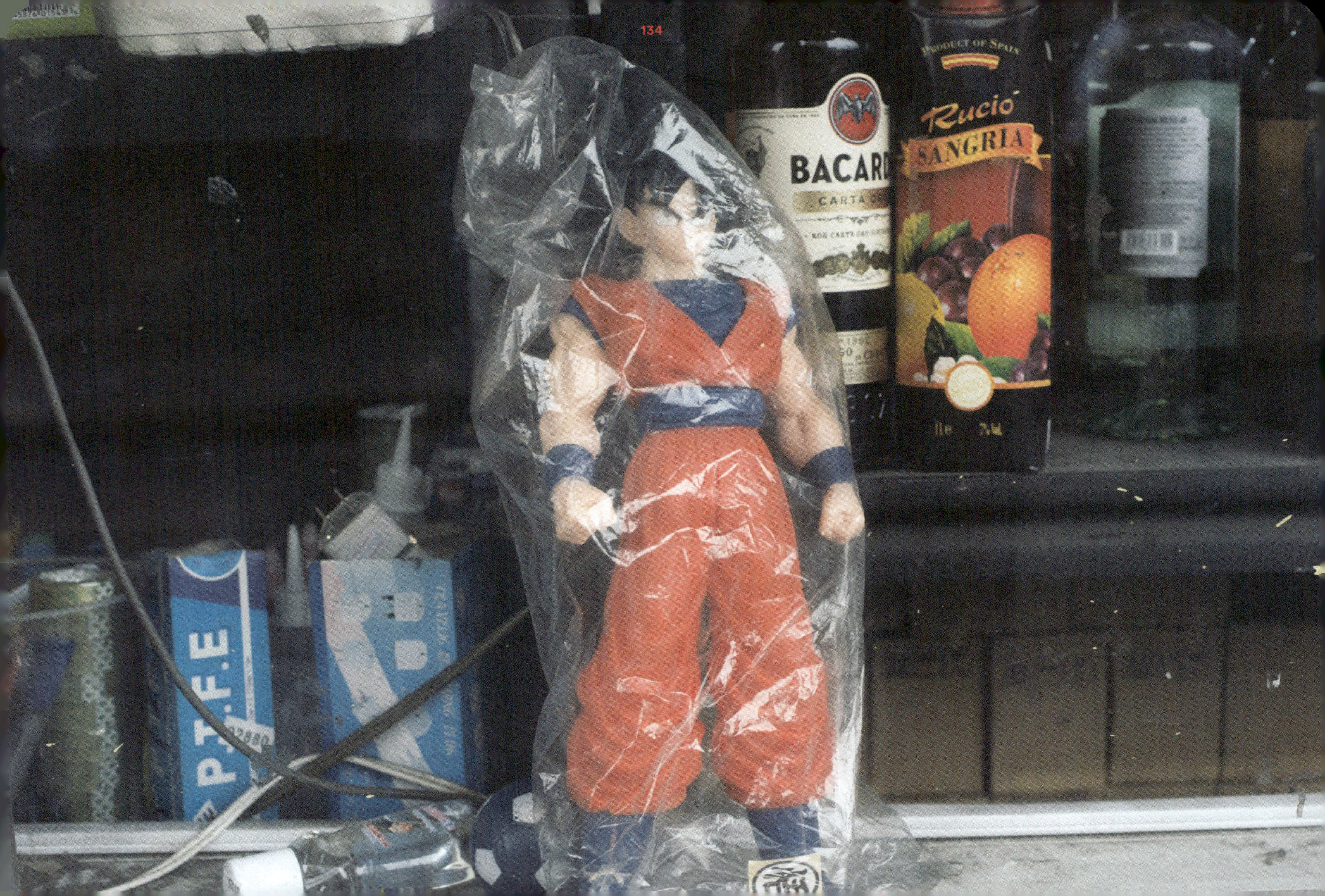

134
BACARDI
CARTA ORO
PRODUCT OF SPAIN
Rucio
SANGRIA
P.T.F.E

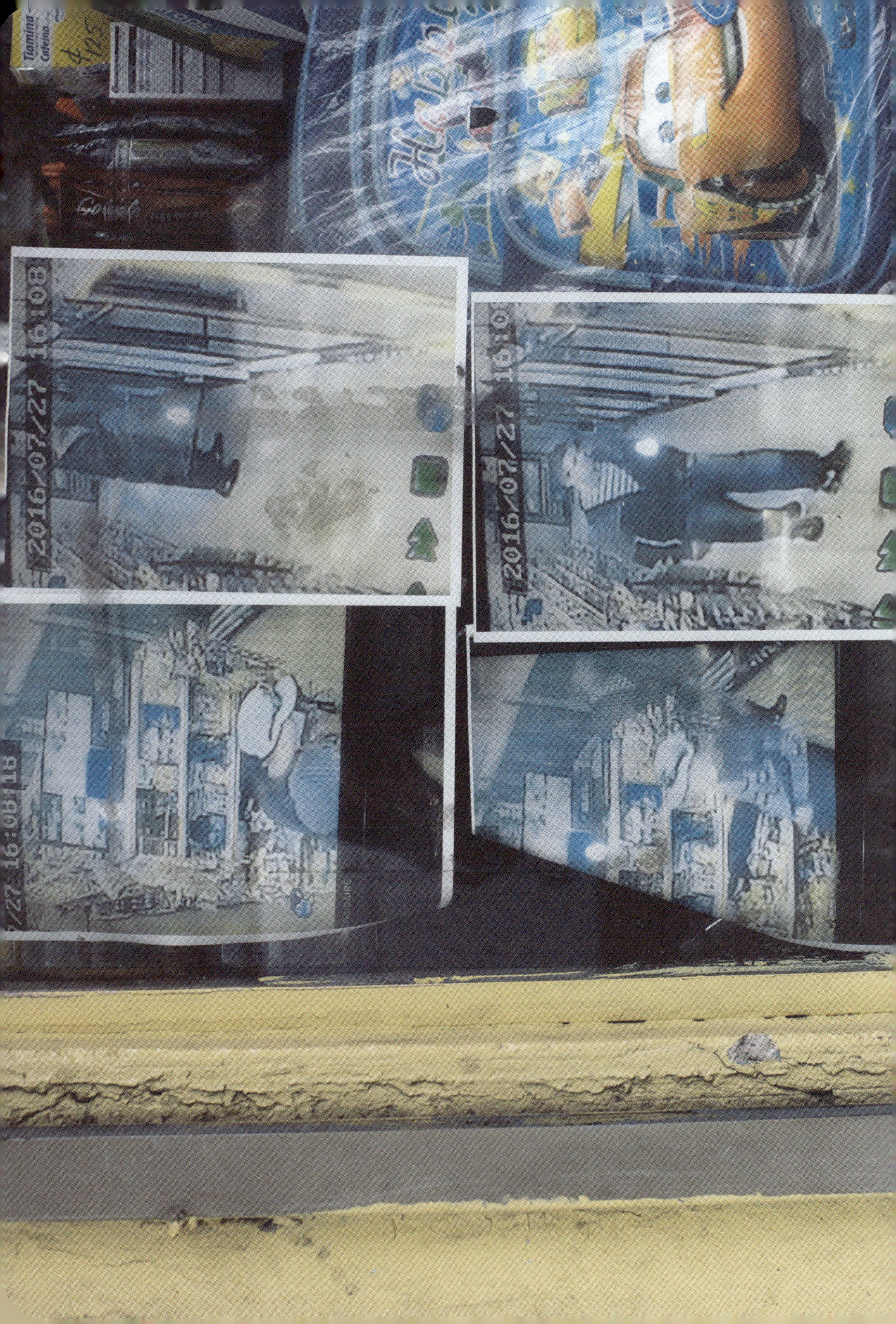

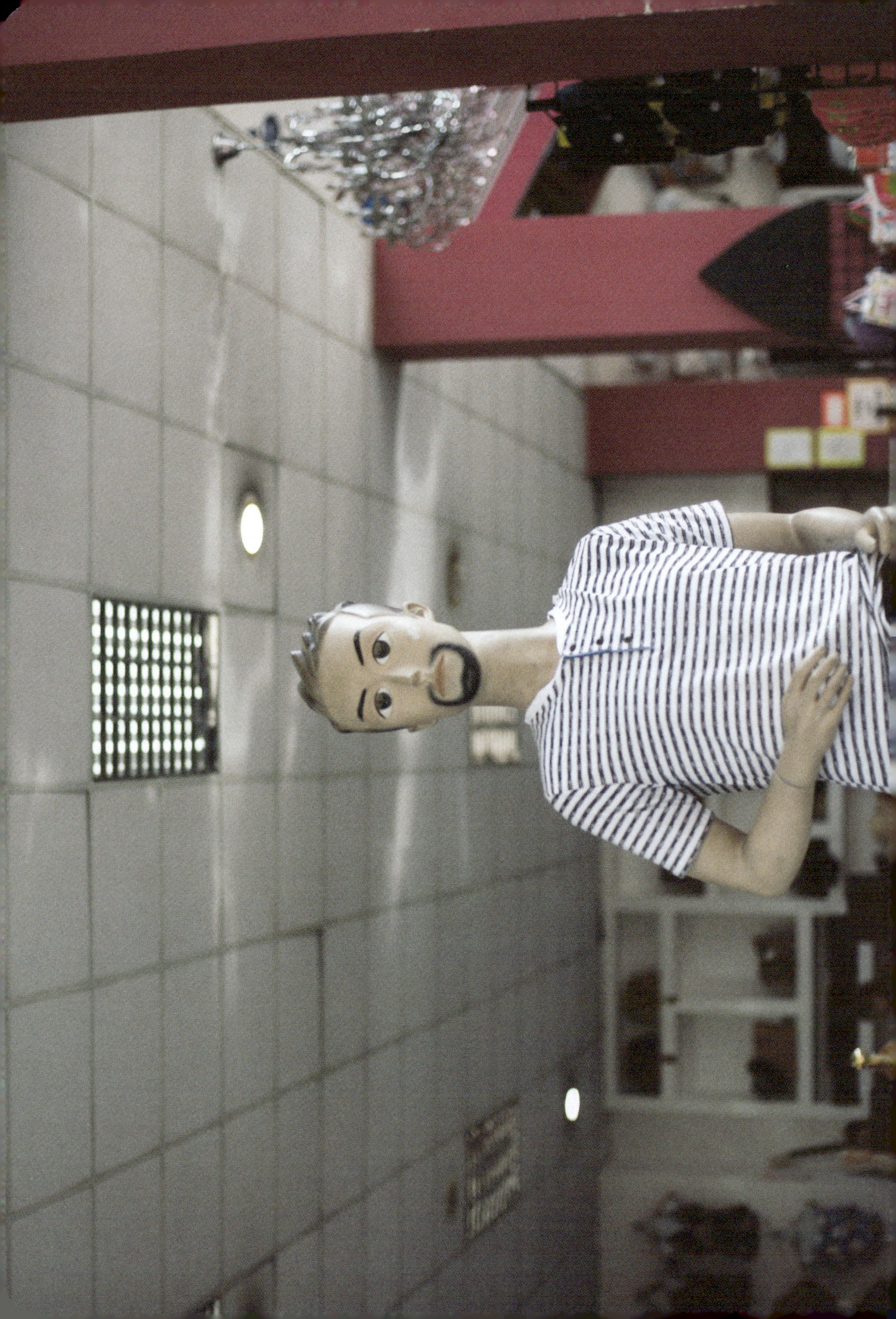

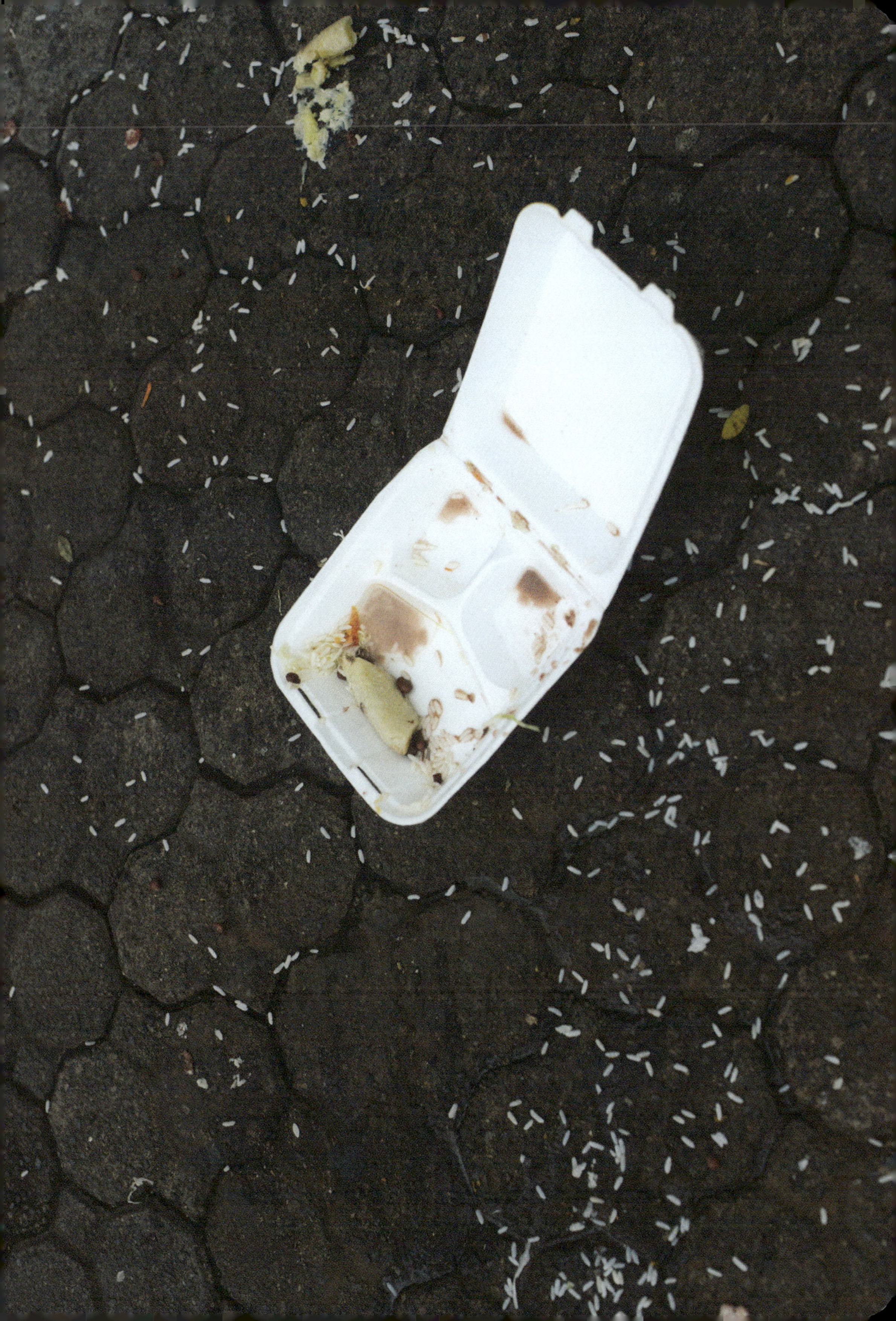

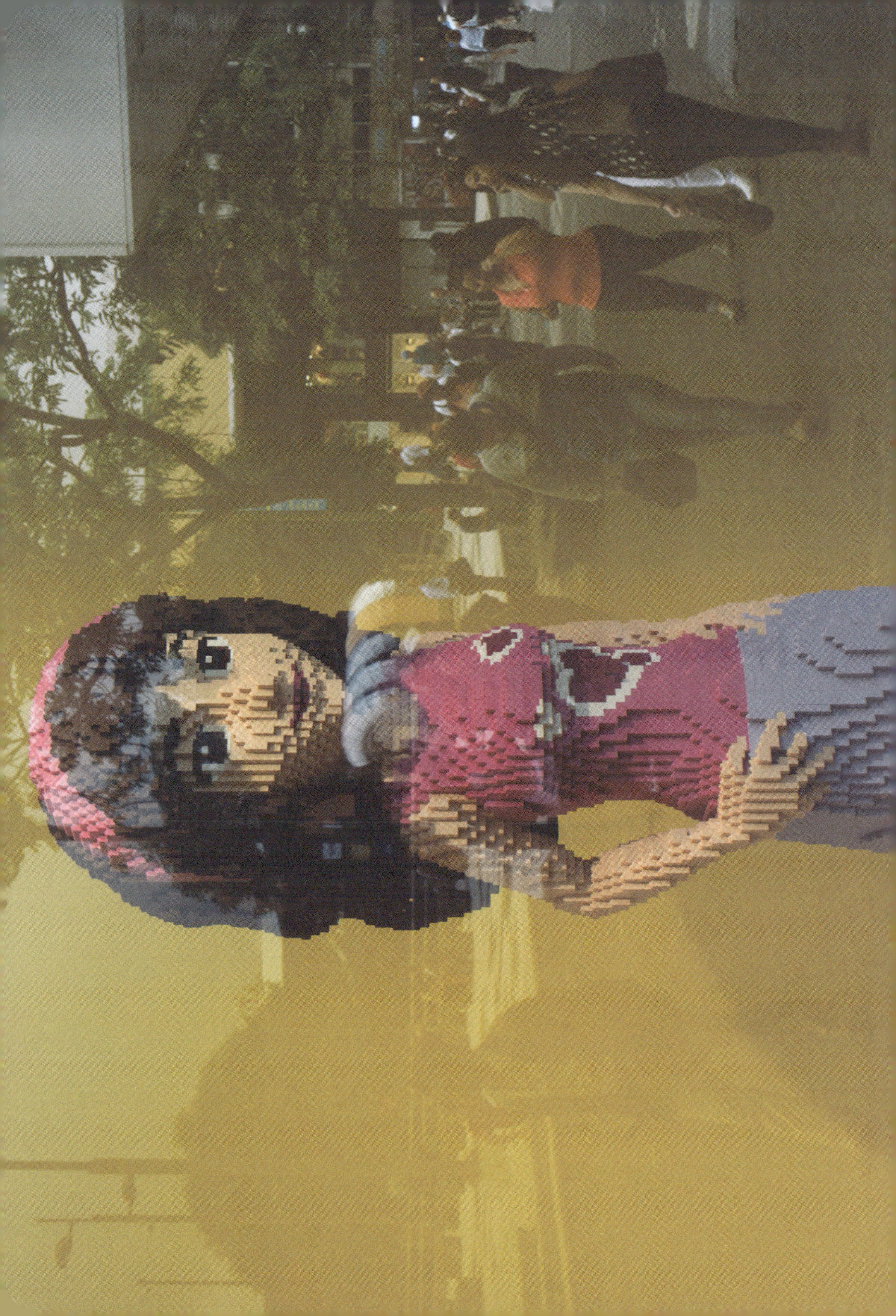

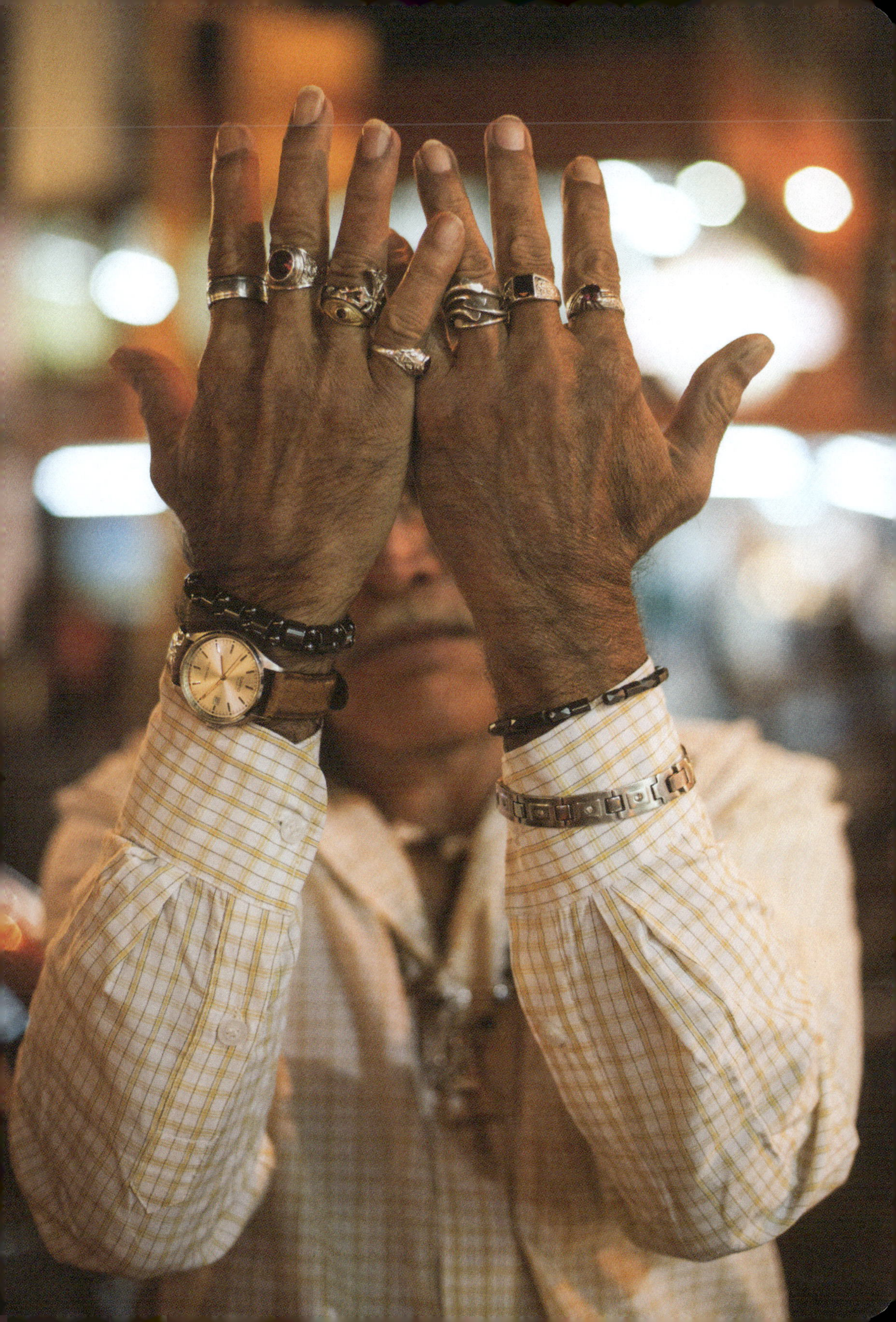

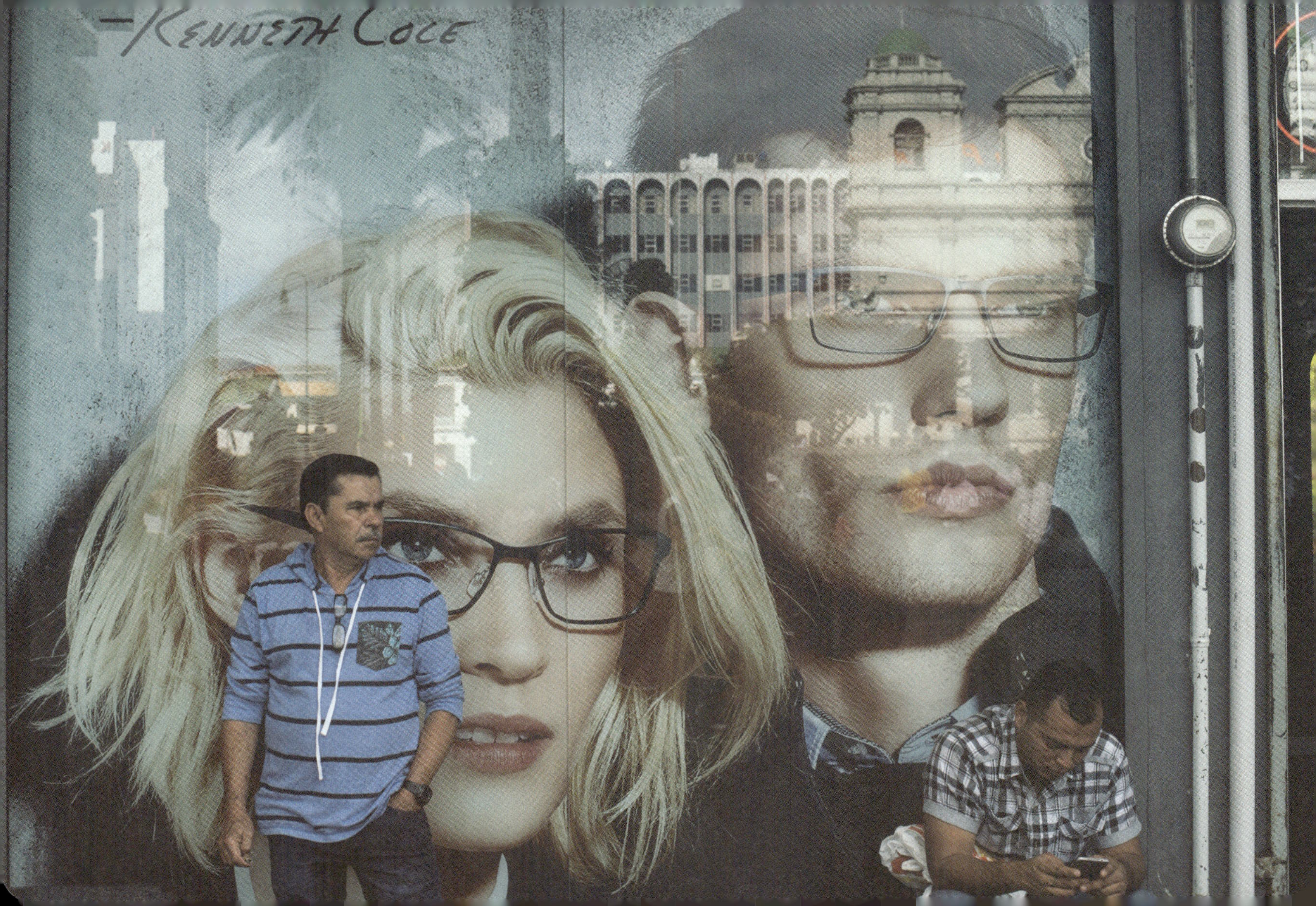

—Kenneth Cole

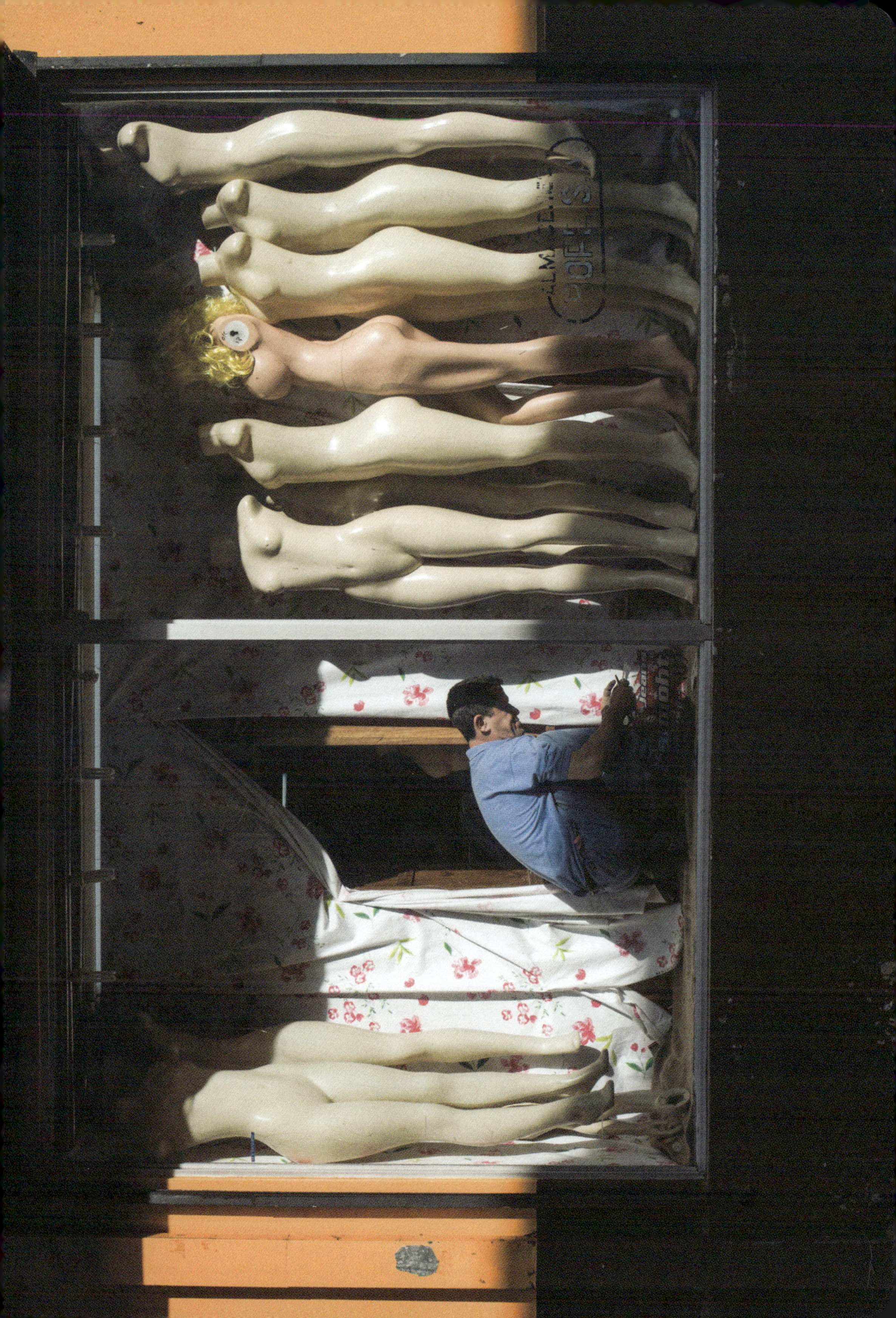

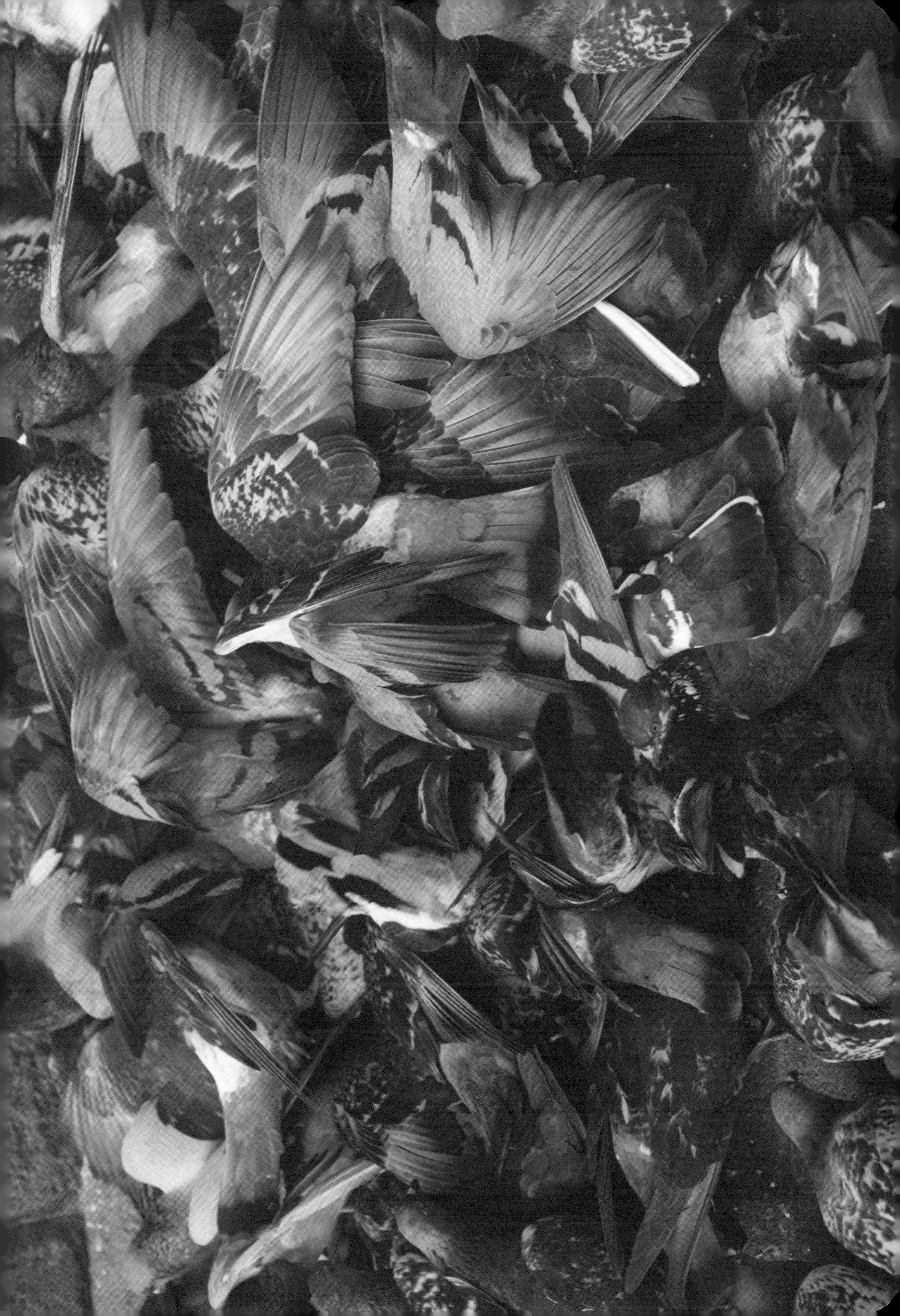

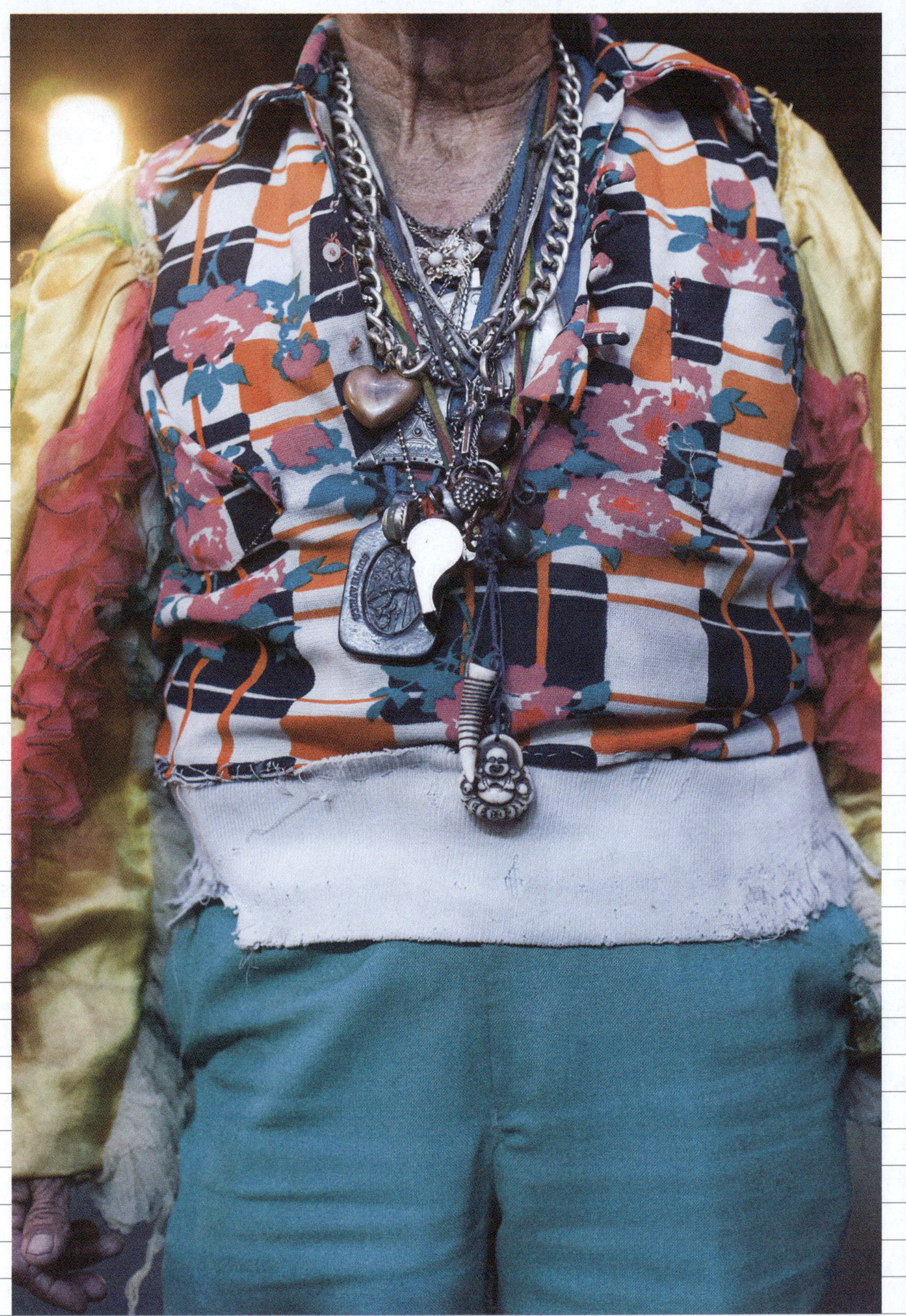

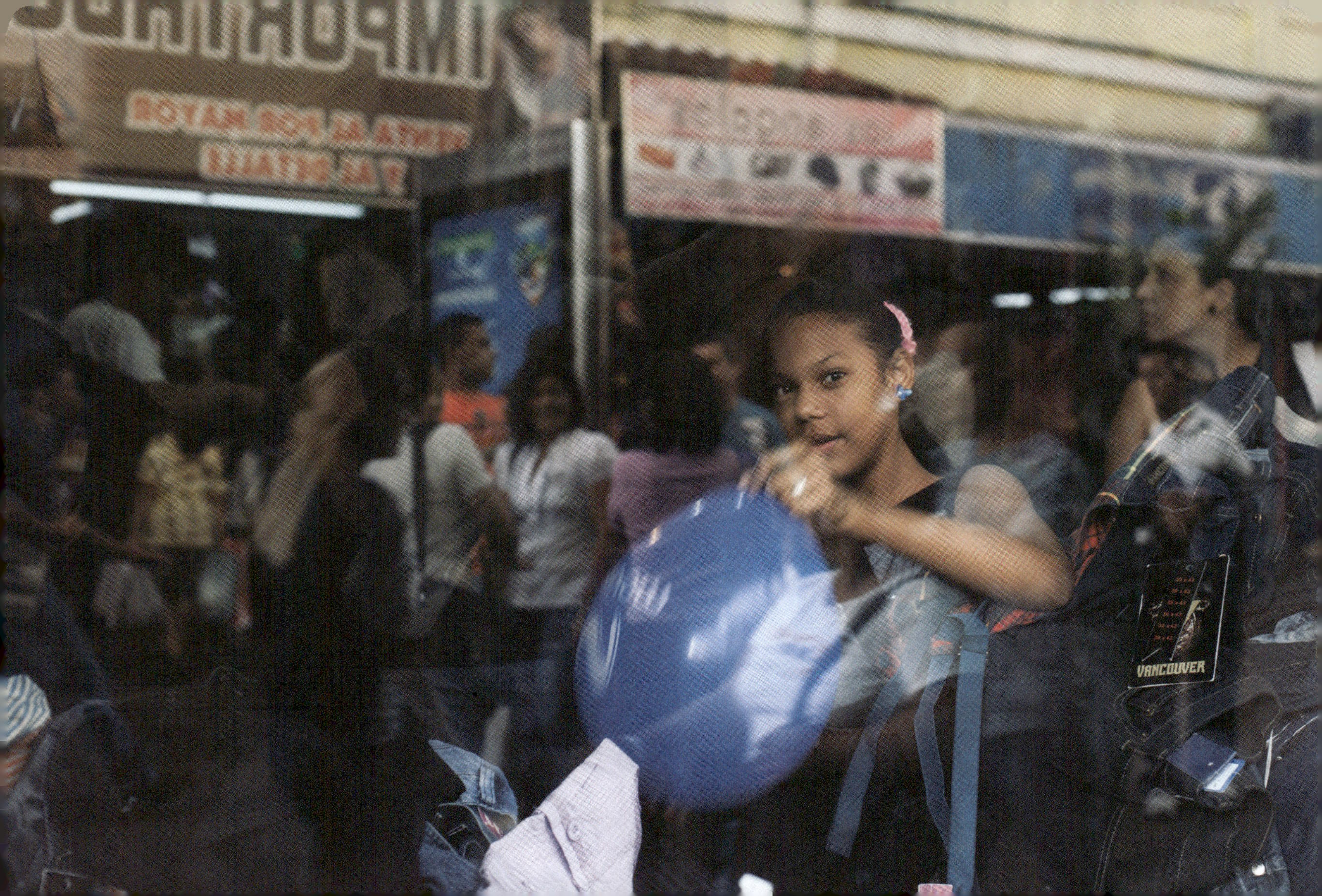

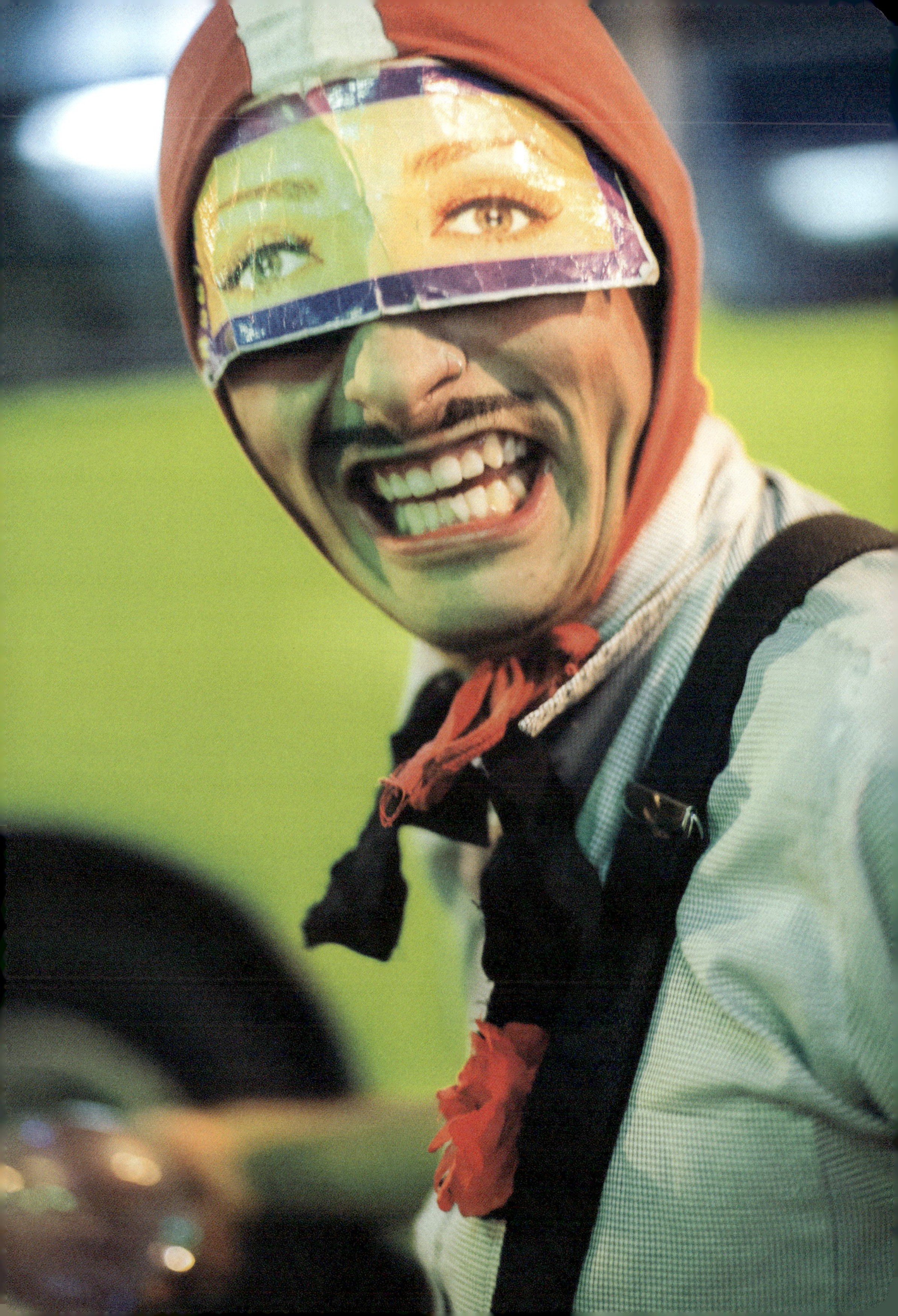

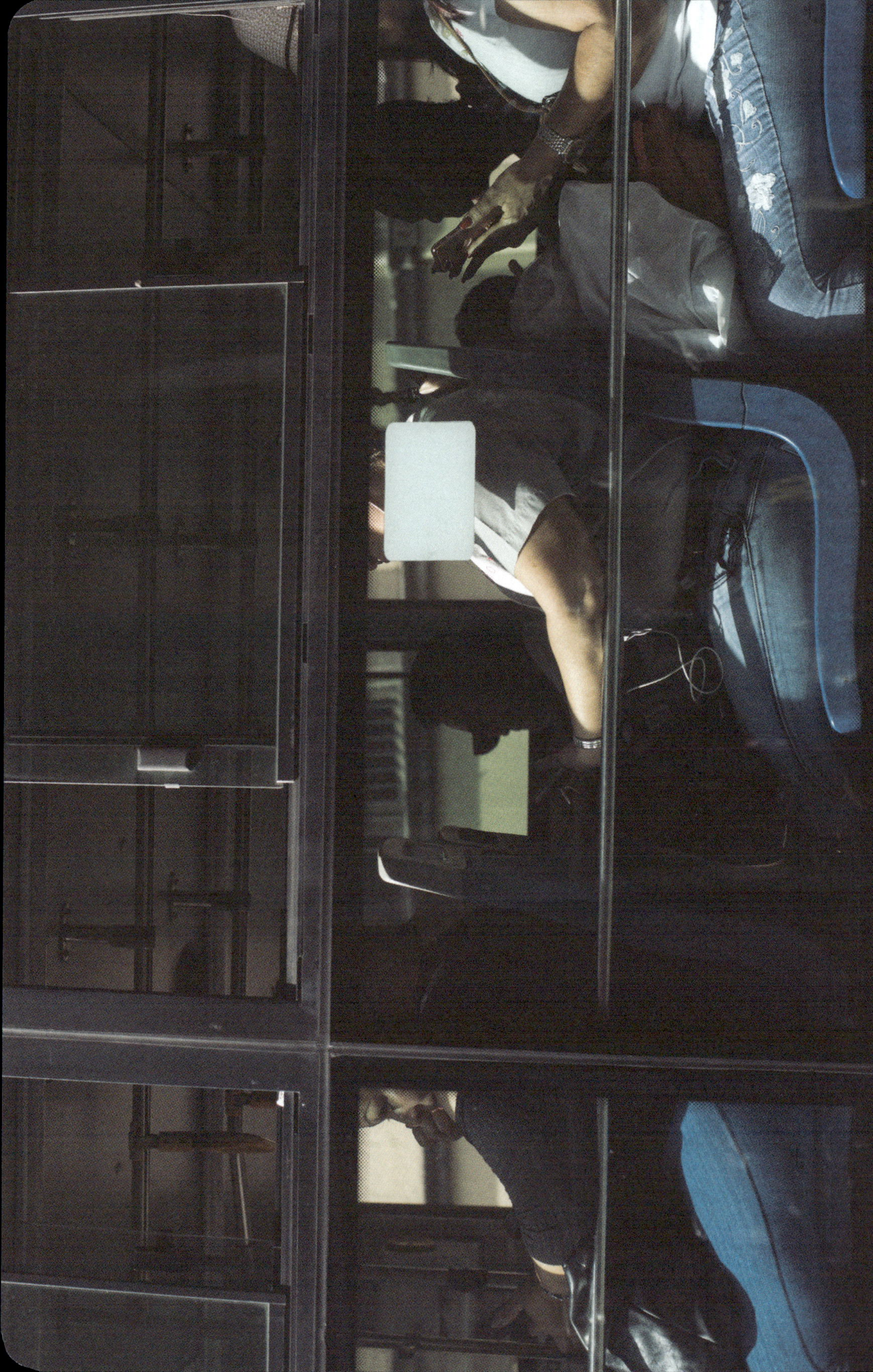

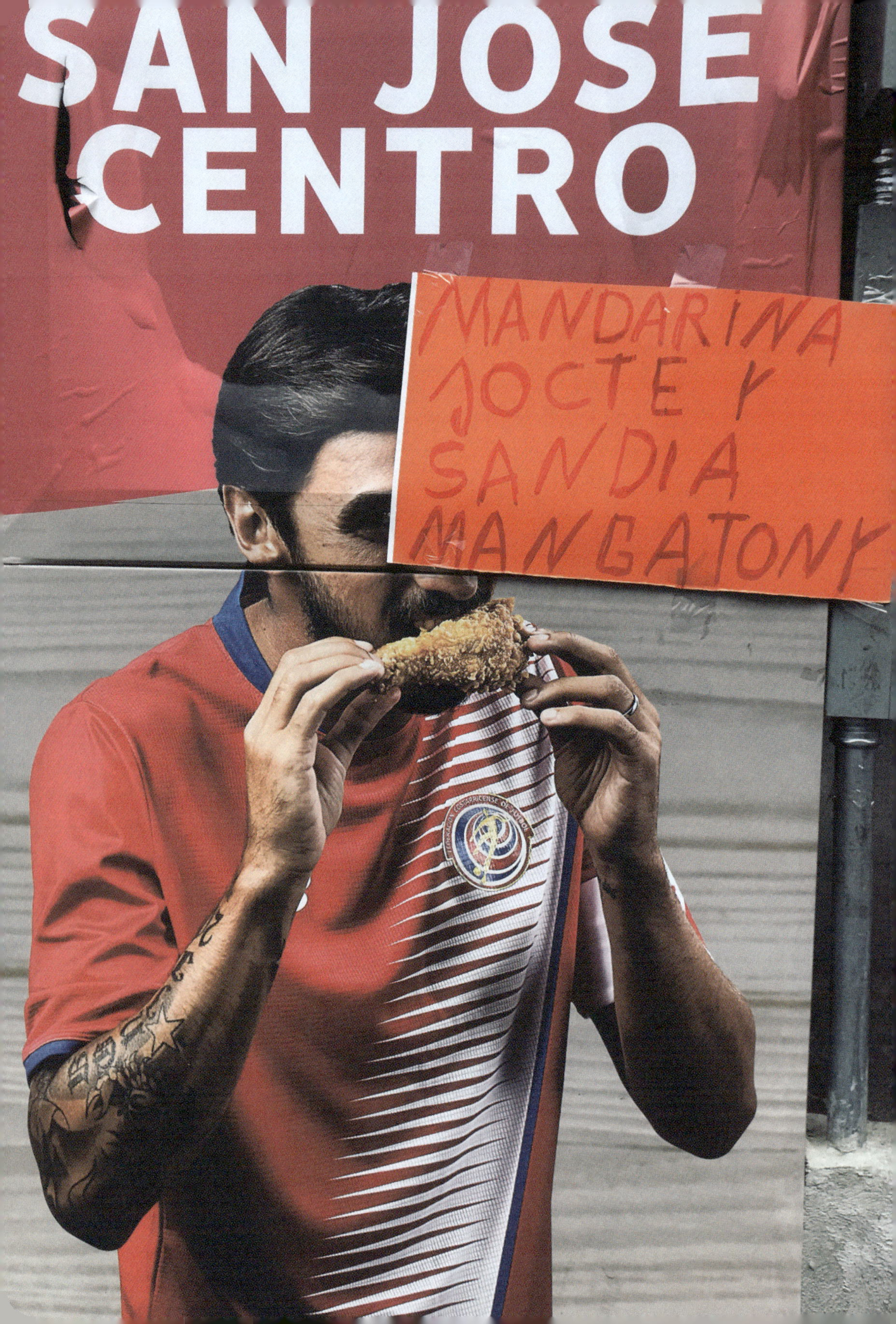
SAN JOSE
CENTRO
MANDARINA
JOCTE Y
SANDIA
MANGATONY

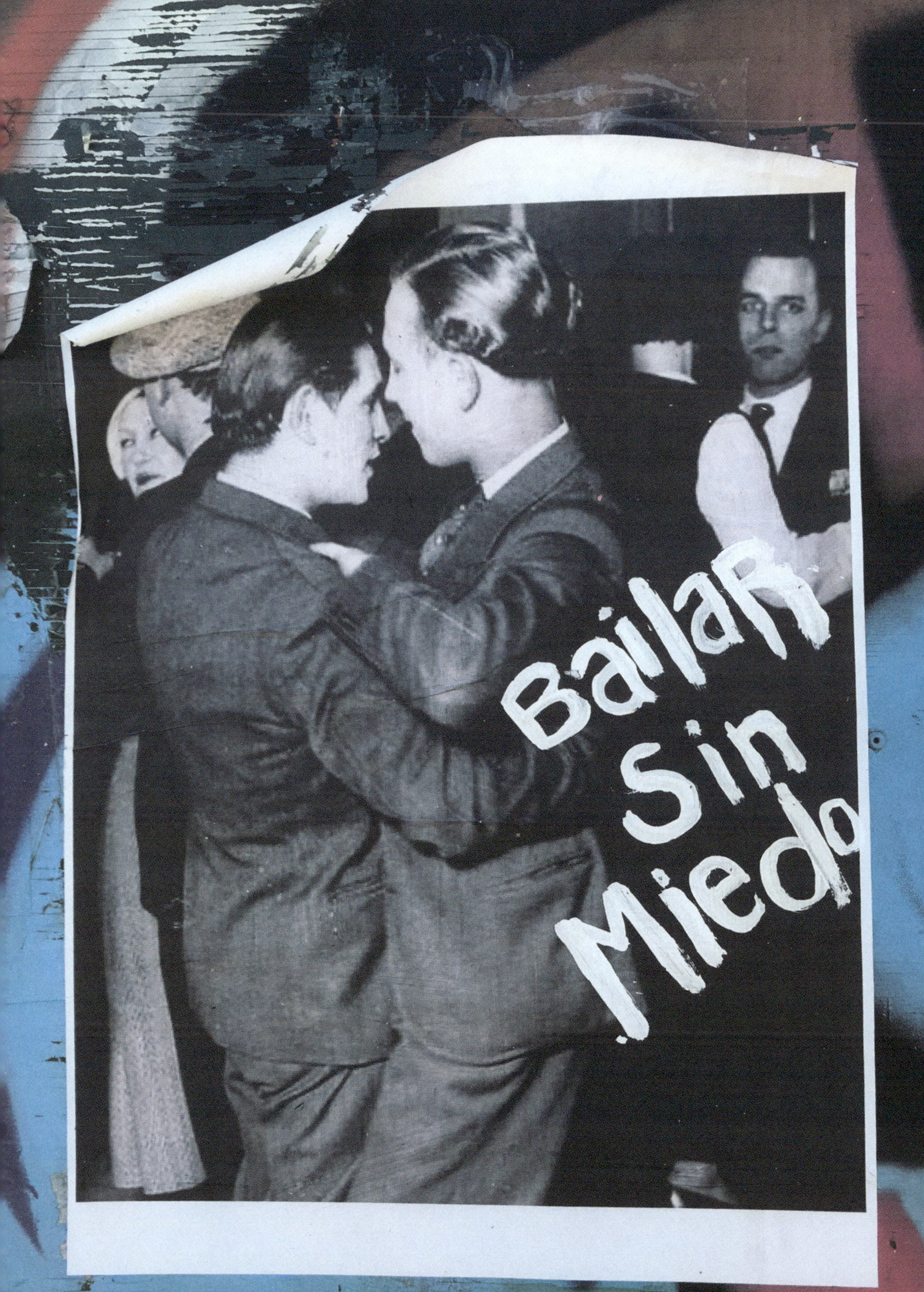

BailaR
Sin
Miedo

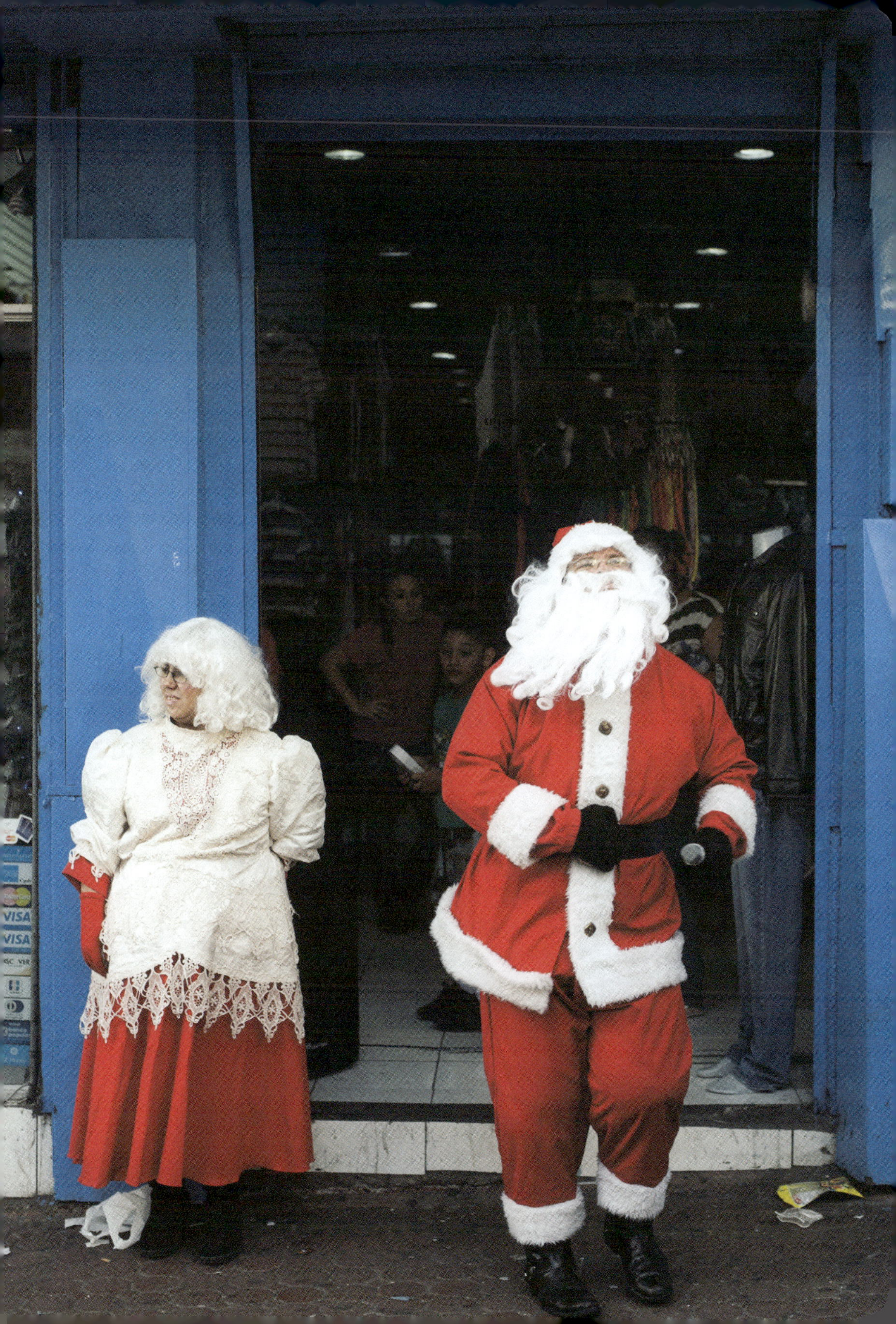

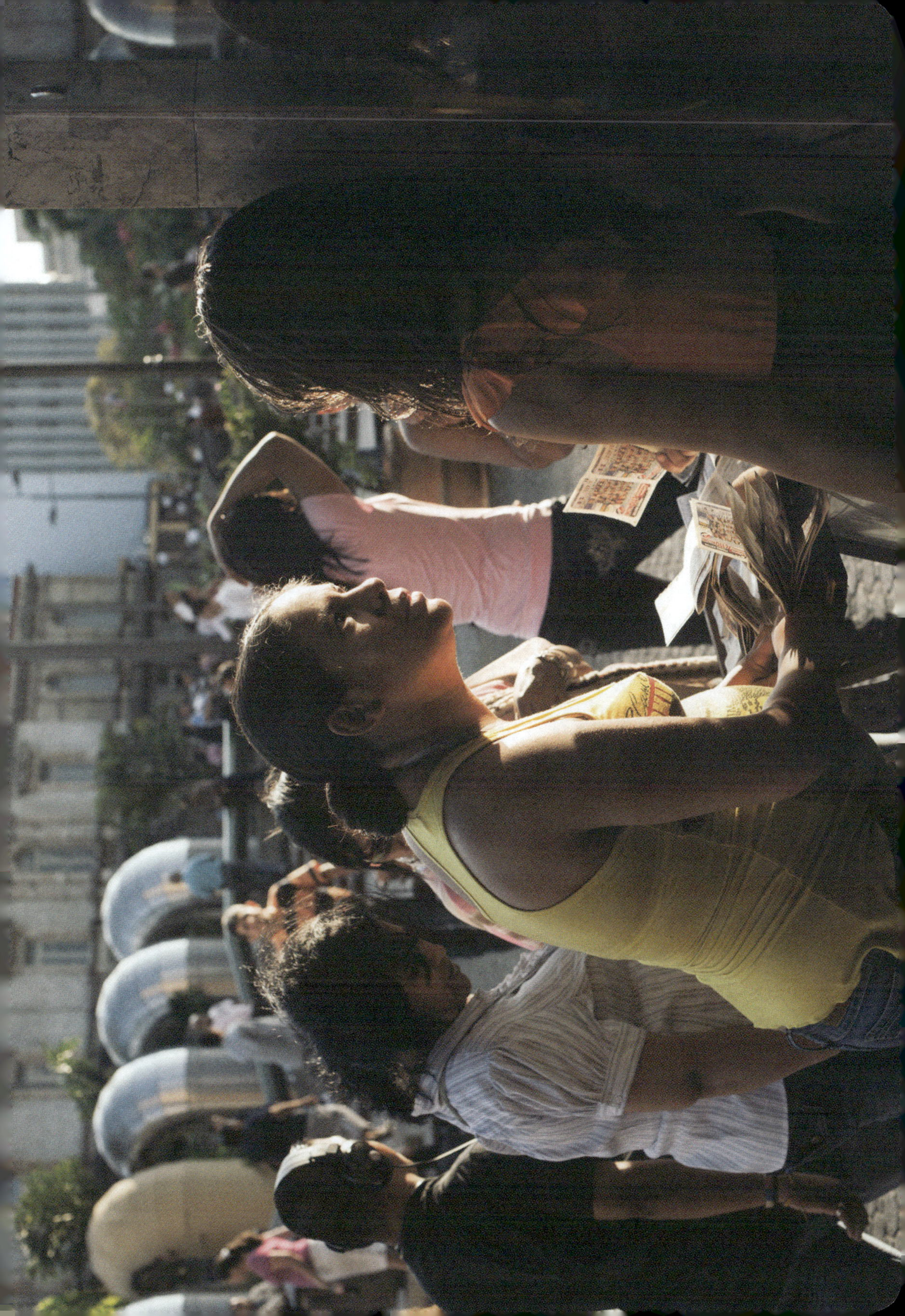

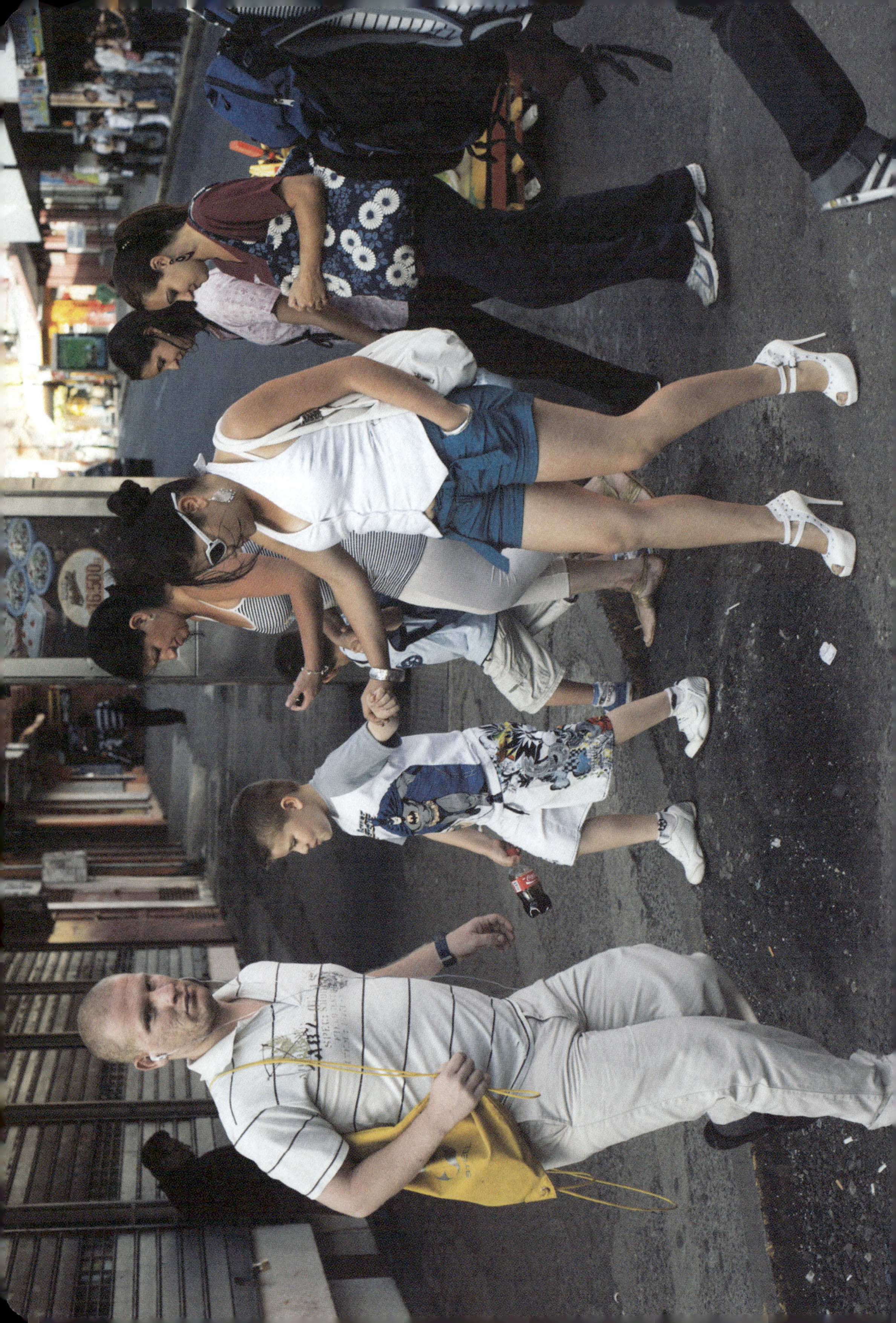

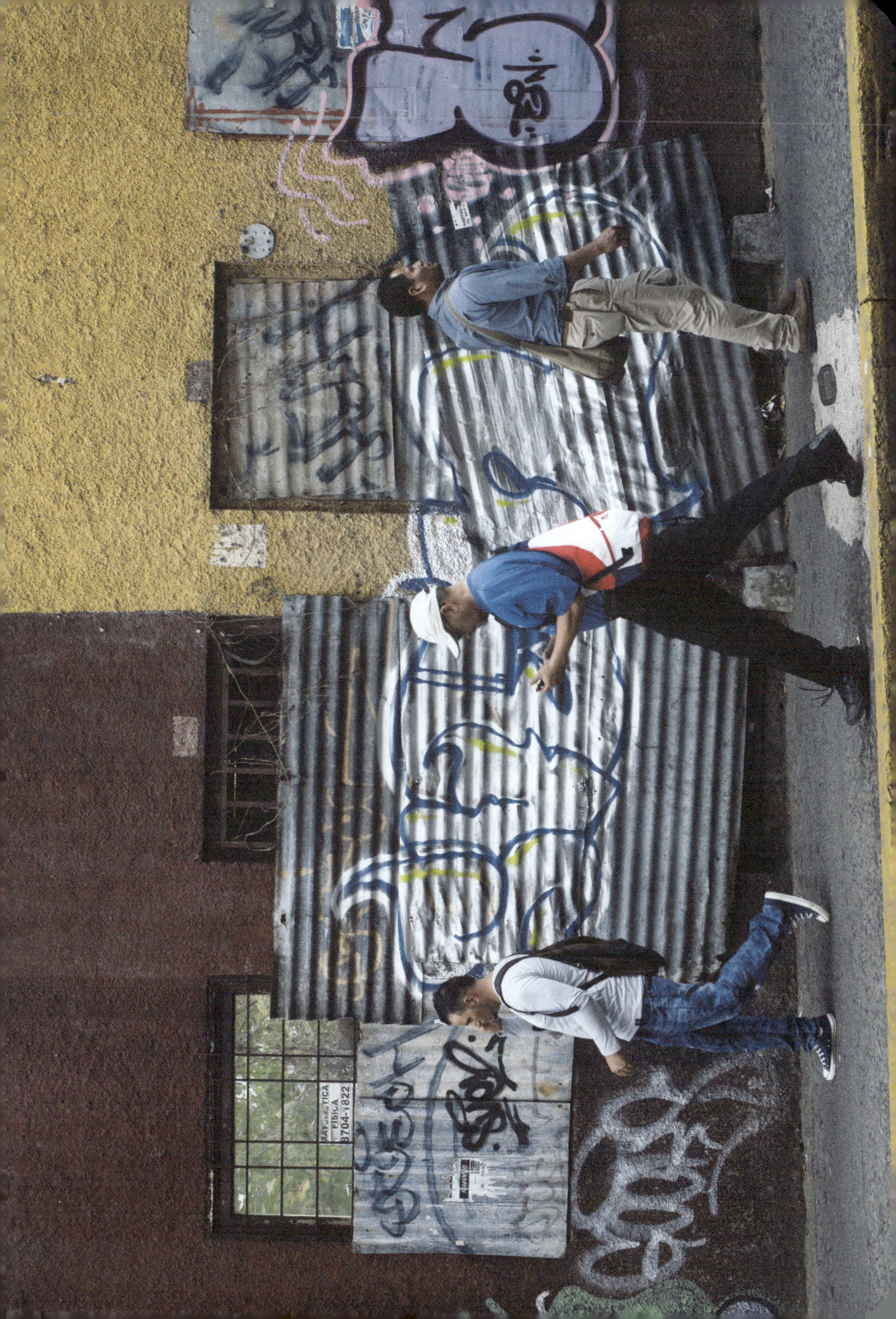

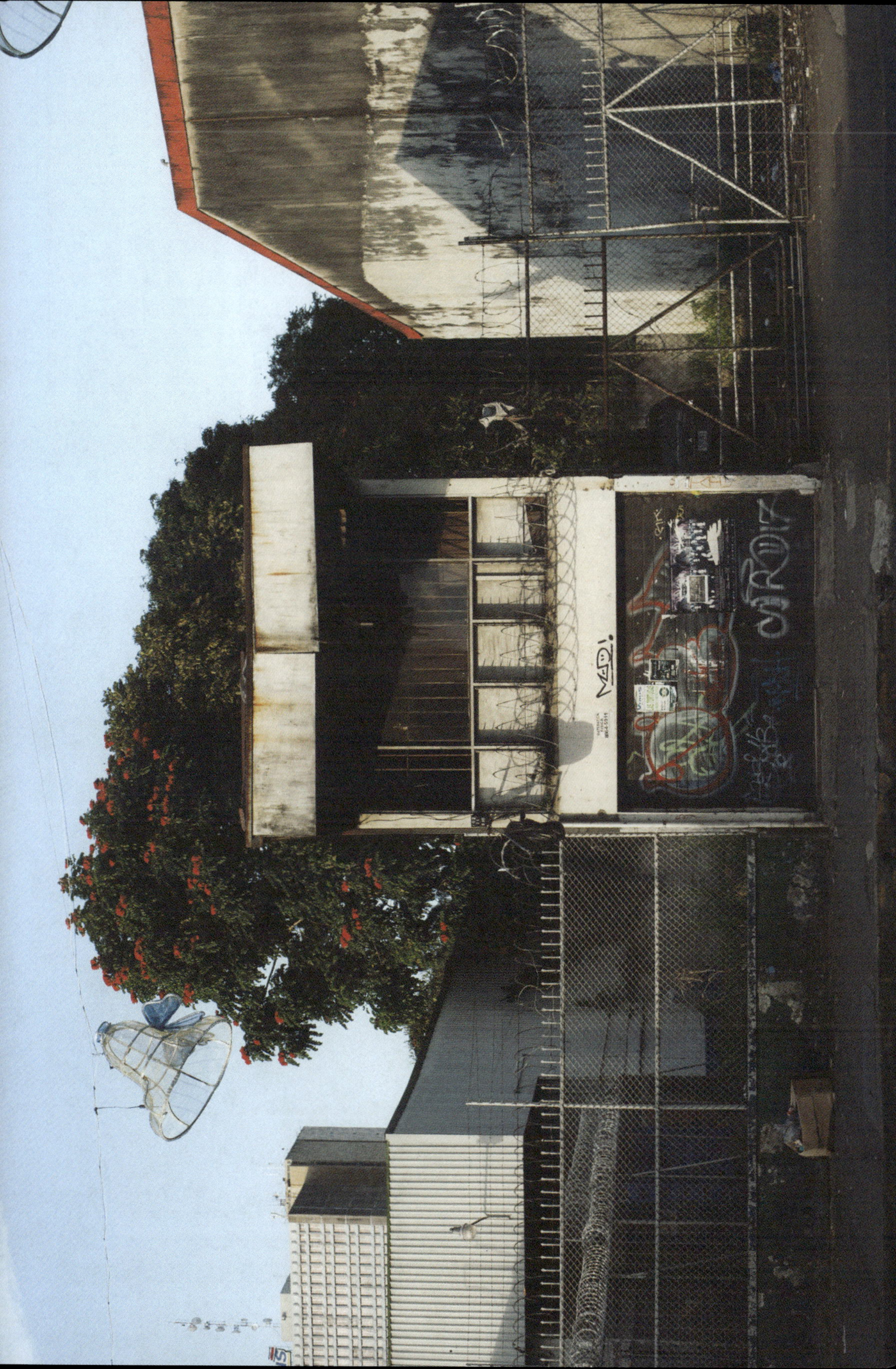

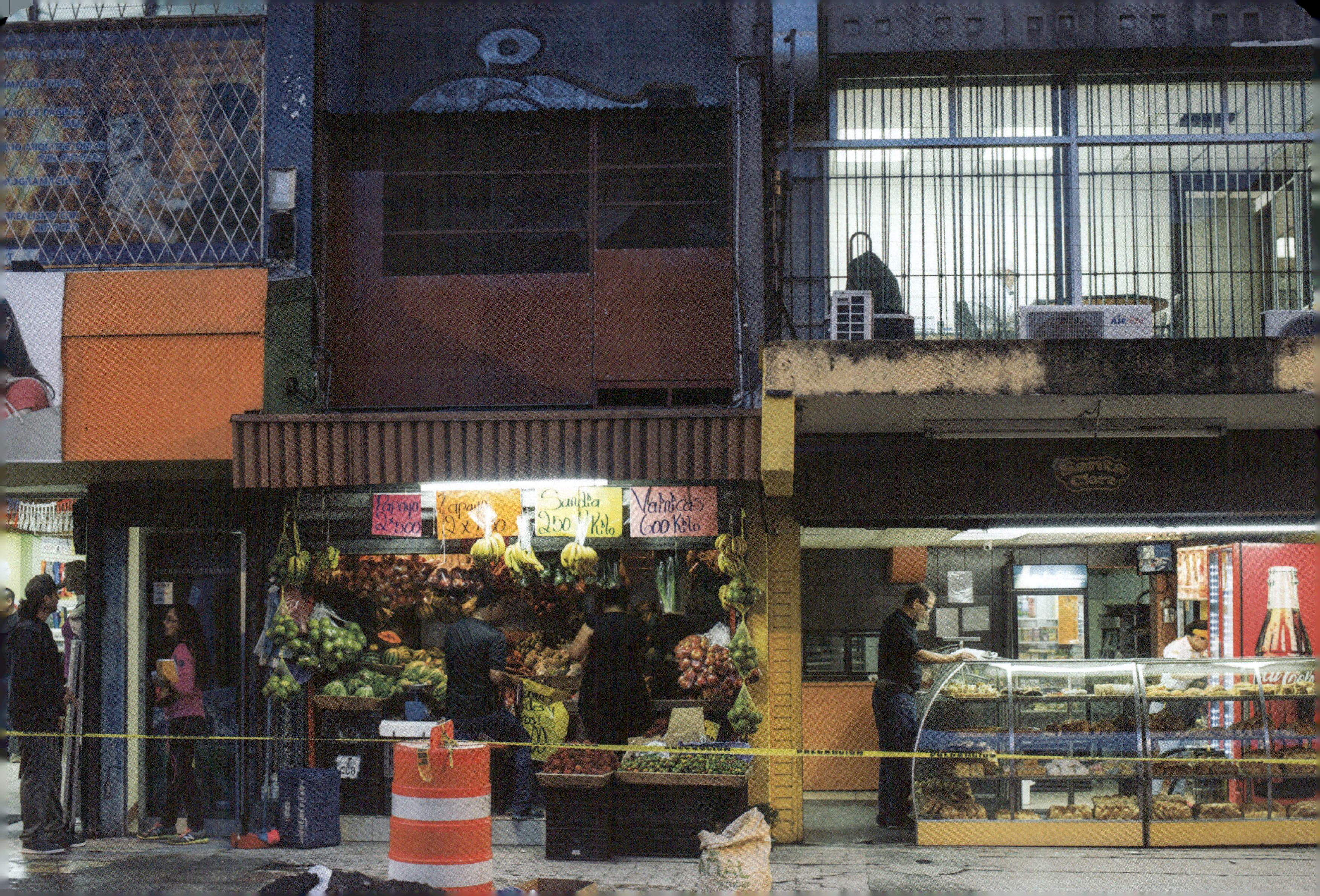

Papaya $2.500
Zapallo 2 x $10
Sandia 250 El Kilo
Verduras 600 Kilo
Santa Clara
PRECAUCION
Air-Pro

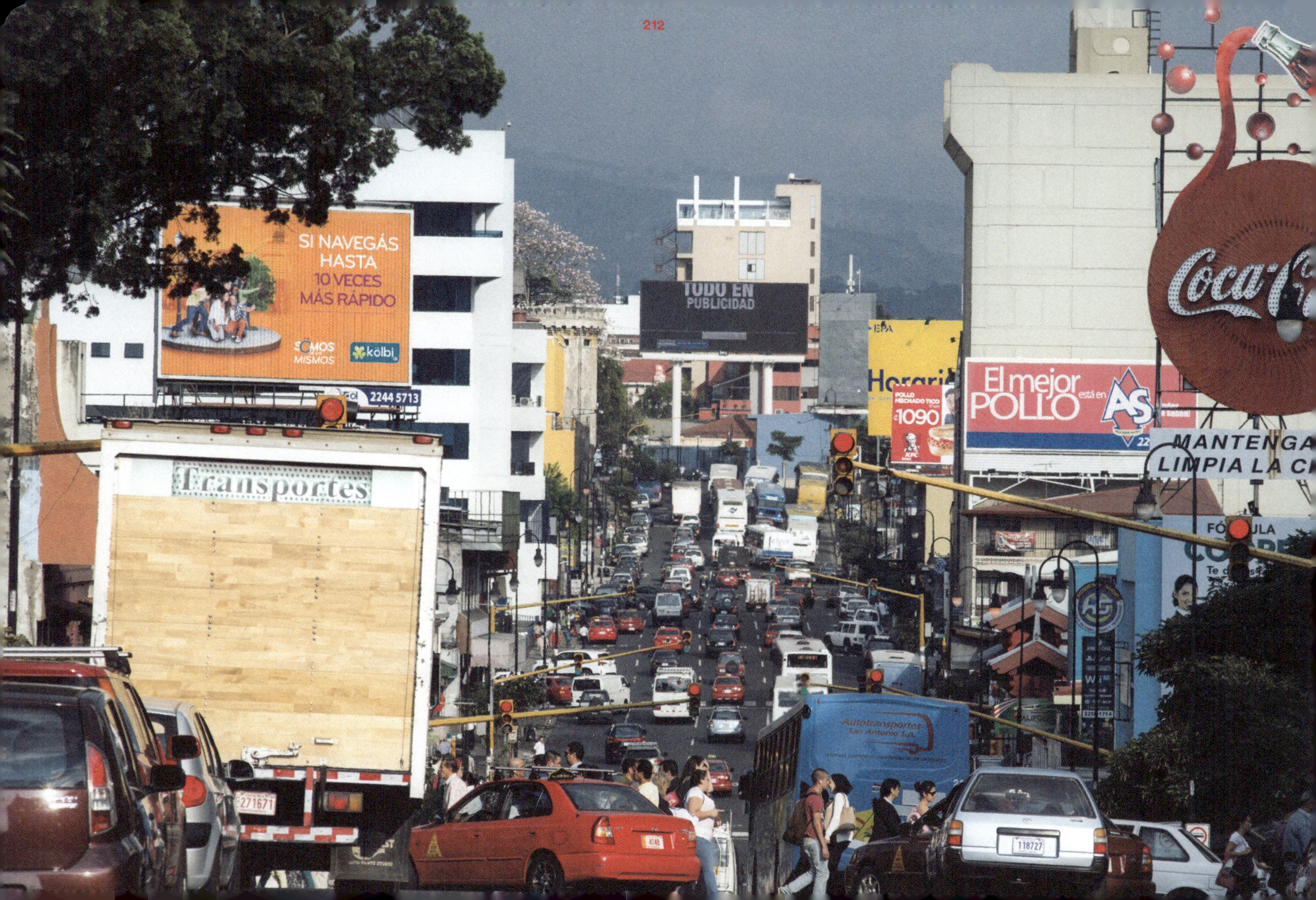

Coca-Cola
El mejor POLLO está en AS
MANTENGA LIMPIA LA C
TODO EN PUBLICIDAD
Horario 1090
SI NAVEGÁS HASTA 10 VECES MÁS RÁPIDO
kölbi
SOMOS MISMOS
2244 5713
Transportes

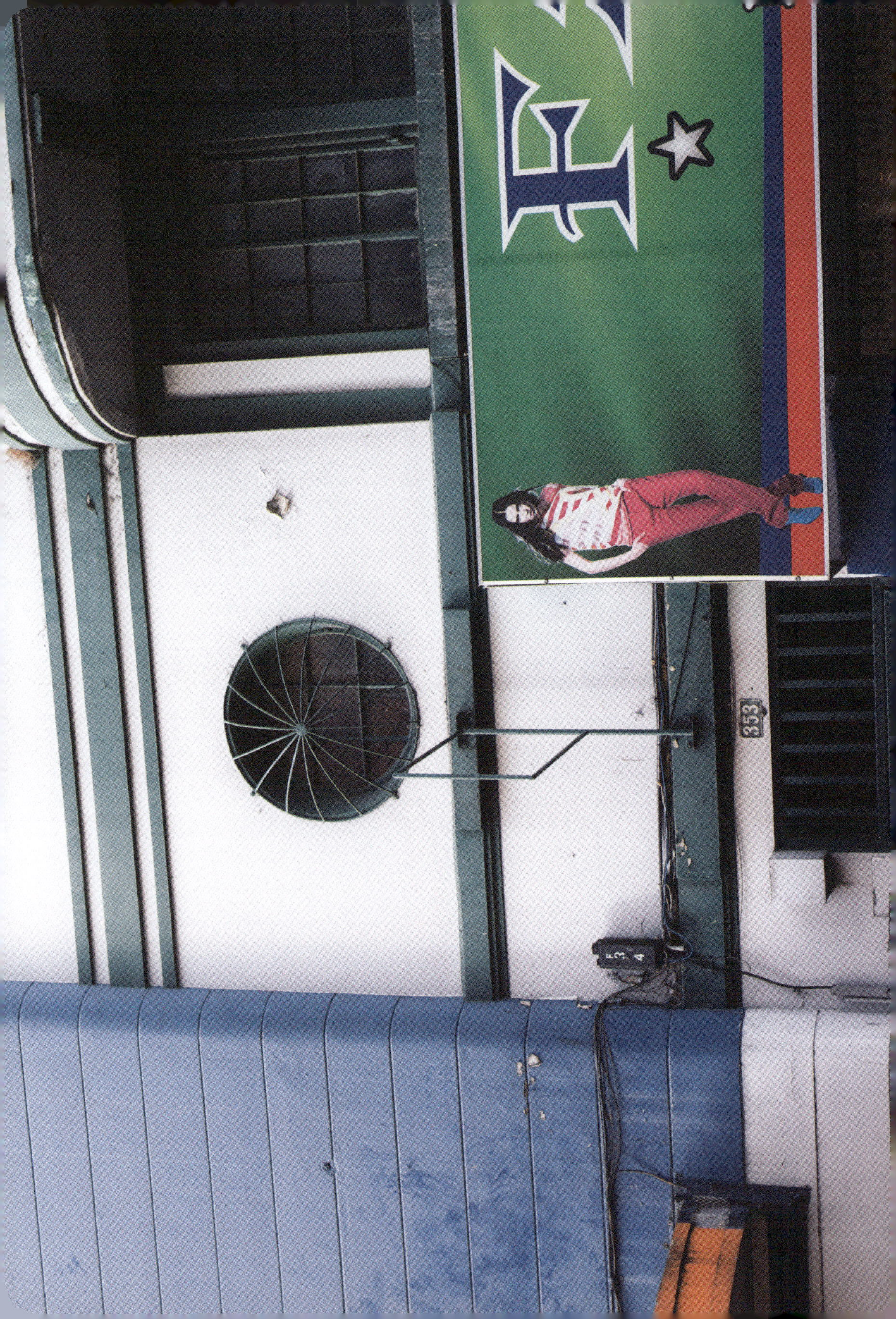

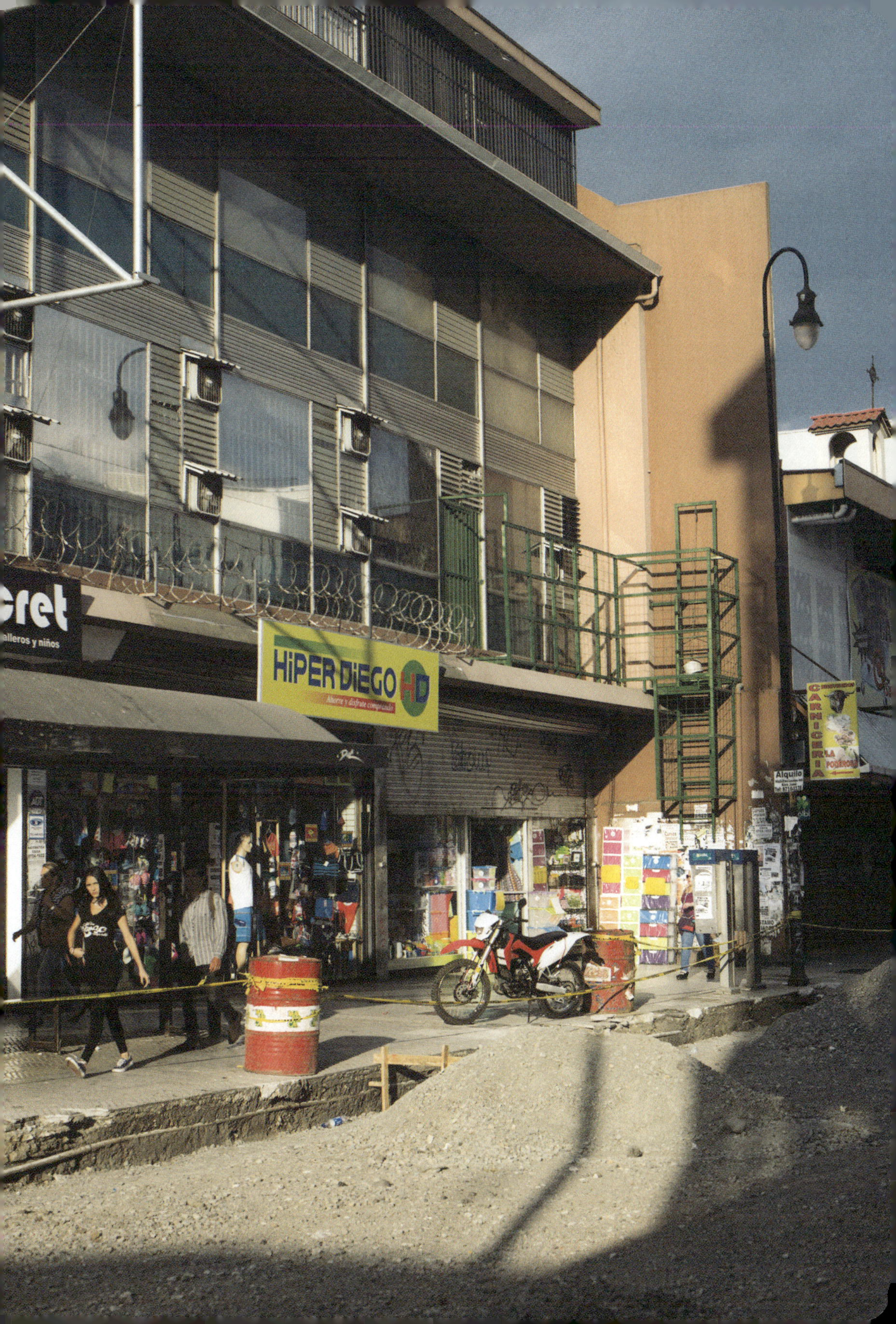
cret
alleros y niños
HiPER DiEGO HD
Ahorre y disfrute comprando
CARNICERIA
LA PODEROSA
Alquilo

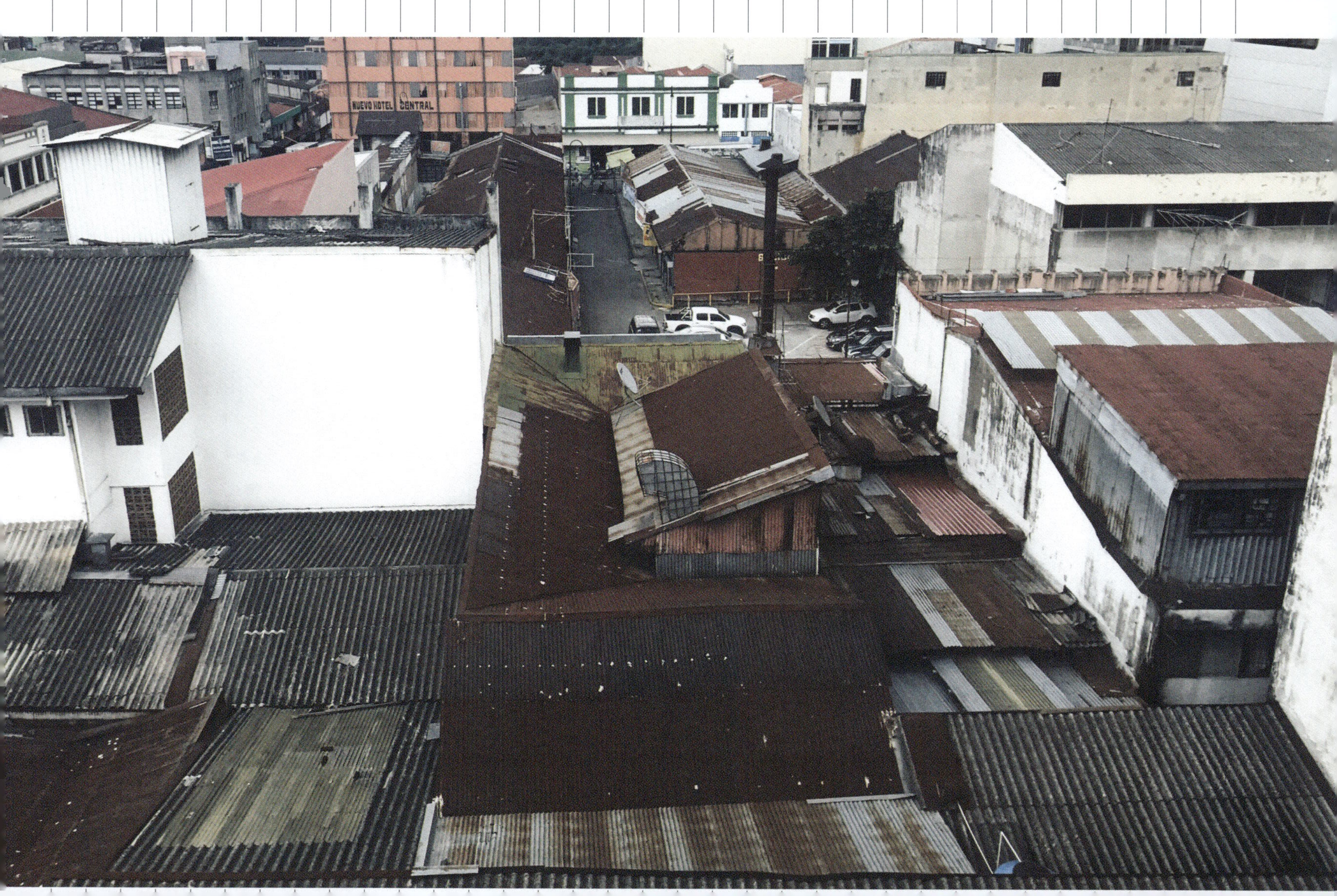
NUEVO HOTEL CENTRAL

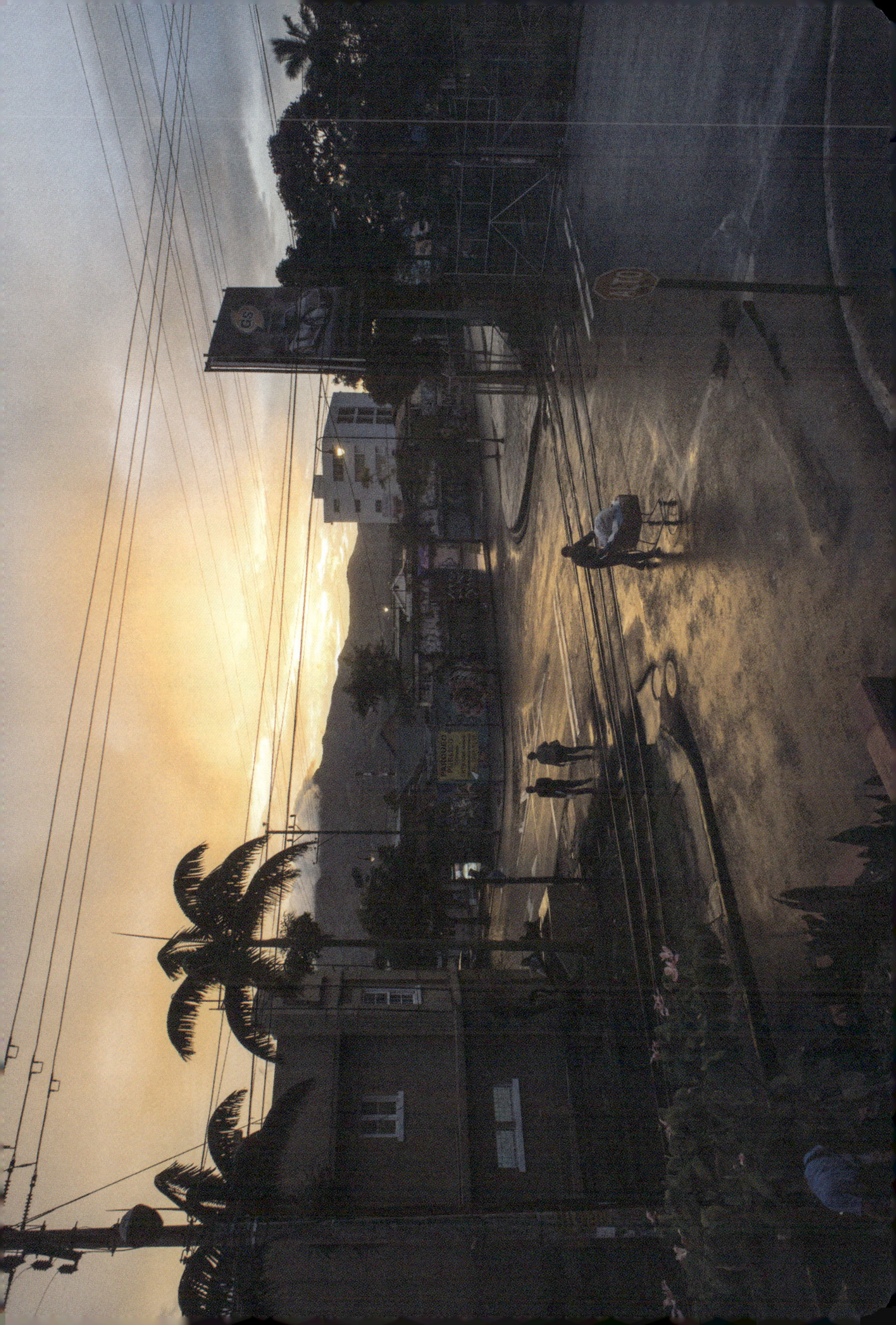

Twenty Years of Despacio
2008–2028
All Forms of Creativity
from Central America

Veinte años de Despacio
2008–2028
Todas las formas de creatividad
desde Centro América

Copublishers ——————————— Co-publicadores
Despacio & Dent-De-Leone

Distribution ——————————— Distribución
Dent-De-Leone

Editor ——————————— Editor
Jens Hoffmann

Coordinating editors ——————————— Editores coordinadores
Erno Hilarion & Cristina Ramírez

Texts ——————————— Textos
Natalia Valencia Arango, Fernanda Brenner, Federico Herrero,
Erno Hilarion, Jens Hoffmann, Pablo León de la Barra,
Cristina Ramírez & Sandino Scheidegger

Copy editors ——————————— Editores de copia
Luis Chaves (Spanish), Lindsey Westbrook (English)

Translations ——————————— Traducciones
Luis Chaves

Publication design ——————————— Diseño de publicación
Åbäke & Alyssia Lou

Printer ——————————— Imprenta
Masterlitho

Photo credits ——————————— Creditos fotográficos
Pablo Cambronero
Erno Hilarion
Isaac Martínez
Sandino Scheidegger

ISBN
978-1-907908-50-7

© 2018 Despacio, San José

Despacio
Avenida Central - Calle 11
San José, 10101
Costa Rica
despacio.cr